1682

REALIEN ZUR LITERATUR

ABT. D:

LITERATURGESCHICHTE

VOLKER WEHDEKING

Alfred Andersch

J. B. METZLERSCHE VERLAGSBUCHHANDLUNG
STUTTGART

Für Rosy

mit besonderem Dank an Gisela Andersch für ihre vertrauensvollen Auskünfte und die Abdruckerlaubnis der Lektüreliste des jungen Andersch; an Gerd Haffmans für die Einladung, im Diogenes-Archiv Einblick in den Nachlaß zu nehmen, und wertvolle Anregungen. Dem Diogenes Verlag danke ich für die Erstdruckerlaubnis der beiden Andersch-Texte im Anhang, einer ersten Erzählung und dem wohl letzten Gedicht, »Aufruf für Grün«. Sehr verbunden bin ich dem Deutschen Literaturarchiv Marbach für die Hilfe bei der Arbeit am Nachlaß; und mein herzlicher Dank gilt der geduldigen Hilfsbereitschaft von Bernd Lutz und Uwe Schweikert im Metzler Verlag.

© für die beiden Texte von A. Andersch
  by Diogenes-Verlag A.G. Zürich

CIP-Kurztitelaufnahme der Deutschen Bibliothek

Wehdeking, Volker:
Alfred Andersch / –
Stuttgart: Metzler, 1983.
  (Sammlung Metzler; M 207: Abt. D, Literaturgeschichte)
  ISBN 3-476-10207-6

NE: GT

ISBN 3 476 10207 6

M 207

© J. B. Metzlersche Verlagsbuchhandlung und Carl Ernst Poeschel Verlag GmbH
in Stuttgart 1983. Satz und Druck: Gulde-Druck GmbH, Tübingen
Printed in Germany

INHALT

Einleitung VI
Ästhetische Fluchtpunkte politischer Moral. Zur Konzeption VI

1. *Kunst in der Katakombe (1939–1944)* 1
   1.1. »Ich muß in den Krieg hinein wie in ein Meer« 1
   1.2. Porträt des Künstlers als junger (Thomas) Mann 2
   1.3. Schizophrener Zeitgeist 8
   1.4. Versteckte Systemkritik und »alte Ordnung« 13

2. *Schreiben im »Kolonialdeutschland« (1945–1951)* 20
   2.1. »So begann meine Hoffnung« 20
   2.2. Leitartikeljahre: entschiedene Literatur 28
   2.3. Glousters Auftrag: das Europa Jeanne d'Arcs 36
   2.4. Anderschs Flucht in Etrurien 42

3. *Restauration und Gegenerzählen (1952–1955)* 48
   3.1. Die Kirschen der Freiheit 48
   3.2. Erinnern, Durcharbeiten, Trauerarbeit 57

4. *Der strategische Rückzug (1956–1960)* 66
   4.1. Reaktionen auf die versteinerte Landschaft 66
   4.2. Sansibar 76
   4.2.1. Sansibar oder die mitverantwortete Welt 76
   4.2.2. Psychogramm des Terrors 83
   4.3. Fabios Rote und beider Dritte Möglichkeit 88

5. *Die Zeit der Unentschlossenheit (1960–1970)* 100
   5.1. Reiseprosa und Texte zur Protestgeneration 100
   5.2. Efraims Buch 107

6. *Die Wiedergefundene Zeit Franz Kiens (1970–1980)* 114
   6.1. Der Vater eines Mörders 118
   6.2. Abgründige Momentaufnahmen und eine »Festschrift« 124

7. *Winterspelt: Die offen gehaltene Deutsche Frage* 132
   7.1. Das veränderte Amerikabild Winterspelts 138

8. *Die Gedichte: Rückblick und Synthese* 140
   8.1. Rings um meinen winzigen Tod 142
   8.2. Atlantischer Kultur 147

9. *Auswahlbibliographie*   152
   9.1. Abkürzungsverzeichnis. Posthum Erschienenes   152
   9.2. Sekundärliteratur   153
   9.3. Literatur zu den einzelnen Kapiteln   154

Lebensdaten   158

Anhang   161
Kommentierte Lektüre-Liste des jungen Andersch   161

Skizze zu einem jungen Mann (1941)   166

Aufruf für Grün (1980)   178

Register   181

Ästhetische Fluchtpunkte politischer Moral. Zur Konzeption

Seit Andersch in der frühen Nachkriegszeit Sartre begegnete, war er, und blieb er bis zu seinem Tode, von der verändernden Kraft engagierter Literatur überzeugt. Tief beunruhigt und betroffen las er 1947 die deutsche Ausgabe der *Fliegen*, bezog das düstere Eingangsbild auf Deutschland im Jahre 1945, wollte sich nicht, wie das Gros des deutschen Theaterpublikums (nicht die Zielgruppe der »Jungen Generation«, an die sich *Der Ruf* wandte) an den Stücken Thornton Wilders aufrichten, an dem damals schon unüberhörbar restaurativen Trost: »Wir sind noch einmal davongekommen« (*The Skin of Our Teeth*, 1942, dt. 1944). Wo Wilder in der unverbindlichen, überzeitlichen End- und Eiszeitszenerie die Überlebensfähigkeit der Menschen samt humanistischen Bildungsidealen affirmierte, in der Nachkriegswirkung einem gut gefüllten Care-Paket vergleichbar, sah Andersch mit Sartre die Notwendigkeit und Chance »herannahender Veränderung«:

»›Blutbeschmierte Mauern, Millionen von Fliegen, ein Geruch wie von Schlächterei, [...] verödete Straßen, ein Gott mit dem Gesicht eines Ermordeten, terrorisierte Larven, die sich in der dunkelsten Ecke ihrer Häuser vor die Brust schlagen.‹ Das war Deutschland, 1945.« (AL, S. 97)

Mit Sartres Orest forderte Andersch, auch für die Literatur, »Alles ist neu hier, alles ist von vorne zu beginnen«, wollte er die Herausforderung in der »unmenschlichen Gewalt objektiver Ideen« bestehen, zog er die kritische »Vernunft« den Ideologien vor, sah er in der engagierten Literatur die Möglichkeit, punktuell, den Forderungen des historischen Moments folgend, für eine »Synthese von Freiheit und Sozialismus in menschlicher Relation« zu werben (BK, S. 27)

Der Aufbau meiner Andersch-Studie soll dieser Sicht der Dinge mit den Mitteln einer kritischen Literatursoziologie folgen, die auch den Wirkungsstrategien in den Erzählungen, Reiseberichten, Romanen ihrer Appellstruktur nach gerecht wird. Es geht mir darum, zu dem vom Autor immer sehr ernst genommenen ästhetischen Sturkturbild das historische Bezugsbild zu finden. Die Veränderungen der Themen und Techniken Anderschs sollen mit den Wandlungen der bundesdeutschen Gesellschaft in Konvergenz und Divergenz zusammengesehen werden.

Dazu gehört auch die sich mit Historie und voraufgegangener literarischer Reihe verändernde Einstellung des Lesers, sein Erwartungshorizont. Wer die Geschichten Anderschs aufmerksam liest, wird neben der erzählten Zeit, dem zurückliegenden Ereignis, immer unauffällig aber nachhaltig wirksam die Requisiten der Erzählzeit finden; in der Unterkellerung des vorgezeigten Erzählaufbaus bleibt bei allem, an Hemingway geschulten, *understatement* die politische Situation, der Gesellschaftszusammenhang der Erzählzeit spürbar. In seinen Memoiren deckt Andersch den durchaus bewußten Bezug auf den Leser in Kategorien auf, die noch einmal an Sartres *Was ist Literatur* erinnern. Wo bei Sartre der Autor die Freiheit des Lesers mitintendiert, aber auch dessen Handeln in der Praxis durch die Kraft seiner literarischen Enthüllungsstrategien herausfordert (Sartre nennt dies ein »sekundäres Handeln«, *Was ist Literatur*, S. 26), fragt Andersch: »Was heißt denn *handeln*? Ist es nur die Aktion, die mich in eine Beziehung zu Anderen setzt? Heißt lesen nicht auch handeln? Oder Nachdenken? Wo beginnt der Prozeß, der zu einem Verhalten führt?« (AL, S. 85) Wie leserbewußt und in steter Auseinandersetzung mit dem *nouveau roman*, dem Strukturalismus und der Leserphänomenologie der späte Andersch arbeitete, zeigen *Efraim*-Arbeitshefte aus dem Nachlaß, in denen sich der Autor leidenschaftlich gegen ein Lacan-Zitat wendet, das von der »Illusion der Autonomie des Subjekts« handelt. *Efraim* beschreibt den Übergang vom »idealen Leser zu einem konkreten Lesepublikum« im mitreflektierten Schreibprozeß, der zugleich auf die Bedeutung der Autorenintention aufmerksam macht (vgl. W. Michel, S. 72 ff.). Desengagement und Rollendistanz des Autors sind die Folge.

Daß der Prozeß der Bewußtseinserweiterung zwischen Autor und Leser im Benennen und Enthüllen der Dinge besteht, hat Andersch in seinem Nominalismusverständnis mitintendiert, wenn er dem Nominalismus befreiende Wirkung zuschreibt. Begriffe, wie Hegel sie *a priori* setzt, bergen für Andersch die Gefahr der Entmenschlichung im Namen »objektiver Ideen«, wie sie ihm im Hitlerfaschismus, aber auch in Stalins kommunistischer Praxis in einem frühen, ernüchternden Lernprozeß entgegentraten. Daher der leitmotivisch (seit »Ein Auftrag für Lord Glouster«, 1951) wiederholte, nominalistische Schlüsselsatz Wilhelm von Ockhams aus dem 14. Jahrhundert, »*universalia sunt nomina*«; im enthüllenden Bezug zu den benannten Dingen sind für Andersch Erzählungen dem abstrakten Philosophieren vorzuziehen, »die Ideen sind nichts als Worte« (GL, S. 51), Requisiten zum *milieu* und *moment* Taines müssen immer wieder neu definiert werden, auch in ihrer utopischen Drift; sie machen das Kunstwerk einzigartig, »auratisch forever« (vgl. »An Walter Benjamin«, »Nominalismus«, EB, S. 77,

92). Zugleich meint Andersch mit seinen leserzugewandten, immer auch unterhaltenden und spannenden Texten – eine späte Verbeugung an den »sogenannten Trivialroman« bestätigt dies (BK, S. 123) – ein möglichst breites Publikum, das er, wie Sartre, in der »klassenlosen Gesellschaft« sucht, als der größtmöglichen Freiheit aller. Auf dieses Publikum schreibt er zu und läßt sich dabei durch die häufigen Vorwürfe deutscher Literaturkritik (nicht der englisch oder amerikanisch inspirierten), am Rande der Kolportage zu arbeiten, nicht stören.

Wie der Autor selbst seine Entwicklungsphasen sah, geht andeutungsweise aus Nachlaßskizzen hervor:

Die Zeit der Hoffnung 1956
Die Zeit der Unentschiedenheit
Die Zeit des Zynismus
Die wiedergefundene Zeit. (vgl. Hitzer, S. 112)

Abgesehen von den ersten Schreibversuchen der NS-Zeit (1939–1944, deren frühesten dieser Band im Anhang vorstellt), einem verständlichen Rückzug auf die »Hallig« seiner »Seele« nach Dachau-Aufenthalt und anschließender Gestapo-Überwachung, lassen sich die Phasen der »Hoffnung« (I, 1944–1955, II, 1956–1960) und der »Unentschiedenheit« (1961–1970) im Werk belegen. Die letzte, betont literarische Phasenbenennung (aus dem Proust-Zyklus *A la recherche du temps perdu*) ist sicher zutreffend für *Winterspelt* (1974), den großen Erinnerungsentwurf des letzten Jahrzehnts, sowie die Erzählrückblenden in *Providence* (1971) bis *Vater eines Mörders* (1980); auch für die Arbeit an der Zusammenstellung des Lyrik-Bandes *Empört Euch der Himmel ist blau* (1977), dessen Übersetzungen wohl doch im Hauptgewicht in die 70er Jahre fallen, mag das »Wiederfinden« der Zeit gelten; Heißenbüttel nannte die Gedichte aus dreißig Jahren einen »Nachlaß bei Lebzeiten« (*Text und Kritik* 61/62, S. 108)

Problematisch bleibt das Wort »Zynismus« im Zusammenhang mit einer gerade diesen Begriff ausschließenden Literatur des Engagements; es erscheint mir weit eher auf den Zustand der Politik seit Allendes Tod und die Unterdrückung des Prager Frühlings gemünzt, als auf Anderschs eigenes Werk. Was ihm Allende (sicher verstärkt durch die Identifikation mit Neruda) bedeutete, macht ein spätes Interview deutlich (ÜA, S. 237ff.). Als Phasenbezeichnung träfe der Begriff noch am ehesten auf die Jahre 1968–1973 zu; immerhin gibt Andersch auf die bittere Frage im poetologischen Nachwort zum *Vater eines Mörders*, »Schützt Humanismus denn vor garnichts?«, in dieser Zeit den eindeutig negativsten Kommentar zur Abwesenheit von Gesinnungsethik in der politischen Praxis:

> »Alle diese Autoren (Greene, Ambler, Highsmith, Chandler, Scerbanenco) betrachten die Weltzustände wie sizilianische Bauern die Mafia. Da diese Betrachtungsweise dem Zustand der Welt genau entspricht, da alle Ideologien unglaubwürdig geworden sind und die meisten Menschen sich heute einer weltumspannenden Mafia ausgeliefert fühlen, trifft die Literatur, die mit der Bezeichnung *thriller* entschärft werden soll, die nervösen Zentren. (»Was alle lesen«, BK, S. 122 f.)

Doch fallen in dies vielleicht in Ansätzen mit »Zynismus« identifizierbare Intervall politischer Perspektive (vgl. »Amriswiler Rede auf Ernst Jünger«, ÖB, S. 72 ff.) auch solche, den einfachen guten Willen und das zwischenmenschliche Vertrauen propagierende Erzählungen wie »Festschrift für Captain Fleischer« (1968/1971). Und läßt sich *Hohe Breitengrade* (1969) auch als Flucht in geschichtslose Natur deuten (Schütz, S. 85 ff., dagegen Heist, S. 456 ff.), findet sich auch dort noch der nur zum Teil resignative Satz: »Ich mag das Wort Engagement nicht mehr, während das Wort Humanität für mich nichts von seinem Wert verloren hat.«

Von allen Trivialgattungen traut Andersch am ehesten dem *thriller*, besonders der analytisch die vergangene Tat rekonstruierenden Subgattung Detektivroman, die Perspektive zu, »auf die jegliches Schreiben angelegt ist: die Möglichkeit, den Geist des Lesers zu aktivieren« (BK, S. 118). Daher auch glaubt der Autor, mit einer anderen wichtigen Formelliteratur, dem *science-fiction*-Roman, absolut nichts anfangen zu können; er sieht darin nur den kommerziellen Reflex auf die eskapistische Neigung der Menschen, »sich mehr und mehr von der Vergangenheit ab- und der Zukunft zuzuwenden« (BK, S. 118). Andersch liegt von den Zeitdimensionen am ehesten die in der Erinnerung gegenwärtige Vergangenheit, vereinzelt sogar die erinnerte Utopie (vgl. EB, S. 16, RW, S. 57), aber kaum die Futorologie mit ihrem technischen Arsenal.

Die entscheidende Dimension der Erinnerung in Anderschs Poetologie wird dort problematisch, wo sie sich autobiographisch färbt; der Autor glaubt sich der »Wahrheit« näher, wenn er personal, mit fiktionalen Decknamen wie »Werner Rott« (1943–1950) und »Franz Kien« (1961–1980) auch im eigensten Erfahrungsbereich die Erzählstrategien flexibel hält. Momentaufnahmen, die in dieser Schärfe über die Distanz von bis zu 50 Jahren kaum plausibel erscheinen, erweisen sich nun, im Licht der frühen Nachlaßerzählungen, als stark mitgeprägt von den Verschleifungen der *mémoire collective* und dem sozio-kulturellen Umfeld des schriftstellerischen Bewußtseins im historischen Moment der Niederschrift. Wie bei Proust stellt sich bei Anderschs Kien-Erzählungen die Frage nach der blickschärfenden Funktion der Erinnerung. Ich gestehe, daß es mir nicht gelingen will, an eine »Madeleine« zu glauben, die es erlaubt, Gefühle und Objektbeziehungen von einst spontan wiederzubeleben. Vielmehr halte ich es mit Maurice Halbwachs und seinen *cadres sociaux*, die auch die individuelle Erinnerung in kollektive Symbolwelten und Gruppenerlebnisse ereignishaft einbrechender Historie tauchen. Hier wird bewußt rekonstruiert; wenn auch von der jeweiligen Relevanz gegenwärtiger Bezüge die Bilder der Vergangenheit wie angezogen erscheinen, kann man doch nicht vergessen, was man seitdem gelernt hat, und wissen, was man damals wußte (Halbwachs, *La mémoire collective*, Paris 1950).

An dem zentralen Erlebnis der eigenen Desertion, innerhalb einer Spanne von acht Jahren in drei stark voneinander abweichenden Varianten dargestellt, läßt sich verfolgen, wie problematisch Andersch selbst im autobiographischen »Bericht« das Verhältnis von Sachlage und dargestelltem Sachverhalt mischt. Ob das Gewehr nun in bewußter Ironie buchstäblich »ins Korn« flog, oder dem von der Situation Überraschten abgenommen wird (*Kirschen* und *Etrurien* gegenüber »Amerikaner – erster Eindruck«), macht schon einen Unterschied; ebenso ist die Beziehung zur jeweiligen Begleitperson (ein Italiener oder ein junger Landser, der am Schlangenbiß stirbt) semantisch signifikant. Andersch, der nach Bekunden seiner Frau umsichtig genug war, allein über die Linie zu gehen (C. Russ, TLS, 5. 2. 1982), thematisiert in beiden späteren Versionen eine andere Relevanz, gefärbt vom Befreiungserlebnis in amerikanischem Freiheitsverständnis, von Sartres existentiellem Akt, oder bereits im Licht des italienischen, neoveristischen Films.

Die Beispiele und Zitate aus Anderschs ästhetischer Theorie und Praxis legen eine Werkanalyse in diachronen Schritten, zugleich aber synchron zu den Wandlungen der deutschen Nachkriegsgesellschaft, nahe. Die durchgängigen Motive und Themen, Chiffren und Farbsymbole sind zahlreich und bilden quer durch die Gattungen bis hin zu Drehbuch, Libretto (Luigi Nono, *Intolleranza*, 1962), Lehrstück, Feature und Film variationsreich durchgespielte Konstanten.

Noch eine kurze Bemerkung zu den Aporien der Andersch-Kritik, die ja, was Studien von Buchlänge betrifft, spärlich erscheint; ab 1970 bleibt vieles unaufgearbeitet, zu *Winterspelt* etwa gibt es nichts aus der Feder eines namhaften Germanisten. Eingedenk der Mahnung Max Frischs, den politischen Schriftsteller Andersch nicht als einen Meister deutscher Prosa zu entschärfen, haben viele wohlmeinende Vertreter »linker« Positionen nur den frühen Andersch des ersten Nachkriegsjahrzehnts, oder den erneut als radikal empfundenen Autor nach 1974 gelten lassen wollen, seine ästhetischen Neigungen oder seine Freundschaft zu Ernst Jünger als befremdlich, seinen Glauben an Veränderung durch Literatur als übertrieben abgetan. So schreibt etwa Erhard Schütz (*Alfred Andersch*, 1980) die »Naturgeschichte« eines bundesdeutschen Schriftstellers, der aus der Politik in die Literatur abgedrängt wird. Die konservativen Freunde des »geschlossenen Kunstwerks« oder einer wie immer gearteten normativen Poetik mochten den »geschlagenen Revolutionär« nicht wahrnehmen, wenn er die Literatur auf Gesellschaftsveränderung anlegte; ihre Kritik blieb seit *Die Rote* oberflächlich an stilistischen Schwächen hängen, wo sie die Richtung meinten. Wie Jean Améry, Ingeborg Drewitz, Wolfgang Koeppen, Elisabeth Plessen, H. Kesting und Peter Demetz gedankenreich und detailliert belegen, ließ Andersch sich von keiner Bewegung und Mode vereinnahmen, stand lieber quer zu den Klischees seiner Zeit. Als Entdecker literarischer und filmischer Innovation blieb er vielen Autorenkollegen voraus und ließ sich bestimmte auktoriale Erzählstrategien (etwa im Bienek-Werkstattgespräch) nicht als Anmaßung oder Konvention ausreden. Alle Kritik am fiktionalen »Erzählen von Menschen« wies er als ideologieverdächtig oder, soweit innerliterarisch geäußert, als unehrlich zurück.

Wie Heißenbüttel in einem Interview zur engagierten Literatur Anfang 1982 betonte (Börsenblatt 17, 26. 2. 1982, S. 445–449), blieben Andersch, Böll und Grass in ihren gesellschaftlichen Stellungnahmen ebenso direkt spürbar und präsent, wie indirekt in ihrer Erzählliteratur. Ich fasse die gemeinsame Nennung dieser Autoren, bei aller Unterschiedlichkeit im einzelnen, als Wertindiz auf. Neben der Danziger Trilogie und dem *Treffen in Teltge*, neben Bölls satirischen Geschichten, *Ansichten eines Clowns* und *Gruppenbild mit Dame* werden Anderschs Erzählungen, Reisebeschreibungen, *Efraim* und *Winterspelt* Bestand haben. Andersch ist mit Recht und gutem Gewinn ein Lesebuchautor, weil er nicht abließ, seine Jugend-Erfahrungen erinnernd und verändernd so in die Gegenwart einzubringen, daß sie für die heutigen jungen Leser auf die politisch-moralischen Fragen hin, wie er sie im Extrem der Faschismus-Erfahrung erlebte, durchsichtig bleiben. Nicht nur die Linke kann seiner nicht entbehren, wie Demetz meinte, seine Stimme loyaler Intelligenz fehlt uns allen.

Auf der Marbacher Gedächtnisausstellung war ein Photo des Schriftstellers zu sehen, das, während der Parisreise 1979 entstanden, viel über das späte Selbstverständnis aussagt: Andersch steht in nachdenklichem Ernst, aber nicht unfreundlich, vor dem Sockel der Statue Diderots. Seine Lebensdaten und sein Werk, eine anfangs bis zur Zweisträngigkeit gespannte Biographie zwischen Politik und Literatur, Tageskritik, diskursiver Reflexion und Erzählung, erscheinen in der Distanz schaffenden Perspektive dieser Sympathieerklärung über zwei Jahrhunderte hinweg als ein langer, immer bewußterer Weg zur Synthese.

Der spät zum Durchbruch gelangte Schriftsteller Andersch, dessen formale Schulbildung mit 14 Jahren endete, identifiziert sich mit dem großen autodidaktischen Vorbild Diderot, der es bis zu enzyklopädischer Wissenschaftlichkeit und kunstvoll unterhaltender Literatur im Dienst bürgerlicher Aufklärung brachte. Der psychologisch wache Humanismus des Franzosen, seine freiheitliche Moral bei allem materiellen Determinismus, die Parteinahme für Jeffersons Ideale und die amerikanische Unabhängigkeitsbewegung am Vorabend der französischen Revolution, ja selbst die späte Rußland-Reise und vergebliche Mühe des Philosophen, die Gönnerin Katharina II. zu einer liberalen Verfassung zu bewegen, müssen bei Andersch verwandte Sympathien geweckt haben (man denke nur an die Bewunderung für Jefferson und F. D. Roosevelt und den späten Briefwechsel mit Simonow). Der Wunsch nach einer Lebensleistung vergleichbarer Intention nimmt bei Andersch den schwierigen Weg moralisch-politischen Engagements im Medium einer Erzählliteratur, deren eigene ästhetische Gesetze er immer wieder betont. Am Ende achten ihn viele, gerade auch seine jüngeren Leser, dieser intransigenten Qualitäten wegen als eine »Instanz« (Wagenbach, Krüger, E. Plessen).

In seinen letzten autobiographischen Aufzeichnungen »Böse Träume« (1978/79) bedauert der kranke Schriftsteller, den Tod vor Augen, daß er nicht früher von der politischen Tageskritik und dem Literaturbetrieb fort zum Erzählen von Geschichten fand. Er räumt ein, daß seine mühevolle Entwicklung zu literarischer Qualität eng damit zusammenhing und läßt als ersten geglückten Erzähltext »Weltreise auf deutsche Art« (1949) gelten, in dem die politisch-pazifistische Dimension deutlich hervortritt. Aber auch an dem ästhetischen Modus seiner Form der Aufklärung läßt Andersch bis zuletzt keinen Zweifel; wie eine verspätete Antwort auf Enzensbergers beharrliche Frage (in einem wichtigen Gespräch mit Andersch 1974) nach der gar nicht nachprüfbaren Wirkung engagierter Kunst und großer literarischer Form liest sich Andersch am Beispiel Faulkner konkretisierte Hoffnung auf die Motivierbarkeit des Lesers. Es geht um die zentralen Themen von Andersch: Faulkners *Licht im August* (1932) ist aus dokumentarischer Sicht ein »Bericht von

Lynchjustiz«, aber als »Dichtung« vergegenwärtigt der Roman das Geschehene so eindringlich, daß es gelingt, »erzählend in den Herzen der Leser den Rassenhaß auszulöschen. Und, – durch seltsame Kettenreaktionen –, auch in den Herzen der Nicht-Leser, denn eine Geschichte, die so erzählt wird wie Faulkner sie erzählt, spricht sich ja herum. Aus dem Schatten der Dokumente löst sich eine schwarze Gestalt: endlich ist das Vergangene nichteinmal vergangen«. Die gesellschaftliche Relevanz, erreicht durch erzählerische Intensität, ist für beide Autoren der einzige ihnen mögliche Weg zur Lösung des Rassenproblems, der in der »Erziehung jedes einzelnen Bürgers zur Humanität« liegt.

Paris, 1979
Andersch/Diderot

Photo: Sophie Bassouls, Paris

1. Kunst in der Katakombe (1939–1944)

1.1. »Ich muß in den Krieg hinein wie in ein Meer« – die nachromantischen Anfänge des jungen Andersch

Die schwierige Suche nach einer so verstandenen Synthese von Erzählkunst und Aufklärung beginnt bei Andersch unter den denkbar ungünstigen Umständen. Zunächst erfolgt ein dramatischer Umschlag von jugendlicher politischer Aktivität in der Kommunistischen Partei (1932/33) zur zeittypischen Innerlichkeit eines deutschen Existentialismus, wie er damals bei den Intellektuellen vor allem durch die vieldiskutierten Schriften Heideggers weitverbreitet war. So gewinnen Anderschs erste Schreibversuche seit 1941 deutlich nachromantische Züge, die vielen nichtfaschistischen Debütanten der 30er Jahre gemeinsam sind, verschärft durch die traumatische Erfahrung von Dachau 1933 und die nachfolgende Gestapo-Überwachung, die eine realistische, zeitkritische Schreibweise, selbst in Anspielungen, zunächst unmöglich erscheinen ließ. Wie nachhaltig das NS-Regime mit seinen Terror-Maßnahmen das Lebensgefühl des jungen Andersch verletzt hatte und weiter zu bedrohen schien, zeigen die noch nach Kriegsende fast ausnahmslos unter Pseudonym oder anonym geschriebenen *Ruf*-Beiträge des amerikanischen Kriegsgefangenen.

Nach einigen Jahren als Industrieangestellter in München und Hamburg, dann als Besatzungssoldat (1940/41) in Nordfrankreich, begann Andersch dennoch nicht nur für die Schublade zu schreiben, sondern versuchte, seine »Skizze zu einem jungen Mann« Anfang 1942 beim Feuilleton der »Frankfurter Zeitung« unterzubringen (vergebens, doch hatte er mit einer anderen Erzählung, »Erste Ausfahrt«, bei der »Kölnischen Zeitung« 1944 mehr Glück). Vieles spricht dafür, daß er den Wunsch hatte, sich einmal wenigstens gedruckt zu sehen; seine jahrelang zwangsläufig unterdrückten Neigungen zum Schriftsteller sollten nicht länger nur als irreale Wunschvorstellung und Selbstbetrug erscheinen. Die psychische Konstellation eines solchen Reifeprozesses in der Krise der Zeit tritt in einem Selbstporträt deutlich hervor, das in der noch im Krieg begonnenen Erzählung »Jahre in Zügen« enthalten ist (erschienen 1946 im *Ruf*). Andersch beschreibt die Arroganz des »Malers Werner R.« – Werner Rott ist als *alter ego* des Schriftstellers in mehreren Erzählungen Vorläufer von Franz Kien – als schützende Fassade des »Unfertigen« im »langsamen Reifen seiner künstlerischen Kraft«:

»Jener Reifeprozeß war durch die Verhältnisse des Krieges immer wieder existentiell bedroht; die Unmöglichkeit dauerhaften und gesammelten Ar-

1

beitens trieb Werner R. immer wieder in innere Krisen, in welchen er seine ganze Bestimmung in Frage gestellt sah. So war sein Dasein von hoher schöpferischer Unruhe und vom künstlerischen Selbstzweifel geprägt.« (»Jahre in Zügen«, S. 10)

Eingefärbt mit dem nachromantischen Vokabular deutscher Innerlichkeit (»Suche nach Wahrheit, Seele, Tiefe, wundersamste Übereinstimmung, Maske der Verführung, hohe Geisteskraft«) gibt die Erzählung Aufschluß über den Drang zu produktivem Durchbruch. Der Künstler, der da in dem unscheinbar bürgerlichen Büromenschen und Werbetexter nach Bestätigung suchte und sich oft nur durch »Hochmut« schützen konnte, der ihn »im Schweigen wie im ironischen Scherz umgab«, identifizierte sich, anachronistisch genug, mit dem Autor des Bürger-Künstler-Konflikts par excellence, dem jungen Thomas Mann.

1.2. Porträt des Künstlers (Andersch) als junger (Thomas) Mann

Es geschieht meines Wissens in den späteren Essays nur einmal, daß Andersch von seinem »nationalen Stolz« spricht; der Anlaß ist Thomas Mann, das Werk, dessen »poetische Qualität« er verteidigt, ist »Unordnung und frühes Leid« (1925). Es trifft Andersch, daß Vittorini, Proust-Verehrer und Mitbegründer des Neoverismo, Thomas Mann »ungenießbar« findet; für Andersch ist der *Zauberberg* gleichrangig mit Prousts *Recherche* (BK, S. 36).

Nur einem Autor auch widmet Andersch die Mühe einer Ausgabe in Auswahl, den politischen Schriften Thomas Manns, und der begleitende, von Kritikern später oft hervorgehobene Aufsatz »Mit den Augen des Westens« (1955) leitet das imponierende, kompromißlos künstlerische Unternehmen der Zeitschrift *Texte und Zeichen* ein, im Todesjahr Thomas Manns begonnen als esoterischer Gegenentwurf zur Wirtschaftswunder-Mentalität der Adenauer-Jahre. Kein anderer Andersch-Essay schließt in ähnlich begeisterter Bewegtheit (um ihn ganz zuletzt, 1979, mit nicht minder spürbarer Enttäuschung in einem Leserbrief an die *Zeit* widerrufen zu müssen, »Ich stimme vollständig zu«, Die Zeit , 9. 11. 1979), und solche unmittelbare Betroffenheit vom Glanz eines *oeuvres* läßt Andersch später nur noch bei Sartre und Faulkner erkennen.

Die Bilder des literarisch durchgeformten Mann-Essays sind, das spürt man, inspiriert von der Gestalt des jungen Münchner Flaneurs der Jahrhundertwende. Die Luft des sinnenfrohen, barocken, kunstverliebten München der Jugendstilepoche, wie es in *Gladius Dei* (1902) und *Tonio Kröger* (1903) von Thomas Mann gezeichnet wird, ist für Andersch die aus Nord und Süd gespannte Folie der *Buddenbrooks* (1901). Der Hintergrund des vergangenen »gewaltigen« Jahrhunderts, Nachromantik, Schopenhauer, Nietzsche, Wagner, Dostojewski gehören dazu, aber auch die »saubere Analyse« auf den Notizbögen des fast pedantisch arbeitenden Schriftstellers erregt die Sympathie Anderschs bis zur Identifikation:

> »Und Thomas, der Sohn, wird sich erheben und die Treppe hinabsteigen, in den Keller des Senatorenhauses, in die Tiefen des deutschen Bürgertums, alle Schlüssel in der Hand [...] so jedenfalls ereignet sich Lübeck im Geiste eines jungen Mannes, der über die Ludwigstraße in München flaniert, vor der Littauerschen Kunsthandlung verweilt, in den Englischen Garten schlendert, um sich, auf einer Bank sitzend, Notizen zu machen. Nach den *Buddenbrooks* und dem *Tonio Kröger* die Dialoge von *Fiorenza*, die Vision des Feuerschwerts über dem Odeonsplatz *[Gladius Dei]* [...] das Münchner ›Schönheitsgeschäft‹ *[Gladius Dei]*, ausgeleuchtet vom fahlen Schein der Sils-Maria-Lampe, dem europäischen Schicksalslicht – so vollzieht sich ein Ereignis: der deutsche Roman als Welt-Gestalt.« (BK, S. 9/10; Parenthesen d. V.)

Auffallend oft spielt Andersch in den längeren Passagen zum Frühwerk Thomas Manns auf *Gladius Dei* an, jene Vision des wiedererstandenen Savonarola, der vergebens einen Bildersturm gegen das München der Jahrhundertwende versucht. Sogar das dort erwähnte »Nothung-Motiv« mit seinen Bezügen zum *Wälsungenblut* (1906) und Walküre-Erlebnis zweier Dekadents läßt Andersch den »jungen Herrn aus Lübeck« pfeifen. Diese München-Novelle, die Schulkapitel der *Buddenbrooks* und das Bürger-Künstler-Dilemma *Tonio Krögers* haben Schlüsselcharakter für das Verständnis der frühesten Prosa von Andersch.

Die »Skizze zu einem jungen Mann«, Anderschs allererster Erzählversuch, hält kaum einer eingehenden Textanalyse stand. Die vielfach gebrochene Schilderung der Kindheit Bernhard Rebers, seiner Schul- und Studentenjahre aus der Sicht des jüngeren Ich-Erzählers fängt an, als wolle Andersch in breitem Chronik-Stil das erste Kapitel eines realistischen Romans schreiben und eine Milieu-Exposition im novellistischen Tonfall der *Buddenbrooks* geben. Am Ende der drei Erzählteile hat sich jedoch so etwas wie Handlung nicht herauskristallisiert. Es ist leichter zu sagen, was diese »Skizze« nicht ist: kein psychologisch schlüssiger Entwicklungsbericht, obwohl dies noch am ehesten versucht scheint; keine Selbstdarstellung des Ich-Erzählers, es sei denn, man entscheidet sich dafür, Bernd Reber als ein *alter ego* des Autors zu deuten – nicht nur kennt der Ich-Erzähler die geheimsten Gedanken des Porträtierten ungeachtet der Unzugänglichkeit Rebers, in den *Kirschen der Freiheit* kehrt auch die Passage der angstvoll empfundenen Lebensintensität im

Theater wortwörtlich als autobiographische Beobachtung wieder; schließlich kein glaubwürdiger Zusammenhang zwischen der im dritten Teil erzählten Zeit nach der Weltwirtschaftskrise (etwa 1929–1932) und dem atmosphärisch geschilderten München des jungen Studenten, das eher in der Jahrhundertwende lebt. Bleibt der Versuch Anderschs, Phasen einer Wunsch-Biographie im Inkognito Bernd Rebers zu entwerfen, der in vielem dem jungen Thomas Mann ähnelt (freilich ohne Schriftsteller zu sein), seine beengten Verhältnisse im Münchner Neuhausen in den großbürgerlichen Zuschnitt einer Münchner Kaufmannsfamilie und Nymphenburger Villa zu verwandeln, die eigenen Schulerfahrungen einzubringen, vor allem aber die Zwänge der Situation von 1941 hinter dem Traum vom reisenden Großkaufmann mit Oxford-Englisch zu verdrängen.

Zu Beginn des dritten Teils der »Skizze« erlaubt der merkwürdige Anachronismus zwischen erzählter Zeit und Atmosphäre, im Weg zurück hinter die Jahrhundertwende die Deutung des Bürger-Künstler-Dilemmas in abgewandelter Form: die Kunst als Widerstandszelle gegen die andrängende Wirklichkeit des Krieges. Reber, 1909 in Nymphenburg geboren, hat längst Abitur gemacht und wohnt, oft besucht von der Freundin »Sascha«, in einer Studentenbude, eher Atelierwohnung, in der Nähe der Kunstakademie. Der Gedanke an Spitzweg soll bei dem erwähnten »Dachzimmer« keinesfalls aufkommen, sonst wäre der von *Tonio Kröger* vertraute »schäbige Aspekt« des Künstler- und Poetendaseins zu naheliegend. Auch hier also noch, vor der »bläulich schimmernden« Bohème-Kulisse Schwabings, wohlhabendes Dandytum, gewahrte Großbürgerlichkeit.

Der Leser wird in diesem Erzähl-Teil an keinem Zeitrequisit – außer dem Hinweis auf Gründgens und Gebrauchslyrik – das München der Weltwirtschaftskrise und den beschleunigten Zerfall der Weimarer Republik erkennen; statt also, wie Thomas Mann in »Unordnung und frühes Leid« (1925) von »Villenproletarier«, »Millionengehalt« und »8000-Mark-Dünnbier« zu sprechen, versetzt uns Andersch mit den Flaneur-Erfahrungen Rebers in ein München noch vor der Jahrhundertwende, spricht von Barock und Biedermeier, oszilliert zwischen den »duffen« Rot-Tönen »verflakkernder Leidenschaft und Müdigkeit« des Fin-de-Siècle, und einem mittäglich »heiteren«, südlichen Licht. Es entsteht die ganze barocke Prunkkulisse einer Welt adeligen Mäzenatentums von Guardis Venedig bis zu Hofmannsthals Welttheater-Visionen, zu dem dies München Anderschs gut einen versteinerten Hintergrund abgeben könnte. Bis zur Verquollenheit häufen sich preziöse, oft gemischte Jugendstil-Metaphern und italienische Architektur-Assoziationen, als habe es nicht inzwischen Städtebilder wie Dos Passos' Manhattan, Joyces Dublin, Döblins und Kästners Berlin gegeben:

»fürstliche, faltenwurfartige, vornehme Ruhe der Straßen, poetische Manier, vorsichtige Intimität, wohlabgewogener Abstand, Komposition, vom Pinsel eines Malers gegliedert, schwach konturiert, dichtgesponnene Gobelinmelodie, von ununterbrochenen Platzanlagen getragener Rhythmus, venezianische Veduten, brunnendurchrauscht, Adelspaläste, vielstimmige Theaterdekoration, florentinische Loggia, üppige Maskerade, Eleganz der Schaufenster, diskrete Begleitmusik, kostbare Stille der Kirchen, Plätze die Innenraum anhäufen« (Elisionen d. V.)

Möglich, daß Andersch hoffte, ihm könne in der psychologischen »Skizze« gelingen, was Thomas Mann in den erzählten Figuren sorgfältig auseinanderhielt und nur in der Reflexion vereinte, die Synthese aus Hans Hansen und Tonio Kröger. In der Tat sind hier konventionelle Extreme vereint: die Stifter-nahe Natur-Einfühlung des Schuljungen in der Voralpenlandschaft und urbanes Dandytum des Schwabing-Bummlers, Liebe zur Magie der Mathematik und zur endlosen Evolution der Natur, Freude an Sport und Gesellschaftsgespräch, und fast verschlossene, distanzierende Einsamkeit, Gründgens und Kästner, die »apollinische« Stirn und das dionysische Wein-Motiv im vor- und rückwärts gleichlautenden Namen »Reber«. Mit dem Versuch, das Unvereinbare zusammenzukoppeln, zerstört Andersch sowohl die Spannung der bei Mann leitmotivisch durchgehaltenen Gegensätze, die dieser zwar durch Ironie vermittelte, aber nie aufhob; er zerstört auch die psychologische Glaubhaftigkeit des Porträts. Bernd Reber ist ein am Rand der Bohème lebender Kaufmann, wie es ihn weder im *Zauberberg* noch in den Hansestädten noch im barocken Kunsttempel Münchens so geben konnte; er ist das facettenreiche, aber auch widersprüchliche Inkognito des eben doch zur Literatur findenden kaufmännischen Angestellten Andersch.

Die intensive Beschäftigung des seinen Stil noch suchenden Autors mit dem Frühwerk Manns bleibt für sein Werk nicht folgenlos. Gründe für eine Identifikation des 27-jährigen Debütanten mit dem namhaftesten deutschen Autor der Emigration, der, um die Jahrhundertwende gleichaltrig, in München Lübeck entstehen ließ, wie Andersch nun in Hamburg München, gibt es genug. Da ist die oft strapazierte »Ironie« des Lübeckers, deren psychologische Wurzel neuere Mann-Studien (Martin Walser, Adolf Muschg und Joachim Fest, bei aller Verschiedenheit im Ansatz) als Versuch der Selbstverheimlichung und Entscheidungsunlust, ja fundamentale psychologische Bekenntnisscheu darstellen; die literarische Konsequenz ist die Lust am Inkognito, am höheren Versteckspiel in fiktionalen

Figuren autobiographischer Färbung. Beide Autoren verbergen ihre Außenseiter-Empfindungen – in *Sansibar* (1957) ist noch immer durchgehend schematisch von Gregor und »den Anderen« die Rede – hinter der schützenden Fassade spürbarer Distanz; der verkrachte Schüler des Wittelsbacher Gymnasiums (»die hatten ja keine Ahnung«) genauso wie der unnahbare Eleve des Lübecker Katharineums. Das Dandytum Bernd Rebers steht am Ende einer merkwürdig eklektischen Entwicklungsreihe (vom venezianischen Kaffeehaus des 18. Jhs. über Stendhal und den futuristischen Bürgerschreck zur »gelassenen Einzelgängerschaft« des berühmt-berüchtigten Schauspielers Gründgens) und hat bei Andersch sicher eher mit unfertiger Kompensation zu tun, als Manns lebensentsagende Künstlerproblematik, die dem »Pathos der Distanz« Nietzsches nachempfunden war.

Andersch muß die Biographie des bewunderten Autors gut gekannt haben. In der 1947/48 entstandenen Erzählung »Flucht in Etrurien« variiert er die Kröger-Hansen-Konstellation in der fatal endenden Beziehung des dunkel, sinnlich und künstlerisch charakterisierten Werner Rott zu seinem noch unfertigen, spröden, blonden Husumer Schützling Erich; dessen Verlobte vom Dorf ähnelt der »blonden Inge« (auch in ihrer »treudeutschen« Komplement-Funktion) und heißt, beziehungsreich genug, »Katrin Hansen«. Die politische Problematik der zumindest versuchten Ironie – sie gelingt und liegt dem Erzähler Andersch erst spät – läßt sich noch bis Anfang der 50er Jahre verfolgen, bis in den ambivalenten Satz vom »entscheidenden Wert« der »konservativen Dimension«: »entsprechend dem Gesetz, daß etwas nur *lebt*, wenn es die Negation seiner selbst in sich trägt«; bis in die Psyche des Lesers Andersch, der sich »alleingelassen mit dem Roman [...] wahr nur in ironischer Relativierung« empfindet (BK, S. 10ff.) Hier drohte dem jüngeren Bewunderer in den politologisch kaum haltbaren Überlegungen Thomas Manns (in den *Betrachtungen*, 1918) über die unbeabsichtigte Affinität ironischer Literatur zum Wesen parlamentarischer Demokratie ein in Anderschs Tageskritik längst überwundener Relativismus.

Die Ideologieabstinenz der ersten Nachkriegsjahre, das geradezu faszinierte Verständnis Anderschs für die Konversionen Thomas Manns und Ernst Jüngers (in dem Mann-Essay metaphorisch aufs Engste verknüpft) liegen, wenn auch primär aus politischen Gründen, noch in der Drift solcher, höchst heikler Ironie. Selbst eine so späte Erzählung wie »Noch schöner wohnen« (1971), von Andersch wegen der ironischen Überschriften (»Überbau I und II«, »Völkischer Beobachter«) gern als »marxistisch« bezeichnet, hat nicht nur

6

mit den sprechenden Namen des Lübecker Vorbilds zu tun (»Lins« = Linse, visuelle künstlerische Neigung, »Maurer« = resolute Aufbaumentalität); in den vielen autobiographischen Zügen nimmt die ästhetische Komponente so breiten Raum ein, daß für die marxistische »Basis« kaum Kontur bleibt. Das Ergebnis ist ein merkwürdiges Ungleichgewicht politischer Intention zugunsten rein künstlerischer und »privater« Belange eines feinsinnigen Großindustriellen. In der Tat kommt die Erzählung dem unbeholfenen Erstling mit ihrer Ambivalenz am nächsten. Die interpolierte Kurzbiographie von Albert Lins hat ihr Vorbild im *Tod in Venedig* (1911).

»Weiße, unbeschriebene Blätter«: da wird eine Schwelle überwunden, und nur behutsame Kritik ist dem ersten Schreibversuch angemessen, der fast alles mit Erproben der Mittel, wenig mit Wirkungsabsichten zu tun hat; daran hätte auch ein Abdruck in der »Frankfurter Zeitung« nichts geändert, die dem jungen Schriftsteller immerhin »einzelne gut gezeichnete Konturen« bescheinigte. Später erschien Andersch fast alles vor 1950 Geschriebene als unfertig. Die Schwächen sind nur allzu offenkundig: die wenig profilierte, unentschlossene Haltung des Erzählers zu seinem psychologischen Sujet und dessen Widersprüchen, die empfindlich störenden, betulich gelehrten Klischees in der Reflexion (»– und werden wir je fertig?«). Manche Gedanken sind befremdlich irrational, etwa die Überlegung (in der Nähe des jungen Hofmannsthal), daß nur das intuitiv Erfaßte zu dauerhafter Erkenntnis führt, nicht das Erarbeitete. Das Schwanken im Ton zwischen hochromantischem Pathos und aufgesetzter *impassibilité* erschwert die Einfühlung und verhindert die effektvolle Steigerung der Konzentration. Und nicht nur weibliche Leser bringen es zur »vorübergehenden Erkenntnis von Grenze und Abgrund« angesichts der unsäglichen Passagen über Rebers Umgang mit dem Sammel- und Repräsentationsobjekt Frau. So trägt der Schluß viel zur Rettung des Ganzen bei, wenn der Erzähler die Gestalt des älteren Dandys mit allen Anzeichen einer überwundenen Entwicklungsphase aus den Augen verliert; das Problematische, von der Zeit Überholte der Figur mit ihrer Einsamkeit und »unfruchtbaren Langeweile« wird nicht verschwiegen.

Andersch lernt an dieser Geschichte, daß Ironie im leichten Tonfall Thomas Manns ihm nicht gelingen will; nur einmal noch, in einer kurzen unveröffentlichten Skizze (»Terassen-Morgen oder Variationen über eine zerbrochene Schallplatte«, ca. 1943), versucht er einen ironischen Plauderton, dann läßt er von der Form höherer Unverbindlichkeit. Weit mehr liegt ihm das Optische und Atmosphärische, und eine späte Erzählung (»Brüder«, 1971) läßt sogar erkennen, daß der junge Andersch mit dem Gedanken spielte, Maler zu werden. Als Kritiker der Zeichnungen seiner Frau (*Einige Zeich-nungen*, 1977), früher Bewunderer von Klee und Barlach, Freund Italo Valentes und Apologet der abstrakten Malerei (»Die Blindheit des Kunstwerks«, 1956), verwendet er Farben und optische Signale in durchgängiger Symbolik, und, als objektive Korrelate in seinen Erzähltexten, mit intensiver Wirkung; Andersch liebt das Kino und schreibt mit filmischen Qualitäten. Die impressionistische Kompo-nente der Begabung liegt in der Suggestivität scheinbarer Neben-sächlichkeiten. In der »Skizze« gelingt es, »ein Stück Hausmauer in verwitterndem Rosa, einen herabgelassenen Sonnenvorhang, den dunklen Spalt darunter, aus dem das Rot einer Geranie leuchtet und die ganz von Sonne ausgedörrten buckligen Pflastersteine am Bo-den« zu einer belebten Impression zu erregen. In einem späteren Gedicht zu einem Bild Silvestro Legas, »Il Pergolato«, bekennt sich Andersch mit spürbarer ästhetischer Neigung zur letzten vormoder-nen Kunstrichtung:

> »im frühen frühling ist die luft hier ganz schleierig
> von bläue und rötlichen laubspitzen
>
> in eine so empfindliche luft muß man
> die alten gehöfte dünn eintragen   vielleicht
> mit dem spachtel vorsichtig auflegen
> in einer chromatik die zwischen kreide und rosa spielt
>
> maler müßte man sein
> am besten spät-impressionist
> mit einer feldstaffelei und farben von winsor & newton« (EB, S. 79)

1.3. Schizophrener Zeitgeist: Weltinnenraum und weite Horizonte

Andersch bleibt sich selbst der strengste Kritiker, wenn er (begin-nend mit den *Kirschen*, 1952, bis zu »Böse Träume«, 1980) seine Anfänge als Produkte »totaler Introversion, Kalligraphie am Schreibtisch, feine kleine Prosaetuden, unerträgliches Zeug« abwer-tet. Das Herunterspielen der Anfänge vor der psychologischen Epo-chenzäsur 1945 teilt Andersch mit so vielen anderen, nichtfaschisti-schen jungen Autoren der NS-Zeit, daß der Einblick in die Werk-statt der Anfänge (mit dem neu geschärften Blick nicht nur der Literaturkritik für die Kontinuitäten über 1945 hinaus) dennoch lohnt. Andersch entwickelte nach dem Krieg sehr früh und mit nachhaltiger Wirkung in der Gruppe 47 Konzepte eines radikalen Neubeginns und nüchterner Gegenwarts-Inventur im Zeichen von Hemingways und Vittorinis Verismus, aber auch Sartres Résistance-Literatur (*Deutsche Literatur*, 1948). So muß die nachromantische

8

Verspätung, angelehnt an Stifters Naturschilderungen, den jungen Thomas Mann und den Rilke des *Stundenbuchs* (1905), inmitten der Kriegszeit fast gespenstisch anmuten.

Andersch betonte im Rückblick immer seine Wolfe- und Conrad-Vorliebe in den 30er Jahren, auch sein Interesse an Klee und Kästner. Stilproben der englischen und amerikanischen Literatur in deutscher Übersetzung (auf die Andersch mindestens bis Kriegsende angewiesen blieb) zeigen aber ausnahmslos eine starke Einfärbung mit expressionistischem und neo-romantischem Sprachgestus, der bis in die Syntax reicht (selbst eine so erfahrene Übersetzerin wie Annemarie Horschitz-Horst bildete aus den bis zur Outriertheit knappen Parataxen Hemingways weit längere deutsche Sätze mit Konjunktionen). Auch viele Nichtfaschisten blieben, wie die Inneren Emigranten, im Fahrwasser der Symbolisten und Expressionisten, und, unter dem Einfluß der Hölderlin-Exegesen Heideggers (1936–1944) weit mehr neuromantisch und naturlyrisch gestimmt als den zeitkritischen Realisten der Weimarer Republik verpflichtet. In ihren Naturschilderungen war die Verzweiflung als Ausdruck des deutschen Existentialismus spürbar, und das politische Interesse erschreckend gering. Was immer als abgemilderte Moderne im Nichtfaschismus von Eich bis Huchel, Lange bis Hocke, Kaschnitz bis Koeppen aus Krisenreaktion und Ordnungsbedürfnis durchschlug, den jungen Andersch konnten die schwachen Signale Gleichgesinnter (»Leuchtkugeln im feindlichen Gebiet« nannte sie Holthusen) nicht erreichen. So schottete er sich ab, »häufte Innenraum an« (in der Nähe vom »Weltinnenraum« Rilkes in »Es winkt zu Fühlung«), glaubte an die »Brunnen der Phantasie« und ließ sich von der »weißen Gestalt einer Kirche auf grünem Plan wie eine Erscheinung« berühren. Die metaphysischen und existentiellen Neigungen dieser Krisenzeit tragen in der Erstveröffentlichung »Erste Ausfahrt« (1944), einer Radtour des 16jährigen nach Andechs, und in einem unveröffentlichten Gedicht (ca. 1939) die Stimmung.

Die Franz-Kien-Geschichte »Brüder« (1971) hält in der bei Hemingway gelernten, geradezu empirisch spröden Spätprosa die Entstehungsumstände des ersten Andersch-Gedichts fest. Die Brüder Andersch/Kien beschäftigt an diesem Hamburger Nachmittag, an dem der Zweite Weltkrieg beginnt, scheinbar so Nebensächliches wie Kunst und graphisches Gewerbe, Malerei und Photographie. Der Bruder freut sich darauf, ein Gedicht Franz Kiens in seiner Handsatz-Ausbildung drucken zu dürfen, und Franz stellt sich vor, »wie es wäre, einmal etwas von sich gedruckt zu sehen«. Während am Elbhafen schon die Fesselballons aufgezogen sind und die Extrablätter den Krieg ausrufen, denkt Kien sehnsüchtig im Blick auf die

Elbmündung an die Themse und ein Kapitel aus Joseph Conrads *Spiegel der See*. Nach dem Krieg möchte er nach London.

Genauer und zugleich unauffälliger kann die Funktion der Kunst und großer Reiseliteratur als Fluchthelfer aus dem Eingesperrtsein in die Krise kaum beschrieben werden. Umso faszinierender der stilistische Kontrast der späten Erzählung zum (im Nachlaß) erhaltenen Gedicht, einem Dokument naturlyrischer Innerlichkeit, das folgerichtig auf »Trost« endet:

> »Spiegel aus fahlem Silber
> Schlafen die Seen in der Dämmerung schon
> Harfen des Windes Hände
> In den Wäldern mit Orgelton.
>
> Jagen am dunkelnden Himmel
> Die Wolken in grauer Flucht
> Gleitet einsam die Welle
> In der Eichen schwarz-schattende Bucht.
>
> Rinnet die blasse Wegspur
> Sich hebend und senkend in den Abend hinein.
> Klinget der Rosse Schnauben
> Tröstlich vom Wiesenrain.«

Das für seine Entstehungszeit erschreckend antiquierte Stimmungsbild einer Worpsweder Landschaft (oder des Hamburger Alten Landes) liest sich wie ein Anthologiegedicht der Epigonenlyrik. Vom abendlichen Wald Eichendorffs über C. F. Meyers »Schwarzschattende Kastanie«, Hofmannsthals und Georges Bilder und Farben bis zum Rhythmus des jungen Rilke mündet alles in romantische Konvention, in den Rahmenstrophen deutlich versetzt mit Jugendstil. Auffallend stimmt die stilistische Verspätung im Gedicht mit den an der Prosa gemachten Beobachtungen überein, fast deckungsgleich die Eckdaten 1840 und 1910 markierend. Auf das Formale kommt es aber bei soviel Klischee gar nicht an: wichtig sind die psychologischen Symptome, die fahlen und düsteren Farben der Melancholie, das eher auf angstvolles Atmen weisende »Heben und Senken« des Wegs, die ineinander gedrängten Gegensätze von Idylle und bedrohlichen Sturmzeichen. Wie bei Rimbauds berühmten Gedicht »Marine« wird versucht, Wasser und Land zu Korrespondenzen zu verschränken, der Weg »rinnt«, die Grenzen fließen, »weiche« Romantik und die preziöse Härte gequälter Genitivmetaphern stimmen das Ganze auf Ambivalenz.

Wie rasch Andersch aus solchen Sackgassen der Form herausfindet, und die Hintergründe des eigenen psychischen Konflikts bewußt reflektieren kann, zeigt die bald nach Kriegsende entstandene Erzählung »Heimatfront« (ca. 1948). Zu den wenigen lichten Mo-

menten gehört der Blick auf die Landschaft während einer Bahn-
fahrt; er nimmt das im ersten Gedichtversuch beschriebene Motiv
auf, verhindert aber geschickt jede falsche Gefühligkeit durch die
Perspektive der gleichgültigen Begleiterin:

»Plötzlich faßte er sie am Arm und rief: ›Sehen Sie, das ist schön!‹ Er
deutete mit der Hand zum Fenster. Sie konnte nichts sehen als ein Stück
Weideland, vom Reif bedeckt, der den ganzen Tag nicht verschwunden war.
Zwei schwarze Pferde standen am Zaun. Darüber lag ein Nebelstreif, aus
dem der Rauch eines Hauses in den blaudunkelnden, gläsernen Himmel
stieg. Dann war das Bild vergangen.« (FE, S. 30/31)

Der Verständnislosigkeit des Mädchens begegnet Werner Rott
mit der vertrauten Arroganz und zugleich Verlegenheit des jungen
Künstlers. In dem Stück Prosa gelingt Andersch gerade durch den
unterkühlten Rahmen eine Suggestion, die das Gedicht verfehlt. Der
psychische Konflikt des jungen Andersch, die Flucht nach innen
zugleich mit der Sehnsucht nach draußen, steigert sich in zwei
unveröffentlichten Passagen der (in der *Kölnischen Zeitung* 1944
erschienenen) Erzählung »Erste Ausfahrt« in eine geradezu zwang-
hafte Gegenbewegung.

Alfred Andersch. »Erste Ausfahrt«. Undatiertes Typoskript der am 25. 4.
1944 in der Kölnischen Zeitung erschienenen Erzählung, die Otto Brues
nach Anderschs Erinnerungen in *Der Seesack*, AL, S. 96, als Gegengewicht
zu einem Beitrag aus HJ-Kreisen annahm. Zwei längere Passagen, Ms.
S. 4–5, 7, wurden nicht abgedruckt, darunter die für Anderschs religiöse
Einstellung aufschlußreiche: »Gleich darauf schämte er sich, weil nicht
echter Glaube es war, der ihn zu solchem Tun antrieb. Süße Sicherheit hatte
seine Seele nur deshalb erfüllt, weil er sich für wenige Minuten der weichen
Verzauberung des Orts hingegeben hatte. Und indem er ein neues Unrecht
zu der Falschheit der vergangenen Stimmung fügte, verließ er die Kirche mit
der Bitterkeit und dem Trotz des Ausgestoßenen, zumal ein Mönch, schlüs-
selrasselnd und die Vorhänge der Beichtstühle schließend, den Raum durch-
schritt.« Das Typoskript befindet sich im Diogenes-Archiv.

Der 16jährige Andechs-Besucher möchte erst auf einer Wiese am
See zelten, »ringsum von Wald umschlossen, und nur gegen den See
zu geöffnet . . . allen Blicken verborgen.« Als der Abend näher-
rückt, fühlt Werner sich einsam und deprimiert und setzt sich lieber
in die Klosterkirche:

»Die kleinen hochangebrachten Fenster ließen wenig Licht herein, sodaß
er geborgen saß in der Sanftmut einer braunen Höhlung. In dieser Stimmung
vermochte er zu beten, [...] um eine lichte, strahlende Zukunft, um ein
Leben, das sich mühelos vor weiten Horizonten bewegte und zugleich um
ein bergendes Quartier für die kommende Nacht [...]«

Als das Quartier endlich gefunden ist, zieht sich der schüchterne, immer wieder an seine Mutter daheim denkende Junge sofort in sein Zimmer zurück und liest in einem Gedichtband: »Bevor er zu lesen begann, dachte er dankbar daran, daß er heute diesen Raum, der ihn schützend barg, nicht mehr verlassen würde, dann nahmen ihn die Verse gefangen [...]« Das Syndrom ist, auch ohne die oft strapazierten Kategorien Freuds, deutlich genug. Der aus Karl-May-Lektüre und Wandervogel-Touren an die Isar genährte Wunsch nach Abenteuer und Welterfahrung wird in einer Kriegsstimmung erinnert, die nirgends Geborgenheit finden kann, und doch am liebsten in den Schoß der Mutter zurückkehren möchte.

Dies gespaltene Bewußtsein war durchaus zeitkonform und bei vielen nichtfaschistischen jungen Schriftstellern nachweisbar (vgl. Schäfer, S. 12ff., 59ff.). Heidegger tat ein übriges, um die Flucht in Innerlichkeit und ein vages Überstehenwollen bei politischer Abstinenz zu fördern. (Insofern ist die herbe Grass-Kritik in der Heidegger-Parodie der *Hundejahre* durchaus gerechtfertigt). Am Ende der »Ersten Ausfahrt« läßt sich Heideggers Vorstellung von der Dichter-Rolle bis in Einzelheiten des Vokabulars hinein bei Andersch verfolgen. Die Epiphanie-Erfahrung angesichts abendlicher Apfelbäume vor dem Fenster gipfelt in einem extatischen All-Gefühl, eins mit den »Dingen«: »er hatte die Dinge gefühlt! Sie lebten [...] und ein geheimes geistiges Wesen flutete in ihnen, das sich ihm verständlich machen wollte [...] Er hatte das Dasein der Welt erfahren. So würde er einmal fähig sein, sie zu bewegen.«

Andersch spricht noch vor Kriegsende oft von »Existenz« und »existentiell«. Die spontane Erkenntnis vom Leben der Dinge, als er von einem Gedichtband aufblickt (und das Selbstverständnis vom Schriftsteller, der nun erst die Welt »bewegt«) bringt die Poetik Rilkes (in den Duineser Elegien »sagt« der Dichter dem Engel »die Dinge«) und das Dichter-Bild Heideggers in einen Zusammenhang. Anderschs später Nominalismus der resistenten Dinge erscheint hier vorgeprägt. Der Philosoph sieht den existentiellen Auftrag des Künstlers darin, die Dinge so zu zeigen und zu benennen, daß sie wie zum ersten Mal in Erscheinung treten, und das sonst nie im einzelnen manifeste »Sein« im »Dasein« spürbar wird. Der transzendentale Bezug versperrt den Blick auf die konkreten Zeitprobleme und das Soziale. Die konservative, reduktive Seite dieses Nennens und Beschreibens ist auch bei Andersch in der Kriegserfahrung verwurzelt. Noch 1977 kommt er im »Lehrbuch der Beschreibungen« zu der befremdlichen Einsicht: »auch der Mensch ist ein Ding« (»im weitesten Sinne natürlich«, ML, S. 8).

Auch wenn Andersch in »Böse Träume« (1979) anmerkt, die

Schriften Heideggers seien »sowohl falsch wie schlecht geschrieben«, erscheinen die geistigen und psychischen Hintergründe solcher Angst- und Befreiungs-Impulse im Zweiten Weltkrieg zwei Generationen später von den vielen Perspektivenwechseln der Zwischenzeit nicht etwa zugedeckt, sondern überraschend nachvollziehbar. Wo im Gewand kühler Ratio die Arroganz der Macht ihre nuklearen Möglichkeiten rhetorisch durchspielt, will vielen Heidegger in einem neuen Licht erscheinen: der Philosoph der *Holzwege* und der *Technik und die Kehre* ist nun zuallererst der Metaphysiker eines geschärften Umweltbewußtseins. Bei Andersch findet sich das relevanteste Echo der naturromantischen Anfänge in einem nachgelassenen ökologischen Appell, dem Gedicht »Aufruf für Grün« (siehe Anhang). In den späten 70er Jahren häufen sich Anderschs Hinweise auf die konservative Utopie der Romantik: »Die Welt des *Nachsommer* erscheint uns heute utopischer als die Utopie, die man Engels vorwirft«, so lautet das nachdenkliche Fazit der Überlegungen zum »Biedermeier der Alpen« und zum »Alleinsein des Menschen in der Natur« (ML, S. 11). Die bedrohten Lebenslinien der späten Kulturanthropologie verlaufen in den Korrespondenzen zwischen unzerstörter Natur und Phantasie, die Freiheit meint und voraussetzt, zwischen Kunst und einem neuen Umweltethos. In Anderschs vielleicht letztem Gedicht schließt sich der Kreis vom frühen »Sinn für wildes Blühen« (1948 eine Metapher für Demokratie) über Reisen in die unberührteste Arktis zur Klage über soviel leichtfertig zerstörte, entfremdete Natur im Zentrum Europas.

1.4. Versteckte Systemkritik und »alte Ordnung«

Andersch partizipierte, wenn auch nur noch am Rande, an den Problemen einer Zwischenkriegsgeneration (1905 bis 1915 geborener) nichtnationalsozialistischer Autoren, die in der NS-Zeit, oft erst im Krieg, zu schreiben begannen; sie suchten bei wachsender Instabilität des politischen und sozialen Gefüges in der Weimarer Republik, spätestens nach der Weltwirtschaftskrise 1929–32, in der Literatur und im Sozialen Gegengewichte für ihr extremes Sicherheits- und Ordnungsbedürfnis. Zu abgemilderter Moderne und strenger Form, kühlen und klaren Linien gemäßigter Abstraktion tendierte man ebenso wie zu gruppenbezogenen Lebensformen mit noch immer bündischem und jugendbewegtem Nachhall und einem unpolitischen Ausweichen in die konkret erfahrene Landschaft, einer geschichtslosen Aufwertung dinglicher Realität (Schäfer, S. 7ff., S. 72ff.). Beides, das Aufgehen in der Orientierung einer politischen Gruppe (im Fall der Andersch-Brüder waren es die jungen Nationalrevolutionäre um die Zeitschrift »Widerstand« Ernst Niekischs und der Kommunistische Jugendverband) und der gleichzeitige Rückzug auf Innerlichkeit in einem durch die Weltwirtschaftskrise geförderten, depressiven Fatalismus, erklären das fast gespaltene Bewußtseinsineinander von Gruppenaktivität und Ich-Rückzug (in einsamen Radtouren in die Berge, wie es sich noch während der KP-Jahre, erst recht in den frühen Schreibversuchen und, im Rückblick, in den *Kirschen der Freiheit* bei Andersch niederschlägt). Das wilhelminische Modell der Familie, der autoritäre, ostpreußische Vater, der den älteren Bruder noch schlägt, die weichere naturromantische Mutter, fördern die antiautoritären, in zyklisch-geschichtslose Natur flüchtenden Neigungen des jungen Andersch; zumal die Zugehörigkeit des Vaters zum Gründungskreis der Thule-Gesellschaft, Hort der NS-Bewegung noch vor Hitler, gekoppelt mit dem jahrelangen Sterben des Ludendorff-treuen Offiziers, bereits zu Beginn des Dritten Reichs eine tiefe Abneigung gegen autoritären Militarismus auslöst (Hitzer, S. 100 ff.).

Die eigenen Schulerfahrungen, dokumentiert in der »Skizze« von 1941 bis zum *Vater eines Mörders* (1980), die elitäre, starre, zum kritiklosen Pauken erziehende Pädagogik der bayerischen Variante wilhelminischen Schulsystems, intensivierten die Abneigung gegenüber staatlichen Institutionen. Das Versagen der Arbeiterbewegung vor den NS-Schlägertrupps, später der Hitler-Stalin-Pakt, besiegelten darüberhinaus die Hoffnung auf die »typusbildende Macht Lenins« (KF, S. 27) und eine echte Alternative zur faschistischen Entmenschlichung im orthodoxen Marxismus, ebenso wie in der real existierenden KP.

So verwundert es nicht, wenn Andersch die 30er Jahre als eine durch persönliches Trauma nach Dachau und politische Desillusionierung herbeigeführte Flucht in Introversion und Ästhetik strenger Formen erinnert:

»Ich werfe mir vor, daß ich nicht am spanischen Bürgerkrieg teilgenommen habe. Ich hatte in einem deutschen KZ gesessen, ich war aus ihm entlassen worden, es wäre nicht schwer gewesen, über die deutsche Grenze zu gehen und in den spanischen Krieg zu ziehen. Ich habe eine feine Entschuldigung: ich bin überhaupt nicht auf die Idee gekommen [...] daß ich nicht ein einzigesmal daran gedacht habe, es zu tun, ist eigentlich unentschuldbar.« (AL, S. 94)

Der Kriegsbeginn änderte viel für die antifaschistischen und nicht zum NS-System neigenden Schriftsteller. Was Horst Lange über die Notwendigkeit einer »harten« und »klaren« Dichtung in einem

Brief notierte (13. 9. 1939), da der Krieg »mit einem Schlage« die »verborgenen Tempel« zunichte gemacht hatte, »in denen wir noch zu den alten Göttern beten durften«, gilt auch für den Kunsttempel von Andersch in der ersten »Skizze« von 1941. Aber wo Lange mit »sparsamer, einfacher und deutlicher« noch 1944 den Klassizismus meinte, bedeuteten solche Stil-Forderungen nach 1944 für den Kriegsgefangenen Andersch die Disposition zur Neuen Sachlichkeit und zu den amerikanischen Autoren (von denen auch Lange bewunderte, daß sie in der Joyce-Überwindung »um das feingliedrige Skelett seiner Psychologie das solide Fleisch ihrer Realität bauten«, vgl. Schäfer, S. 75, 79).

Vieles spricht dafür, daß Andersch den Krieg und die Uniform eines Infanterie-Pioniers analog zu seiner Ernst-Jünger-Auffassung nach der *Marmorklippen*-Lektüre 1941 und dem Verbot von *Gärten und Straßen* als Chance zur Flucht nach vorn, und in der Anonymität als Möglichkeit betrachtete, endlich schreiben zu können, um sich, während er immer intensiver ans Desertieren dachte, aus der unpolitischen Introversion zu lösen. Ein 1943 in den Stil trivialen Feuilletons, eine Eifersuchts- und Alkohol-Episode unter Künstlern, gekleidetes Stück Gebrauchsliteratur, »Die zerbrochene Schallplatte«, läßt keinen Zweifel an dem Versuch, in Anpielungen im Zusammenhang mit Thomas Wolfe und Ernst Jünger Widerstand durch Sklavensprache zu üben.

In dem Nachlaß-Text (Die Horen 125, 1982, S. 127–130) ist ein Motivkern aus dem späteren »Heimatfront« (1948) – die zerbrochene Schallplatte als Folge der Figuren-Konstellation einer Künstlerin zwischen zwei Männern – bereits enthalten. Der enorme Zugewinn an Gestaltungskraft und die nach 1945 erst mögliche Hineinnahme der gesellschaftskritischen Dimension treten im Vergleich der drei Versionen dieses Motivs sehr deutlich hervor. Mit der zweiten Fassung in »Heimatfront« verschwindet der noch an Kästner und Kabarett angelehnte, ironische Plauderton und das betont dem Leser zugewandte Zugeständnis ans Triviale im Feuilletongeschmack der Zeit.

Die dritte, von Andersch als einzige veröffentlichte, Fassung in »Cadenza finale« (1951, GL, S. 68–78) nimmt den ausführlichen Gestapo-Erzählrahmen zurück auf eine Kurzgeschichte, die mit seismographischer Knappheit das Zeitgefühl dreier Künstler und Antifaschisten in ihrer Erwartungshaltung zwischen Resignation und Tod festhält. Erst in »Cadenza finale« erhält die zerbrochene Schallplatte das zur Eifersucht hinzutretende Konnotat des Todes (ebenso im Styx-Motiv des »lazy river«), denn der Maler stirbt an der Front; daß der junge Andersch Maler werden wollte (»Brüder«,

1971) ist hier kein unwichtiger biographischer Erzählimpuls. Das Verzweifelte in der Haltung eines deutschen Existentialismus, »die karge und trostlose Landschaft der Gefahr«, in der der Ich-Erzähler vielleicht »umkommen« wird, bleibt hier, in der Nähe vieler junger nichtfaschistischer Autoren der Kriegszeit, verdeckt von Gebrauchsformen und aufgesetzter *nonchalance.* Die Katakomben-Situation der Hitler-Gegner, angedeutet im illegalen Sammeln von »artfremder« Swing-Musik und in den Anspielungen auf Thomas Wolfe und Ernst Jünger, macht diesen frühen und zweifellos nicht gelungenen Schreibversuch dennoch zu einem Zeitdokument,

Sicher kannte Andersch, der Thomas Wolfes Romane bis 1937 alle in deutscher Übersetzung gelesen hatte (Wehdeking, S. 87), auch das posthum erschienene *Es führt kein Weg zurück (You can't go home again,* 1940; dt. Bern 1942), in dem Wolfe das Berlin der Olympiade, das schlechte Gewissen vieler deutscher Freunde wegen der Juden-Ausschreitungen und den Hitlerismus als System schonungslos aufdeckt. Und so hoffte der angehende Schriftsteller wohl, in dem nicht mehr veröffentlichten, möglicherweise für die *Frankfurter Zeitung* intendierten Schreibversuch (vgl. Die Horen 125, 1982, S. 128), mit der bedeutungsvollen Hervorhebung Wolfes und dem Zwiespalt Jüngers (dessen Hinweis auf den 73. Psalm in *Gärten und Straßen* Andersch als gelungenen Akt des Widerstands schätzte, ÖB, S. 82) selbst Zeitkritik in Anspielung zu üben.

Die noch in Deutschland 1943/44 begonnene, im amerikanischen Lager zu Ende geschriebene, psychologische Skizze mehrerer Landser auf dem Weg an einen neuen Frontabschnitt, »Jahre in Zügen« (veröffentlicht im *Ruf* 1, 1946, 2, S. 9–12), zeigt Andersch im Übergang vom zeitbedingten, nachromantischen Pathos hyperbolischen Schwulststils zu überraschend nüchternen, treffenden Einzelbeobachtungen. Die Disposition zur Literatur der amerikanischen *lost generation* deutet sich am Ende der Erzählung ebenso an, wie die noch nicht überwundenen Stilmodelle Rilkes und popularisierten Expressionismus. Die zwischen dem Gruppenerlebnis einer Krieg-als-Abenteuer-Mentalität und einsamer, existentieller Depression fatalistisch gespaltene Psyche färbt fast jeden Aspekt der Landserporträts wie der Stimmungsbilder mit Ambivalenz. Für den Fatalismus spricht die Schlußpassage vom »schrecklichen Zufall, der ein Gesetz des Krieges war«, für die Nähe zur Rhetorik der amerikanischen Verlorenen Generation die abschließende Charakterisierung der Landser als »Verstörte« voll »karstiger Einsamkeit, die in ihnen war«: »Sie hatten alle Antworten, die man ihnen geben wollte, mit der rauhen Sprache der Männer, die um die Verlorenheit ihres Postens wissen, verschüttet.«

Der jugendbewegte Puritanismus eines bis ins Klischee zeitkonformen, arisch-blinden Hitlerjugend-Typs (Vorbild für den jungen Landser Erich in »Flucht in Etrurien« und den nur schwer belehrbaren Frerks in »Festschrift für Captain Fleischer«) gipfelt in Nietzsche-nahen Abstraktionen wie der »Schärfe seines reinen Wollens« und dem Heroismus freiwilligen Fronteinsatzes trotz schwerer Verwundung. Das durchaus einfühlsame Porträt versteigt sich zu dem bündisch inspirierten Lob siebzehnjähriger Unberührtheit: »Wie trefflich stand dies seinem Alter, dem Bild herber und später Entwicklung, das er in seiner knappen Uniform bot! Er wußte es nicht und wußte nicht, wie schön er damit in der alten, natürlichen Ordnung lebte.« Unverkennbar, wenn auch flach gezeichnet, finden sich hier die Figuren der Tonio-Kröger-Konstellation in Uniform wieder, wenn Andersch dem gesinnungskonformen HJ-Landser einen seit dem Rußland-Einsatz schwer lungenkranken intellektuellen Kaufmannssohn gegenüberstellt, den der »Mangel an individueller Freiheit« dazu bringt, »das System auf entschlossene Art« zu hassen.

Neben genauer Sprach-Kritik am Wörterbuch des Unmenschen (»einsetzen« und »verwenden« als »Entwertung des Menschen zum Objekt in einem riesenhaften und dunklen Prozeß der Geschichte«) und der fatalistischen Einsicht in das »wehrlose Leiden der Geschöpfe solcher Epochen« stehen Blut-und-Boden-nahe Bauerngestalten »aus den Gebirgswiesen und den dunklen Tannenwäldern des Hochschwarzwalds« mit »Furchen schwerer Arbeit im Gesicht« und die zeitkonforme Rhetorik von den »heitersten Augenblicken solcher Lebensläufe«, »in denen der reine Genuß sich mit dem Ruch des Abenteuers würzt.« In schroffem Gegensatz zu einer solchen Verharmlosung folgt das nächste, drastisch personifizierende Bild »sterbender Städte mit Häuserreihen, von denen nur noch die äußeren Mauern ihr hilfloses Gesicht in die Wirrnis noch schrecklicherer Trümmerstätten wandten«.

In einer gedrängten Passage romantisch-düsterer Reminiszenzen aus fünf langen Kriegsjahren erreicht die hyperbolische Eklektik ihren Höhepunkt; neben nüchternen Notaten politischer Einsicht oder leidvoller Strapazen stehen hochromantische Impressionen (nicht frei von Baudelaire-Lektüre) bewußt gegensätzlich montierter Kriegsszenerie. Die Hieroglyphen-Metapher weist auf das invertierte Pathos im *understatement* des Soldatenjargons. Andersch findet Mitte 1945 in einem Aufsatz über »Die neuen Dichter Amerikas« im US-*Ruf* (Wehdeking, S. 89) dieselbe Metapher für den magischen Realismus des Hemingway-Stils:

»Ihre Worte waren wie Hieroglyphen, aus denen der ahnende Sinn des Hörers die Kraft des Erlebnisses ablesen mußte. Dann konnte man die dunkle Straße in Lille sehen, auf welche aus der halbgeöffneten Tür eines Freudenhauses gleissender Schein sich legte, das Murmeln der vielen Schritte und das Gelächter um die streichenden Schatten der Dirnen. In der Stube eines französischen Bauernhauses saßen sie am Tisch und hörten mit halbem Ohr zu, wie der alte Bauer von »les capitalistes« sprach, die den Krieg verschuldet hatten, und Bilder herauskramte von seiner eigenen Soldatenzeit als Dragoner in Epinal. Kathedralen wurden sichtbar, in denen sich der hallende Schritt weit oben im Gewölbe verlor, und die kleine Station in Rußland, vor der Soldaten warteten, tagelang frierend in ihre Mäntel gehüllt, indes aus der Schneeweite der Eiswind sang. Manchmal tauchte das Meer auf, im düsteren Winterbild eines norwegischen Fjords, der sie der Einsamkeit und der Langeweile überlieferte, oder im Glanz einer südlichen Hafenstadt, deren Farbigkeit vom weißen Staub der Vernichtung, der tödlichen Gefahr überpudert war. Das war ihre Welt [...]« (»Jahre in Zügen«, S. 10)

»Überpudert« ist hier manche im Ansatz gute Beobachtung mit dem überlebten Vokabular von Nachromantik und Symbolismus; einige veristische Parataxen lassen aber bereits die Postulate karger Trümmerliteratur vorausahnen: »Auf den Duckdalben im kleinen Alsterbecken saßen einige Möwen und regten kaum die Flügel. Hinter den ausgebrannten Höhlen der Fenster und Türen lag das schwarz verkohlte Balkenwerk; selbst die Bäume waren zu bizarren Strünken verbrannt.« Wiederholt setzt Andersch dem chaotischen Krisenbewußtsein der Kriegszeit das Gegenbild vom Leben »in der alten Ordnung« der Kaiserzeit entgegen; er nimmt das anachronistische Motiv im Bild eines lesenden Mädchens im Altonaer Wartesaal am Ende der Erzählung noch einmal auf: die zunächst nüchtern gezeichnete Vertreterin einer »neuen weiblichen Generation« voll »selbstverständlicher Wachheit und Beherrschtheit« liest nicht etwa Döblin, Joyce, Wolfe oder Heinrich Mann, nein, ihr »reines, anmutiges Gesicht« korrespondiert dem anderen Weimarer Klassiker, dem ihre »zarte Vertieftheit« gilt: Goethe in der Ausgabe eines »schmalen Heftchens«, weihevoll romantisiert durch den Namenszug »in der nachgebildeten Handschrift des Dichters«.

Kein Zweifel, das anhaltende Krisengefühl verlangte am Ende selbst bei zu Beginn des Dritten Reichs progressiv denkenden, und daher dezidierten Gegnern des NS-Systems wie Andersch nach konservativen Gegengewichten. Man sehnte sich zurück nach von Geschichte und Technik unberührter, zyklischer Natur, sozialer Stabilität und humanistischer Integrität in der unbeschädigt geglaubten Weimarer Klassik. Allzu weit von der Position innerer Emigranten wie Ernst Jünger, Carossa, Loerke oder Lehmann war Andersch mit seiner Goethe-Reminiszenz im Wartesaal des ausgebombten Hamburg nicht entfernt. Wilhelm Lehmann schrieb 1947 in dem Gedicht »Atemholen«, das zunächst »Zeitlosigkeit im Garten« heißen sollte:

> »[...] Es ist August. Kein Wolkenzug.
> Kein grober Wind ist auf den Gängen rege,
> Nur Distelsame wiegt ihm leicht genug.
> Der Krieg der Welt ist hier verklungene Geschichte,
> Ein Spiel der Schmetterlinge, weilt die Zeit.
> Mozart hat komponiert, und Shakespeare schrieb Gedichte,
> So sei zu hören sie bereit [...]
> [...] Kordelias leises Lachen hallt
> Durch die Jahrhunderte. Es hat sich nicht geändert.
> Jung bin mit ihr ich, mit dem König alt.«
> (*Werke* 3, Gütersloh 1962, S. 586)

2.1. »So begann meine Hoffnung«: Herbst 1944 bis Herbst 1945

»Eine Nacht wird kommen, dachte Werner, in der ich allein sein werde, ohne auf jemand warten zu brauchen. Endgültig allein. Allein und frei. Außer Gesetz und Befehl. Aufgenommen von der Nacht und der Wildnis der Freiheit. Vorsichtig mich bewegend, durchs Gras, unter Bäumen und Felsen. Indianerspiel. Wolken über mir. Stimmen in der Ferne. Geducktes Lauschen. Vorbei. Schlendernder Wanderschritt. Blumen. Freier Schlaf am Ginsterhügel. Rinnende Wasser. Stummer Tierblick. Eine Nacht, ein Tag, eine andere Nacht. Wer weiß? Nächte und Tage der Freiheit zwischen Gefangenschaft und Gefangenschaft. So beginnt meine Hoffnung.« (Andersch, »Flucht in Etrurien«, 1948/49, S. 103)

Mit den erreichten weiten Horizonten seines 500tägigen Amerika-Aufenthalts als Kriegsgefangener (13. August 1944 bis Mitte November 1945) erlebte Andersch, und mit ihm die Kern-Gruppe der *Ruf*-Redakteure und der Gruppe 47, eine »sozialbiographische Regenerationsphase, die zum Ausgangspunkt des Weges in die (bundes-)deutsche Nachkriegsgeschichte und -literatur wurde« (Kröll, S. 17). Die »Wildnis der Freiheit«, die sich Andersch zwischen den Gefangenschaften erträumte, war für ihn auch dann noch spürbar, als er bereits wieder hinter Stacheldraht im amerikanischen Lager Ruston, Louisiana, saß (AL, S. 84–85). Der Hoffnungsbeginn, noch 1948 deutlich mit den Bildern des deutschen Nachexpressionismus und einiger existentieller Distanz zur Gesellschaft festgehalten (»Stummer Tierblick«), war getaucht in die eingelösten Lektüreerwartungen des jungen Karl-May-, Cooper- und Twain-Lesers und die erfrischenden Chiffren unberührter Natur des »American Dream« in seiner Pionierphase, als die westwärts ziehenden Siedler noch einen ausreichenden Freiraum »außer Gesetz und Befehl« für möglich hielten. Der fundamentale Umschlag nach der »Emigration aus der Geschichte« (Kröll, S. 17), die Tatsache, daß diese Erfahrung ausgerechnet hinter Stacheldraht möglich wurde, und zu einer Rückkehr in die Geschichte, ja zu einer aktiven, journalistischen, redaktionellen und schriftstellerisch-engagierten Rolle in der Zeitkritik führte, erscheint paradox. Die ungewöhnliche Konstellation von Roosevelt-Linksliberalismus und optimistischer Pädagogik einiger Gelehrter aus den Spitzen-Universitäten der USA in den Sonderlagern erklärt dies nur zum Teil (Wehdeking, S. 20 ff., 86 ff., 115 ff.).

Wenn auch noch nicht in der eigenen Schreibpraxis, so doch in der Disposition zu den amerikanischen Schriftstellern der *lost genera-*

tion und in den sozialbiographischen Fakten ist die Erklärung für den erstaunlich raschen Umschlag zu realistischer Zeitkritik mit sozialer Dimension in den US-Kriegsgefangenenlagern zu suchen. Das halbe Jahr zwischen dem Erscheinen von »Erste Ausfahrt« mit seiner deutsch-existentiellen Innerlichkeit und dem nüchtern reportierenden, das Politische wie die neue US-Literatur kenntnisreich einbeziehende »Amerikaner – erster Eindruck« im Spätherbst 1944 in Ruston läßt sich ŋur aus Anderschs bereits vorher bestehender Affinität zu dieser Literatur erklären. Sie half ihm, das Dritte Reich psychologisch zu überstehen. Manches spricht dafür, daß Anderschs zweiter Rom-Aufenthalt (im Frühling 1938 oder 1939, nach einem ersten, sicherlich befreienden Rom-Erlebnis 1933/34, unmittelbar nach der Zeit in Dachau, FE, S. 186f., RW, S. 57) ihn in die Nähe des beginnenden Widerstands breiterer Bevölkerungskreise und der Neorealisten brachte (Eitel, S. 51). Das Rezeptionsgefälle der Literatur Hemingways, Faulkners, Steinbecks, Caldwells und Saroyans hin zu den italienischen Antifaschisten läßt sich bis ins Detail mit Anderschs Stilbeobachtungen an dieser Literatur vergleichen.

So schreibt Cesare Pavese am 20. Mai 1945, fast zur selben Zeit wie Andersch (im US-*Ruf* am 15. Juni 1945), über Hemingway und Steinbeck, aber auch den amerikanischen *film noir*:

»Die literarischen Stimmen, die uns in diesem mühevollen Leben bei der Lösung unserer geistigen Probleme halfen, kamen von außen. Jeder von uns beschäftigte sich liebevoll mit der fernen Gesellschaft, er sprach von ihr, übersetzte aus ihr und machte sie zu seinem geistigen Vaterland. Im Faschistenjargon nannte man das esterofilia (Fremdtümelei). [...] Die harten und fremdartigen Darstellungen in jenen Romanen und die Bilder jener Filme gaben uns zum ersten Mal die Gewißheit, daß die Unordnung, die Erschütterungen und die Unruhe unserer Jugend und unserer Gesellschaft sich in einem neuen Stil und in einer neuen Ordnung lösen und beruhigen konnten, daß sie sich in einer neuen Legende vom Menschen verkörpern konnten und mußten. [...] Wir empfinden alle, daß man in unserer Zeit die Worte zu der konkreten und nackten Klarheit zurückführen sollte [...]« (*Unità*, 20. 5. 1945)

Pavese, der die neue Sprödigkeit im Umgang mit der Sprache dem Stil des bombastischen Duce-Faschismus, »hochtrabenden Bekundungen« falscher Volksnähe, »Gebet« und »Kriegsbericht« entgegensetzte, hilft den Blick schärfen für die Verzerrtheit einer deutschen Nachkriegsliteratur-Diskussion, die mit einem linkshumanitären, undogmatischen Sozialismus, wie ihn Andersch in den *Kirschen der Freiheit* vertrat, weit weniger anfangen konnte als mit dem modisch gewordenen Existentialismus Sartres, verkürzt um die politische Dimension (Eitel, S. 52–53). Erst recht konnte die beginnende Wirtschaftswunderwelt nach Währungsreform und Marshall-Plan mit einem Neorealismus der Solidarisierung mit den Armen, den Heimkehrern und den vielen *displaced persons* der Nachkriegsszene nichts anfangen, wie er bei der Gründungsmannschaft der Gruppe 47 im Appell, wenn auch noch nicht im Stil, vorherrschte.

Blickt man einen Augenblick voraus auf das *oeuvre* der späteren literarischen Weggenossen von Andersch, denen die Berührung mit der amerikanischen Literatur der 20er und 30er Jahre ebenfalls entscheidende Impulse vermittelte, so fällt auf, daß nur Andersch bis in die zweite Hälfte der 70er Jahre (zuletzt in: Tintenfaß 1, 1980, S. 60) dem Erbe des »spirit of '76« in den USA nachspürte. Für Wolfgang Koeppen, der wie Andersch im Zeichen Thomas Manns begann (in Den Haag las er 1935 über der Arbeit an dem Roman *Die Mauer schwankt* den *Tod in Venedig*, »täglich drei Seiten vor Arbeitsbeginn«, *Skribenten*, S. 114), wurde nach der *Amerikafahrt* (1959) und dem Hemingway-Nachruf das Atlantik-Thema peripher. Arno Schmidt, wie Andersch anfangs an Stifter interessiert (»Leviathan«, 1949), und, aus romantischer Verwandtschaft, auch an Cooper und Poe, läßt nach *Rosen & Porree* (1959) in seinem Interesse an amerikanischer Gegenwart nach; Hans Werner Richter bleibt bereits in den *Geschlagenen* (1949) spürbar auf Distanz zu den USA und dem Kriegsgefangenen-Erlebnis, Heinrich Böll wendet sich neben Hemingway und Graham Greene noch Salinger zu, aber kaum bis in die 60er Jahre.

Die singuläre und nachhaltige Faszination durch das Amerika-Erlebnis und seine Literatur hat eine plausible biographische Erklärung. Reich-Ranicki hat in seinem Nachruf (darin erheblich gerechter als in der *Efraim*-Kritik) darauf aufmerksam gemacht, daß nach deprimierenden Erfahrungen in Elternhaus und Schule »der Versuch, einen Beruf zu erlernen, ebenfalls nicht viel ergab«, und sich der Autor als »unglücklicher Außenseiter« im Dritten Reich beruflich ebenfalls »mehr schlecht als recht durchschlug«: »Vielleicht hielt er sich für einen entgleisten Menschen, für eine gescheiterte Existenz (ÜA, S. 273f., *Deutsche Literatur*, S. 103). In den amerikanischen Sonderlagern Kearney und Getty fand Andersch endlich zu einem, seinem Traum-Beruf. Bereits anläßlich der Desertion zu den Amerikanern in Italien hatte er diese, wenn auch vage Hoffnung: »Für sie [die Deutschen, d. V.] ein Gewehr gegen die Soldaten von Armeen abfeuern, die vielleicht – eine schwache Hoffnung belebte mich bei diesem Gedanken – in der Lage waren, mein Leben zu ändern?« (KF, S. 73). Die Hoffnung hatte nicht getrogen. Die Arbeit am US-*Ruf*, an den ersten Zeit- und Literaturkritiken und

Kurzgeschichten, wiesen ihn als talentierten Journalisten aus und öffneten ihm, nach Deutschland zurückgekehrt, die Möglichkeit, an der amerikanischen *Neuen Zeitung* in München Kästners Redaktionsassistent zu werden. »Ich war in einer großen Redaktion tätig. Es war unglaublich. Es grenzte ans Wunderbare. Ich fand mich, 31 Jahre alt, ganz plötzlich mitten in einer Welt, von der ich 12 Jahre lang angenommen hatte, ich würde sie nie betreten« (AL, S. 96). Die Amerikaner hatten ihm zwei entscheidende Dinge verschafft: das Bewußtsein, den richtigen Beruf gefunden zu haben, und, nach den fatalistisch-ambivalenten Schreibversuchen im Krieg, endlich eine kohärente, kritische Geschichtsperspektive, wie er sie nach seiner KP-Enttäuschung suchte; sie gaben ihm in Vorlesungen und Büchern über die wilhelminische Epoche bis hin zur Weimarer Republik mit ihrer Wirtschafts- und Demokratie-Problematik einen deutschen Geschichtsüberblick, dem sie den amerikanischen Liberalismus Jeffersons, Lincolns und F. D. Roosevelts *New Deal* entgegenstellten. Andersch hat nicht aufgehört, seinen amerikanischen Lehrern im Lager für diesen wesentlichen persönlichen Durchbruch dankbar zu sein.

Über die berühmten »Vier Freiheiten« Roosevelts, Redefreiheit, Religionsfreiheit, Befreiung von der Not und der Furcht, die dieser in der Atlantik-Charta 1941 mit Zustimmung der Sowjetunion proklamierte, druckte der deutsche *Ruf* im September 1946 einen Kommentar Denis de Rougemonts, der zeigt, warum die Begeisterung der Getty-Absolventen bald utopisch erscheinen mußte:

»die Freiheit des Wortes ist überall ausgeschaltet durch offizielle und ökonomisch bedingte Zensuren, die Not herrscht, und es herrscht die Polizei, und in Furcht voreinander leben selbst die Sieger. Im übrigen hat ›die Bombe‹ unsere Freiheit, jeden Augenblick das Schlimmste zu befürchten, mit mindestens 20000 multipliziert.« (*Le Littéraire*, 30. 3. 1946)

Die im Lager geweckten Hoffnungen auf spätere weltweite Abrüstung, Annexionsverzicht der Völker nach außen und innen, eine Synthese von Freiheit und Sozialismus, kurz einen weltumspannenden *New Deal* im Sinne des am 12. April 1945 verstorbenen US-Präsidenten überlebten diesen nur in der United-Nations-Charta. In einem Gedicht auf die »Ära des großen Gelähmten« Roosevelt versuchte Andersch fünfzehn Jahre später, die Intensität dieser kurzlebigen Vision festzuhalten. Das Gedicht zeigt eindrucksvoll die fast unwirkliche Atmosphäre eines Lagers am Atlantik-Ufer in Rhode Island, wo man mit Jazz geweckt wurde und militärische Rangordnung keine Rolle spielte, wohl aber der fraglose Glaube an das Gute und die Erziehbarkeit des Menschen (Andersch, »Getty . . .«, S. 1090 ff.). Die warmen späten Herbsttage des neuenglischen Indianersommers begünstigten den Unterricht im Freien:

> Erinnerung an eine Utopie
>
> azur   rostrot   meerblau
> der indianersommer des orlogs
> rhode island oder die klarheit aus herbst
>
> die bucht   der wind   das gras
> im freien hören die gefangenen
> die lehre von der gewalten-trennung
>
> teddy wilsons klavier
> call me joe sagte der oberstleutnant
> professor jones ironisiert poe
>
> im osten die toten
> hier der neue plan aus den ahorn-wäldern
> die ära des großen gelähmten
>
> oktober-nostalgie
> nach der charta des bilderbuch-meeres
> dem leuchtturm so weiß von narragensett (EB, S. 16)

Das Rostrot der Herbstblätter erhält durch die Klangbindung an Orlog (Krieg) eine zweite, weniger harmlose Bedeutung. Hinter Meerblau und Weiß steht die Atlantik-Charta; der Leuchtturm signalisiert diesen »neuen Plan« von der amerikanischen Ostküste aus nach Europa. Zusammengenommen sind es die Farben Rot-Weiß-Blau der Französischen Revolution, die auch zu Nationalfarben der USA wurden. Andersch drängt die kaum begreiflichen Gegensätze von eben verlassenem Kriegschaos und durchsichtiger Herbstidylle, von Toten im Osten und belebend globalen Visionen im Westen, von Kriegsgefangenen-Situation und freiheitlicher Lebensart zu einer inkongruenten Einheit zusammen.

Das Gedicht lohnt eine Wiedergabe, nicht nur weil es eines der besten innerhalb der lyrischen Möglichkeiten Anderschs ist, sondern weil es neben Günter Eichs »Inventur« ein Anthologie-Gedicht der vom Jahre 1945, in der historischen Perspektive wie in der Kriegsgefangenen-Situation, ausgehenden Impulse darstellt. Nicht unwichtig ist dabei, daß beide Gedichte auch Künstler-Gedichte sind: Eich ist von aller verbliebenen Habe die Bleistiftmine »am liebsten«, Andersch verweist auf Poes ironische Wirkungsästhetik in seiner poetologischen Praxis; im Denotat sparsam, im informationsreichen Konnotat vielschichtig, weisen beide Gedichte zeitkritische Auswege aus der übermächtigen Tradition deutscher Naturlyrik (vgl. P. H. Neumann, S. 59 ff.). »Inventur« ist mit seinen vorgezeigten, ärmlichen Habseligkeiten ein schneidender Kommentar zur Rhetorik des »Tausendjährigen Reichs«, eine die spröde Form durchschlagende Resignation an mehrtausendjähriger »abendländischer« Zivilisation, die zwei Weltkriege und den Rückfall aufs Existenzminimum nicht verhindern konnte. Andersch signalisiert in einer chiffrenreichen, in den politischen Implikationen wie dem filmisch herangeholten, optischen Rahmen dichten Struktur (die den Leser zur Mitarbeit auffordert, aber nicht hermetisch ausschließt) die aus Jalta, Atlantik-Charta und alliierter Konstellation der beiden Großmächte verbliebenen Entspannungs-Hoffnungen vor der Atombombe, vor der deutschen Teilung, vor dem Kalten Krieg.

So ist es auch kein Zufall, daß Andersch gerade diese Vision 1960 heraufbeschwor, als die Berlin-Krisen zu einem neuen Tief in den Beziehungen der Großmächte führten und der Berliner Mauerbau bevorstand (das Gedicht ist am 18. 10. 1960 vollendet, Wehdeking, S. 115). Ein Jahr später veröffentlichte Andersch denn auch das Gedicht »Die Farbe von Ostberlin«, das mit seinen optischen und sensorischen Denotaten (»dieser film zeigt . . . kalte gelöschte straßen . . . die haut des spreekanals schwelt und geht aus . . . unter dem toten krieg regt sich ein rostiges grau«) die Bezugsdaten beider Gedichte, 1945 mit seinen Illusionen und die volle Schärfe des Kalten Kriegs 1960/61 in den Konnotaten verbindet.

Andersch setzte 1945/46 noch auf die »Nüchternheit« amerikanischen, pragmatischen Denkens gegen die Gefahr eines »Weltbürgerkriegs«, und sah in den »Gesprächen am Atlantik« (*Der Ruf*, 15. 8. 1946) eine Chance, mit dem Friedenswillen und Optimismus dieses Denkens den Heidegger- und Scheler-Kulturpessimismus älterer Deutscher im Lager zu überwinden. Das bildungsborniertе Gegenargument lautete damals schon: »Diese Cowboys hier wissen ja gar nicht, was das bedeutet, [...] europäische Geisteswissenschaft.« In dem Ostberlin-Gedicht resigniert Andersch in dem Hegel'schen Bild der Eule, die noch immer nicht den Eintritt historischer Vernunft anzeigt, indem sie ihr Gefieder in der »Dämmerung der Geschichte« bewegt, und weist noch einmal auf die Illusionen des ersten Nachkriegsjahres zurück:

»Einer wagt einen Einwand: ›Hören Sie‹, sagt er, ›die Hegel-Interpretation von Smith war doch gar nicht so schlecht. Diese Meinung, daß die Weisheit, der Vogel der Minerva, ihren Flug eben nicht erst in der Dämmerung der Geschichte, dann, wenn alles vorbei ist, beginnen dürfe. Wächst das nicht sehr folgerichtig aus dem Denken, der pragmatischen Schule, die ein originaler Beitrag Amerikas zur Philosophie des Westens ist?‹ Rationale Einwände, die unbeantwortet bleiben.«

Howard Mumford Jones, der sich im Kriegsgefangenenlager mit Henry Ehrmann in den Geschichtsunterricht teilte und amerikanische Literatur lehrte (man versuchte, die Gleichzeitigkeit der Regierungsperioden Bismarcks und Lincolns pädagogisch zu nutzen), macht in seinen Memoiren deutlich, daß Eisenhower sich durchaus bewußt war, in den Antifaschisten für die Nachkriegsverwaltung vorwiegend Sozialdemokraten vor sich zu haben (Jones, S. 216–220). Wie wenig systemrational, auch von Verwaltungsspannen behindert, das amerikanische Experiment bei allem Idealismus ablief, zeigt eine Episode beim Rücktransport der ersten Getty-Absolventen kurz vor Kriegsende. Der Kapitän des Kriegsschiffes *U.S.S. General Tasker H. Bliss*, das die 200 Deutschen nach Europa bringen sollte, war selbst durch schriftliche Order des Provost Marshall General in Washington zunächst nicht dazu zu bewegen, als der Konvoi mit den Kriegsgefangenen überraschend vor seinem Schiff im Bostoner Hafen auftauchte. Ohne einen Befehl vom Pentagon (War Department) schien ihm das Ganze viel zu heikel, und als er sich endlich überzeugen ließ, verschwanden die für Verwaltung ausgebildeten Deutschen nach ihrer Ankunft sofort in verschiedenen POW-Lagern der Normandie; Eisenhower mußte der Sache nachgehen und sie Mann für Mann sammeln lassen, um seine »Social Democrats« den Sonderaufgaben in Deutschland zuzuführen. Das Beispiel lehrt besondere Vorsicht mit Kapitalismus- und Faschismustheorien, die auf Systemrationalität bauen. Auch für die deutsche Analyse des Hitler-Systems, besonders für die Kulturpolitik, hat Hans Dieter Schäfer genügend Material gesammelt, das kapitalistische, sogar pro-amerikanische Aspekte im Alltag NS-Deutschlands aufweist und das Kompetenzendurcheinander des real existierenden Faschismus verdeutlicht: eine nichtnationalsozialistische Literatur junger Autoren, etwa Horst Langes alles andere als militaristische *Ulanenpatrouille* (1940) und der unheroische Existentialismus der *Kolonne*-Autoren konnte entstehen und fand Verbreitung.

Zwei amerikanische Autoren, die Andersch im Lager intensiv rezipierte (vgl. Jones, »Poe, ›The Raven‹...«, S. 145 ff.), hatten auf sein weiteres Werk entscheidenden Einfluß: Edgar Allan Poe und Ernest Hemingway (vorübergehend auch John Steinbeck). Überraschend die deutschen Mittler, die Andersch hierbei nennt, Rilke und Ernst Jünger. Jünger ist ihm Zeuge von Poes Modernität, weil er Poe einmal »den ersten Autor des 20. Jahrhunderts« nannte. Die Verbindung von Ernst Jünger zu Poe verläuft über die französischen Symbolisten, vor allem Baudelaire und Mallarmé, an denen Jünger sich schulte, und die wiederum Poes berühmten Essay über sein *Raven*-Gedicht (1845), »The Philosophy of Composition«, für sich entdeckt hatten. Poes eher ironisch gemeinter Essay wurde in Frankreich als Auftakt moderner Literaturtheorie und Poetik ernstgenommen; es geht darin um eine erste Entdeckung des Lesers, bei dem durch bewußten Einsatz literarischer Stilmittel kalkulierte Wirkungen erreicht werden sollen. Andersch zeigt in seiner Nachkriegsliteraturkritik wie seinem Werk, daß er die Lehren des leserzugewandten Romantikers und Kriminalautors Poe beherzigt hat. Noch in der bei Idris Parry gefundenen Werkstatt-Pointe »art is about buttons« steckt dieser Ansatz. Mr. Dupin, Bücherfreund und Methodiker der »ratiocination« beim Aufklären des *Doppelmords in der Rue Morgue* (1841), zeigt, wie Poe, besonderen Scharfsinn bei der Auflösung von Rätseln, Hieroglyphen und Geheimnissen. Die Hieroglyphen-Metapher nützt Andersch 1945 in Bezug auf den Hemingway-Stil und generell auf erzählerisch sparsames Denotat bei einer Fülle konnotativer Implikationen. Die »kalte artistische Aktion«, bei Poe in der »Philosophy« »analytisch« genannt, zielt bewußt auf solche lesersteuernden, auch durch Leerstellen seine Mitarbeiter fordernden, Wirkungen.

Hemingway gilt Andersch als der Stilist eines asketischen Realismus (doch auch Rilkes »Archäischer Torso Apollos« evoziert dieselbe »reinigende Kraft«), einer bloßen Präsentation der Dinge und Tatsachen ohne Erzählerkommentar: »Aber merkwürdig ist es, wie gerade in dieser Sparsamkeit die Magie der Welt sichtbar wird« (*Der Ruf*, 15. 6. 1945). Mehr und mehr sieht man heute auch Hemingways *understatement* in einer gewissen Affinität zum Expressionismus in der bildenden Kunst (Nelson, 1979) und als ein höchst raffiniert, besonders in den Kurzgeschichten, eingesetztes Mittel modernen Erzählerkalküls. Für Andersch und seine Mitgefangenen, die T. S. Eliots Theorie des objektiven Korrelats in Verbindung mit diesem Erzählstil noch nicht kannten, war aber auch das Thematische, die traumatischen Kriegserlebnisse der Hemingway-Protagonisten, ihr krisenhaftes Lebensgefühl und die Erfahrung individueller Isoliertheit aufs engste mit den eigenen Erfahrungen verknüpft. *Wem die Stunde schlägt* (1940; dt. Stockholm 1941) wurde in der unmittelbaren Nachkriegszeit fast so begeistert gelesen wie das trivialere Bürgerkriegspanorama *Vom Winde verweht* (1936). Für Andersch kam noch eine biographische Identifikation mit der Figur Robert Jordans über den eigenen kommunistischen Freund aus dem KZ Dachau, Hans Beimler, hinzu. Das vierte Kapitel seiner nicht mehr vollendeten Autobiographie war »Beimler« überschrieben, dem es als einzigem gelungen war, aus Dachau zu fliehen, und der drei Jahre später in Spanien fiel (AL, S. 94, »Böse Träume«, S. 62). Das Donne-Motto im Titel (»no man is an island . . . therefore never send to know for whom the bell tolls; It tolls for thee«) zielt auf Solidarität der für die verlorene Sache gegen den Franco-Faschismus Kämpfenden. All das hatte besondere Relevanz für Andersch, der sich seine Sicht der *lost generation* aus der linksliberal gestimmten Literaturgeschichte Alfred Kazins *On native grounds* (1942, dt. 1945) holte:

> »Gehalt und Methodik dieses Musterbeispiels moderner literarischer Analyse entsprechen aufs Genaueste der Größe des Gegenstandes. Vor allem mag die völlig im Ästhetischen und Philosophischen verfahrene deutsche Literaturforschung aus diesem Buch lernen, welche Vertiefung sie durch die Hereinnahme der Soziologie erfahren könnte« (»Eine amerikanische Erzählung«, *Frankfurter Hefte* 2, 1947, S. 976)

Selbst den Neuanfang nach dem Krieg als schriftstellerische Arbeitshypothese holte sich Andersch als Konzept von Hemingway, dessen Nähe zu Sartre nicht nur im Existentiellen lag. Auch das Engagement des realistischen Schriftstellers, in einem Hemingway-Gedicht bis zur verräterisch militanten Metapher gesteigert, verband die beiden, in der Ablösung von Thomas Mann für Andersch wichtigsten Namen Sartre und Hemingway auf dem Weg zur Ästhetik des Widerstands; er nahm 1977 das übersetzte Hemingway-Gedicht (1921) in seinen Lyrik-Band auf, und zählte 1948 die Schreibmaschine Hemingways zu den Kultobjekten des Realismus:

> Mitragliatrice (Geschoßschleuder)
>
> gottes mühlen mahlen langsam
> doch das mahlwerk
> schwätzt sein mechanisches staccato
>
> dreckige infanterie des geistes
> rückt über schwieriges gelände vor
> mit der mg-unterstützung
> dieser olivetti (EB, S. 140–141)

2.2. Leitartikeljahre: entschiedene Literatur und Euphorie

»An die Jahre um die Mitte des Jahrhunderts denke ich zurück als ein nicht enden wollendes Versäumnis [...] Warum habe ich, aus dem Krieg, aus dem Leben in einer Diktatur entlassen, nicht sofort *geschrieben*? [...] Anstatt mit Schreiben, habe ich meine Zeit mit Journalismus vergeudet.«

»Die Erinnerungen an den *Ruf* und die *Gruppe 47* langweilen mich [...] Und nicht nur langweilig ist mir das alles, sondern auch peinlich, ich winde mich vor Peinlichkeit, wenn ich mich daran erinnere, wie die Droge, die *Gruppe 47* hieß, aufhörte zu wirken, während ich, wieder zuhause, an meinem Tisch saß, auf dem liniertes Papier lag, indessen jenes Gespenst, die

Literatur, mich anblickte. Die Augen der Literatur sind grau, ihre Blicke sind kühl, sie ist ein Wesen von unheimlicher und eisiger Realität. Realismus heißt nichts weiter, als auf Drogen zu verzichten, während man arbeitet.« (Alfred Andersch, »Böse Träume«, S. 64–68)

Die bittere Rückschau auf Schreib-Schwierigkeiten der Nachkriegsjahre ist, aus der Sicht des letzten Lebensjahres, wo so vieles in Gefahr ist, nicht mehr zu Ende geschrieben zu werden, verständlich. Als Andersch im November 1945, aus einem Durchgangslager in Darmstadt (mit einem Seesack voll amerikanischer Autoren statt der lebenswichtigen Konserven) wieder deutschen Boden als freier Mann betrat – »und ich war im Herbst 1945 in jedem nur möglichen Sinne frei, niemals wieder bin ich so frei gewesen« – (»Böse Träume«, S. 69) war er von einer Euphorie des Neubeginns mit deutlicher politischer Priorität erfüllt und verstand sich als Intellektueller mit einer besonderen Verantwortung gegenüber der Zeit. Die Leser, auf die es ihm und dem zum Teil identischen Redaktionsteam des US-*Ruf* wie des deutschen *Ruf* ankam, sollten »jung«, links und frei sein, nur nicht bürgerlich-konservativ, konfessionsgebunden, oder orthodox sozialistisch. Vom Ende der 70er Jahre her, und erst recht nach einer neuerlichen Absage beider Supermächte an die Entspannung, kann die Perspektive des Autors und seines Interpreten nur bedauernd versäumte Jahre an die Hoffnung vermeintlicher Mittlerchancen Deutschlands zwischen Ost und West, vor der Konsolidierung der Blöcke, konstatieren.

Aber die damalige journalistische Verve war nicht umsonst. Die Forderungen des Tages, etwa im ersten *Ruf*-Leitartikel (August 1945) mit dem symptomatischen Titel »Das junge Europa formt sein Gesicht« waren utopisch genug, aber dies gab ihnen auch die Nähe zur Domäne der Literatur (Wehdeking, »Lost Generation«, S. 162); und auch den Hemingway- oder Koestler- (Poe- oder Bierce-) Stil hatte die Durchgangsstation der Reportage mit brillantem Effekt und zeitkritischer Brisanz aufgeladen, auf dem Weg zur »unheimlichen und eisigen Realität« eines neuen literarischen Verismus. Sieht man Anderschs stärkste schriftstellerische Qualitäten in der Kurzgeschichte, so waren die Lehrjahre in den Zeitungen und Zeitschriften – *Neue Zeitung, Der Ruf, Ende und Anfang, Neues Europa, Frankfurter Hefte* –, den Rundfunkanstalten und Feature-Redaktionen keinesfalls umsonst. Wenn es auch fast den Anschein hat, als wäre Andersch nach seiner frischen Demokratie- und Roosevelt-Begeisterung mit der Mentalität eines *re-education officials* ins besetzte Deutschland zurückgekehrt, zeigte sich noch in den neuen amerikanischen Lager-Erzählungen des Jahres 1945, erst recht in den ersten Nachkriegspamphleten im *Ruf*, daß Andersch gesonnen war, mit maximalem Effekt die Taten der Sieger an ihren proklamierten Idealen zu messen; es ging ihm immer nur um die deutsche Frage.

Die mit den auslaufenden 40er Jahren intensiver werdende Arbeit an literarischer Kurzprosa läßt sich nicht ohne die enttäuschten Illusionen des Neubeginns nach 1945 verstehen, auch nicht ohne die Lernprozesse in den Redaktionsstuben und die soziokulturellen Manifeste dieser Übergangsjahre vor der Gründung der beiden Deutschland (in einem Brief zu meinem Buch *Der Nullpunkt* [1971] schrieb Andersch, es seien dort Anfänge geklärt worden, »die wirkliche Anfänge waren, wie sie so nur selten in der Literaturgeschichte vorgekommen sind«, Brief vom 16. 2. 1972; in der Studie hatte ich versucht, ungeachtet mancher Kontinuitäten seit 1930, dem schöpferischen Nutzen einer tabula-rasa-Haltung nach dem Krieg Kontur abzugewinnen). Hans Werner Richters »kritische Freundschaft« zu Andersch ist, im Lichte der Erinnerungen beider (aus den späten 70er Jahren), ein guter Leitfaden für die Aporien der unmittelbaren Nachkriegszeit, gerade auch in den Divergenzen literarischer Wirkungsabsichten; Richter war gerne Journalist, wo Andersch vom Schriftsteller träumte, Thomas Mann und Sartre vor Augen (Richter, S. 56). Der Stellenwert und das Zeitbeständige der Bemühungen beider erschließt sich allerdings erst durch eine Einordnung jener Jahre in längerfristige Perspektiven; Richter deutet sie an:

»Was haben diese politischen und polemischen Auseinandersetzungen mit der Militärregierung und ihren Mitläufern mit der späteren Gruppe 47 zu tun? Es gibt viele Antworten. Die wichtigste scheint mir diese zu sein: in diesen Jahren 1946/47 kamen viele junge Leute aus Amerika, Frankreich, Italien, aus Lazaretten und Gefangenenlagern zurück. Sie suchten Anschluß, Kontakte, Kommunikation. Sie glaubten an einen neuen Anfang. Die Stunde Null war für sie lebendige Wirklichkeit. Die restaurierten alten Institutionen und Parteien sagten ihnen nichts. Sie waren Vergangenheit, Teil einer durch die Katastrophe des Dritten Reiches endgültig diskriminierten deutschen Geschichte. So schwirrten diese jungen Leute herum und suchten Mittelpunkte, Zentren [...] eine dieser Zellen wurde zur späteren Trägerin der »Gruppe 47« [...] jede neue Begabung, die wir entdeckten, löste Hoffnungen auf eine ganz eigene, andere Literatur aus, auf einen neuen Realismus, ähnlich dem Neo-Verismus im Italien von damals [...] Doch was wir nicht wollten, war eine Agitationsliteratur. Sie erschien uns als Un-Literatur, als Propaganda, mit der uns das Dritte Reich und vorher die Parteien überfüttert hatten [...] Was Bestand hat vor den Ohren der Teilnehmer sind die knappen Aussagesätze. Gertrude Stein und Ernest Hemingway sind gleichsam unbemerkt im Raum [...] Dennoch war es ein Sprachreinigungsprozeß. Seine volle und bewußte Auswirkung zeigte sich erst in der Mitte der fünfziger Jahre mit dem Auftauchen einer neuen Generation« (*Richter und die Gruppe 47*, S. 61–85).

Was Richter und Andersch bei der Arbeit am *Ruf* und in der Gruppe 47 bis etwa 1949 verband, hat Friedhelm Kröll stringent als ein Modell demokratischer Elitenbildung bei tiefsitzender Organisationsphobie gegenüber allen traditionellen Organisationsmodi beschrieben, verstanden als Gegenentwurf zur verordneten *re-education* (Kröll, S. 19–21). Ihr Antifaschismus richtete sich besonders nachdrücklich gegen die Kollektivschuld-These und die Zensurpraxis der Alliierten; in der eigenen Gesellschaft hoffte man zunächst, durch radikale Sprachkritik und nüchterne Literaturformen, aus der Erfahrung mit dem Deutschland der »Väter« immunisiert gegen falsche historische Versprechungen, Oasen linkshumanitären Engagements auf dem Weg zum vereinten sozialistischen Europa zu bilden. Für Deutschland zwischen den Blöcken sollte die Synthese aus Freiheit und Sozialismus, in vielem die Vorwegnahme eurokommunistischer Gedanken, die drohende Zerreißprobe vermeiden helfen. Zwei Aufsätze waren dabei von programmatischer Bedeutung: Arthur Koestlers »Gemeinschaft der Pessimisten« (von Andersch bereits für die Nullnummer der »Verlorenen Generation« im April 1946 vorgesehen, dann in der ersten Nummer des *Ruf* im August 1946 abgedruckt, vgl. Vaillant, S. 222) und G. R. Hockes »Kalligraphie«-Essay vom November 1946. Hocke hat in der bald alle Hoffnung auf Aktion ablösenden Literaturpolitik mit seinen Thesen den Weg für die nach 1950 erfolgte Verschmelzung des realistischen Lagers mit dem metaphysisch-meditativen ehemaliger *Kolonne*-Autoren (vor allem Eich und Lange) geebnet. Seine Gleichsetzung von Empirie mit Freiheit – »reine Übereinstimmung von Aussage und Wirklichkeit« – ist Anderschs Hemingway-Kritik sehr nahe; die Forderungen, bei aller »Trivialität« im Sinne von Gides Einfachheit doch nicht auf die sprachliche »Verfeinerung«« der besten Kalligraphen seit 1930, auch nicht auf »Bieg- und Schmiegsamkeit dieser Sprache, ihre Sinnlichkeit und Musikalität« zu verzichten, weist auf das Einmünden der 47er wie der *Kolonne*-Stilisten ins gemeinsame Aufarbeiten einer abgemilderten Moderne nach 1950 voraus. Die Mittlerfigur Hockes zwischen den Veristen und Metaphysikern erscheint aus der eigenen literarischen Genese plausibel; trat er in dem Essay »Das geistige Paris« (1937) für die Bedeutung Gromaires, Legers, Delaunays und vor allem Picassos ein, lieferte er in dem umfangreichen Roman *Der tanzende Gott* (1943) eine in Sklavensprache gehaltene Allegorie von der Zerstörung einer antiken Kolonie durch totalitäre Psychose, aber auch vom Verlust des »schönen Maßes«. Dem allen korrespondierte nach 1950 die Ablösung der Modelle amerikanischer Realisten und französischer Existentialisten durch zwei deutsche Expressionisten, Kafka und Benn. Erst nach

1955 erfolgt dann der Dominantenwechsel zu einem politisch dimensionierten Verismus bei ästhetischer Beherrschung der Mittel, markiert durch die Wiederentdeckung Brechts, eine – bescheidene – Blüte italienischer Neo-Realisten in deutscher Übersetzung, vor allem aber das Auftreten einer Reihe jüngerer Autoren, Grass, Böll, Walser, Johnson, Bachmann, Enzensberger, Lenz mit einem echten, eigenen Beitrag zur Moderne in gesellschaftskritischer Dimension. Richter und Andersch, hatten mit dem Fördern und Entdekken der Talente, Koeppen und Arno Schmidt mit der eigenen Praxis die Entwicklung eingeleitet.

Politisch standen den 47ern die bürgerlichen Verbände und Parteien entgegen, die, wirtschaftlich wie sicherheitspolitisch restaurativ und westlich orientiert, nach der Währungsreform und mit Hilfe des Marshallplans den für beide Gruppen unerwartet raschen Wiederaufbau einleiteten. Die skeptischen Prognosen Koestlers für ein »Zeitalter des Interregnums« auf dem Weg zu demokratischem Sozialismus und vereintem Europa (durch progressive Notbrücken und Oasen) erfuhren kaum geahnte Bestätigung durch das Festschreiben der deutschen Teilung im Kalten Krieg und den zu unpolitischer Saturiertheit führenden Prosperitäts-Boom. Die Oasen-Bildung konnte unter diesen Umständen nichts bewirken; was blieb, war ein literarisches Aufarbeiten der Vergangenheit unter antifaschistischem Vorzeichen, zugleich gerichtet gegen die Mittel der vergangenen literarischen Reihe. Für eine Analyse des antifaschistischen Programms in den ersten Erzählungen von Andersch und in seiner differenzierten Bestandsaufnahme *Deutsche Literatur in der Entscheidung* (1947/1948) ist der Koestler-Aufsatz – mit einem Seitenblick auf den italienischen Neorealismus – hilfreich.

Als beispielhaft für die mutige Wahrnehmung der sozialen und zeitkritischen Funktion von Literatur stellt Andersch Koestler als einen Korrespondenten (für *News Chronicle*) in Spanien vor, der nur durch englischen Einspruch der bereits verhängten Todesstrafe Francos entging; Koestler hatte »in der englischen Presse die deutsch-italienische Beteiligung im spanischen Bürgerkrieg mit all ihren Folgen für Europa und die Welt aufgedeckt«. Sein 1943 in den *Deutschen Blättern* in Chile erschienener Beitrag wird mit unverhüllter Bewunderung und der typischen Mischung von Reisenachholbedarf und Abenteuersehnsucht als gültige Perspektive aufgrund der »Farbigkeit des weltbefahrenen Journalisten« gewertet. Merkwürdig genau decke sich dies Bild der Weltlage mit den »schattenhaften Umrissen«, die der eigene »weltausgeschlossene« Blickpunkt erkennen lasse (*Der Ruf* 1, 1946, 1, S. 3).

Koestler, in seinen Nachkriegsprognosen hellhörig für den dro-

henden »Kampf der Giganten« und zugleich merkwürdig kontur-
los, beschreibt den Antifaschismus aus dem Andersch naheliegen-
den »schwermütigen Winkel« des heimatlos gewordenen Anhängers
»politisch links gerichteter Weltverbände«. Seine Sehnsucht nach
einem neuen Ferment, das auf das notwendige Interregnum von
Halbwahrheiten folgen soll (auf den verdeckten Imperialismus der
Alliierten im Gerangel um die günstigsten Nachkriegspositionen,
auf die im eigenen Land geduldete Rassendiskriminierung, gegen die
man bei Hitler selbstgerecht kämpft, auf die Kollektivschuld-Reso-
lution der Labour-Partei trotz der 13 Millionen deutscher Arbeiter,
die sich bei den letzten freien Wahlen gegen Hitler gestellt hatten),
postuliert einen neuen Ausgleich zwischen Geist und Vernunft,
nachdem Hitler seine Gegner gegen »totalitäre Utopien« immunisiert habe. Die Intellektuellen sollten das »unsauber gewordene
Messer des Chirurgen nicht über dem kranken Körper der Gesellschaft schwingen«, sondern an einer neuen Gesinnung mitarbeiten,
auf deren erste »Anzeichen« man mit offenen Augen warten müsse.
Nicht aus einer bestimmten Gruppe von Proletariern, aber mit
Gewißheit »aus den Reihen der Armen« und der Opfer erwartet
Koestler das Neue. Beispielhaft für solche »Oasen« linkshumanitären Engagements ist Silones Freundesgruppe in dem Roman *Il seme
sotto la neve (Der Same unterm Schnee*, 1942). An den Rändern
kämpfender Blöcke, in kleinen und neutralen Ländern erhofft er die
Fortdauer von »Toleranz und althergebrachter Menschlichkeit«.
Allerdings kann es nach der nahe geglaubten Utopie-Verwirkli-
chung von 1917 diesmal Jahrzehnte dauern; kompromißlos be-
kämpfen soll man inzwischen nur das gänzlich unethische Nazi-
System, seine Rassenideologie und die Erniedrigung der »Men-
schengemeinschaft zur Paarungsgemeinschaft«.

Genau diese, literarisch weit eher als politisch umsetzbare Mischung in Koestlers Analyse besaß für Andersch im unmittelbaren
Nachkrieg Relevanz: das Insistieren auf eine ethisch-abstrakte
»Menschlichkeit« (nicht ohne den *common-sense*-Beigeschmack der
Ernüchterung) bei konkret differenziertem, antifaschistischem Programm und einem unbestechlichen Blick auf die Heuchelei im eige-
nen Lager der Sieger. Hinzu kam der im Datum 1917 unverkennbare
Zug zum Sozialismus bei einem deutschsprachigen Emigranten, der
bei aller, aus Enttäuschung resultierender, Distanz zu orthodoxen
Theorien und Parteiungen durch sein »eingesetztes Leben« im anti-
faschistischen Widerstand als linkshumanitärer Aktivist legitimiert
war. Wenn Andersch Koestler im *Ruf* starke Beachtung zeigte (auch
Auszüge aus dem Roman *Darkness at Noon* erschienen dort, *Der
Ruf* 1, 1947, 10, S. 10–12), später auch Gustav Regler (aus dem

mexikanischen Exil) in seine *Texte und Zeichen* aufnahm, so erhält diese Hinwendung zur unorthodoxen Linken der Exilliteratur ihre besondere Bedeutung im Blick auf den Antritt des Exil-Erbes in der DDR, wo man bis heute gerade jene Antifaschisten aus dem Traditions-Kanon ausnahm (Loewy, S. 176).

Derselben post-ideologischen Sicht der Dinge entsprach die durch Nicolaus Sombart im *Ruf*-Redaktionsteam geförderte Einschätzung der Hitler-Gegner unter den deutschen Besatzungssoldaten in Frankreich als »jeunes Allemands« in der Nähe der französischen Résistance, im Gegensatz zum Hitler-treuen »Boche«. Ganz im Vokabular des Neorealismus schreibt Sombart über die Résistance und die deutsche Nachkriegsliteratur:

> »Die Résistance ist nämlich nicht eine Angelegenheit von Heckenschützen gewesen, sondern sie war ein Aufgebot des Geistes. Darum ist ihr die Literatur so über alles wichtig. [...] Und was dort im Untergrund entstanden ist, das ist genau das, was wir brauchen. Eine Philosophie für Bettler und Lumpengesindel, die wissen, wem sie ihr Elend verdanken. Alle Dinge sind auf den letzten Ort zurückgenommen: das eigene, leidvolle Dasein. Man hat aus der Not eine Tugend gemacht, die Tugend des Bewußtseins, als einer existentiellen Leistung. Damit aber hat man aus der Not Geist gekeltert. So schaut der neue Humanismus aus, ein unglaublich karger, unästhetischer Humanismus« (*Der Ruf* 1, 1946, 5, S. 1–2).

Alle jene Gruppierungen im internationalen antifaschistischen Lager kennzeichnete nun, seit 1946, bei Andersch das Signalwort »jung«. Und so wirkt es kaum mehr erstaunlich, an der Schwelle zu dieser neuen Gesinnung im Literatur-Kanon neben Autoren der Fünften Kolonne in Spanien (Hemingway, Koestler, Malraux), neben Résistance-Schriftstellern Frankreichs und Italiens (vor allem Sartre, Silone und Vittorini) und unorthodoxen deutschen Emigranten in *Deutsche Literatur in der Entscheidung* auch Thomas Mann, Ernst Jünger und Bertolt Brecht nebeneinander zu finden; Mann in Betonung seiner politischen Schriften als den einzigen namhaften Mahner auf Seiten der Weimarer Demokratie ebenso wie den Brecht des amerikanischen Exils, dessen dort entstandene Gesinnungs-»offene« Dramen Andersch bald in Ansätzen aufnahm, und Jünger, der aus Anderschs Perspektive in Paris den »jeunes Allemands« zur Seite trat (Hay, S. 83). Von Brecht erhoffte er sich eine weitgehende didaktische Ausstrahlung auf die »junge Generation«, vor allem als »Rückhalt [...] gegen die lastende Masse eines sogenannten Kulturerbes, das sich selbst überlebt hat«:

> »Seine Autorität könnte deshalb so groß sein, weil er den Weg des Kampfes gegen den Faschismus, von der Machtergreifung über den Spanienkrieg bis zum zweiten Weltkrieg konsequent mitgegangen ist, ohne sich deshalb

dem Dogma irgendeiner der vielen ›Auswege‹ aus jener apokalyptischen Situation des Menschen anzuschließen, von der der Faschismus nur ein Zeichen ist [...] Reiner Realismus und Tendenz, Satire und Proletariät, sie alle mischen sich im Werk des Dichters und Dramatikers Bert Brecht. Mehr noch: sie mengen sich in ihm mit hohem dichterischem Atem und mit einigen deutlichen Zeichen des Zeitgeistes: grausamer Nüchternheit und magischem Sinn, einer Art negativer Dämonie und tiefer Verpflichtetheit, ›Engagement‹, wie es der französische Dichter bezeichnete« (AL, S. 127–128).

Es scheint mir über das metaphysisch gefärbte Vokabular hinaus aufschlußreich, daß Andersch Brecht eher existentiell als marxistisch interpretiert und in die Nähe Jean-Paul Sartres rückt. Der Hinweis auf die »lastende Masse eines sogenannten Kulturerbes« bezeugt überdies, daß der »Nullpunkt«-Begriff (zumindest von Andersch) von Anfang an polemisch gemeint war, als schriftstellerische Arbeitshypothese. Die »Neuwerdung des Menschen« in einem post-ideologischen, ethischen Verständnis, der im Gegenzug zum Faschismus realistische, im Beschreiben von politischen Herrschaftsverhältnissen (und in den eigenen Organisationsformen kleiner elitärer Gruppen) eher rpmantische Linkshumanismus der Armen und Enttäuschten, der Geschlagenen und der Opfer, blieb im Programm in der Nähe des italienischen Neorealismus; in der schriftstellerischen Praxis nahm sich das jedoch existentiell und elitär aus. Nach der *Ruf*-Oase die Nullnummer des Skorpion, die sich nicht als Gruppe darstellende Dennoch-*Gruppe 47*, die Feature-Redaktionsgruppe um Ernst Schnabel im Hamburger Sender, um eine neue Hörform bemüht, auch Anderschs eigener esoterischer Gegenentwurf zur Adenauer-Zeit in *Texte und Zeichen* (1955–57) gehören in dieses Bild.

Analog zum Neorealismus, der sich mit all dem befaßte, was den Bürgern im Duce-Faschismus zuvor peinlich gewesen war, engagierte sich Andersch in seinen ersten Nachkriegs-Texten auf Seiten der verfolgten Gruppen (rassisch Verfolgte, Randgruppen), des Widerstands von unten und von links (Pazifisten, organisierte Arbeiter) und schrieb in den *Kirschen der Freiheit* den authentischen Bericht vom frühen Versagen des Arbeiter-Widerstands und der KP vor der Herausforderung des sich etablierenden NS-Apparats. Der Bericht von der folgerichtigen Introversion und Desertion aus Hitlers Heer gehört in die autobiographische Zeugnis-Literatur, wie sie aufgrund der breiteren Basis in Italien (mit 35000 Opfern und hunderten von Erlebnisberichten in Romanform nach dem Krieg, Bremer, S. 6) dort zur vorherrschenden Literaturform des neuen Verismus in der Aufarbeitung des Antifaschismus wurde. Italienische und französische Themen, der nationale Widerstand gegen

Hitlers Besatzungsheer oder das authentische, nicht in die Duce-Propaganda passende Leben der Armen im agrarischen Süden, verboten sich jedoch wegen der eigenen Uniform, oder der Gefahr, in die Nähe eines Blut-und-Boden-Typus der Bauern zu geraten, schließlich aufgrund der Wirtschaftswunder-Entwicklung. So gelang es Andersch nur in den *Kirschen*, das unglückliche Verdunkelungs-Syndrom eines emphatischen Neubeginns (mit der Gefahr unhistorischen Verwischens eigener Mitverantwortung bei vielen Deutschen) zugunsten deutlicherer geschichtlicher Konturen aufzuhellen. In solchen Erzählungen wie »Amerikaner – erster Eindruck« (1944), »Flucht in Etrurien« (1948/49), »Heimatfront« (1948/49), »Weltreise auf deutsche Art« (1949) und »Die Letzten vom ›Schwarzen Mann‹« (1953) gelingt die Sicht der einfachen Landser als Opfer eines imperialen Militarismus; in »Diana mit Flötenspieler« (ca. 1949), »Ein Auftrag für Lord Glouster« (1951), »Blaue Rosen« (ca. 1950) und »Cadenza Finale« (1951) wird die Gefahr deutlich, aus existentiellem Rückzug in vornehme Einsamkeit den so oft verdrängten Widerstand von unten elitär zu verfremden. Das Frieseninsel-Dasein einer antifaschistischen Gräfin (deren Freund, der römische Pater Spontini, an Rossellinis *Rom, offene Stadt*, 1945, erinnert), das Berlin-Inseldasein im Gegensatz zur amerikanisierten Atmosphäre Frankfurts in der Blockadezeit in den herben Andeutungen eines »Fräulein von Demski«, der Kloster-Rückzug eines Lord Glouster, der in politisch gemeintem Anachronismus die Volkserhebung Jeanne d'Arcs vorbereiten will, die unkulinarische Musik Strawinskis (mit Cocteaus Motto: »Man kann von dieser Suite nicht naschen«) als antiheroische »Aktion« (Widerstands-Ersatz eines Künstlerkreises samt George-Diskussion) exemplifizieren diesen elitären Zug. Einzig in dem erzählerisch noch unsicheren »Fräulein Christine« (1945) gelingt die Verbindung beider Komponenten in der antifaschistischen Fronde liberalen Großbürgertums (der »große, kämpferische Gelehrte« und seine Tochter) mit dem Arbeiter-Schriftsteller, als historische Konstellation in der Nähe der Roten Kapelle.

2.3. Glousters Auftrag: das Europa Jeanne d'Arcs

Von den zehn Geschichten der Erzählsammlung *Geister und Leute* (1958; in der Mehrzahl vor 1952 geschrieben) erhellt »Ein Auftrag für Lord Glouster« (Oktober 1951 erschienen) am deutlichsten, was von den Interregnum-Hoffnungen auf einen sozialistischen Humanismus zwischen Ost und West nach der Gründung der beiden Deutschland noch verblieben war. Ohne den von Koestler angeregten, durch die Getty-Erfahrung bestärkten Zug zur Oasenbildung ist die keineswegs leicht zugängliche »Geistergeschichte« (im Vorwort von Andersch so etikettiert, aber ohne jeden Beigeschmack der »gothic tradition«) nicht zu deuten.

Drei Geschichts-Konstellationen sind über das Auftauchen der Titelfigur aus dem 15. Jahrhundert in Frankfurt während des Korea-Kriegs (am 13. Juni 1951) ineinandergeblendet: die Befreiungskriege Frankreichs unter Karl VII. mit Hilfe der Jeanne d'Arc gegen die englischen Invasoren, die jakobinisch-europäische Vision der Jungfrau als »Freiheit« im Delacroix-Gemälde der Juli-Revolution (in der Trikolore das Roosevelt-Konzept mitthematisierend), und das Problem der deutschen Teilung, gespiegelt im Korea-Konflikt. Nicht als ob dies in den Denotaten einer eher psychologisch gestimmten Erzählweise voller Zeitrequisit und szenisch-realistischem Dialog offensichtlich wäre; behutsam entfaltet Andersch die vielschichtige Problematik anhand des irrationalen Einbruchs in die betont banale, urbane Alltagsszenerie.

Der schlichte Handlungsrahmen der Kurzgeschichte dient ganz der Konzentration auf die Konnotate in den im Jargon gehaltenen Dialog-Blöcken; der Erzählerkommentar erfolgt über die darin enthaltenen Anspielungen und die wenigen auktorial wiedergegebenen Gedanken der beiden Sprecher, Lord Nicolas Glouster und Dr. Bernheimer, der, wahrscheinlich Historiker und ein wenig berufsdeformiert, jedenfalls mit englischer Familiengeschichte bestens vertraut, ohne Überraschung und Verständigungsschwierigkeiten einen idealen Dialogpartner für den »Geist«, seine Folie, abgibt. (Die Nähe von Glousters Vornamen bis in die Schreibung zu Nicolaus Sombart erscheint nicht zufällig, im Blick auf dessen *Ruf*-These von Frankreich und Deutschland als Kern eines neu zu vereinenden Europas, mit den *résistance*-Fronten nicht zwischen den Ländern, sondern zwischen Europa und dem faschistischen *boche*, zwischen Geist und Ungeist).

Glouster taucht an einer Würstchenbude der Hauptwache auf, erregt dort negatives Aufsehen, als er die Bratwurst-Qualität mit seinen Burgunder Erfahrungen des Jahres 1445 vergleicht, bis Bernheimer sich ihm vorstellt und beide bei der Hitze beschließen, ins Sportfeld-Stadion zum Baden zu gehen. Glouster nimmt den »Doktor« in seinem offenen MG mit, dessen Fahreigenschaften ihn an den Araberhengst Omar in der Schlacht von Orleans erinnern; das Stichwort führt zum zentralen Thema: Glouster wird seinem Land untreu, weil er die Vision der Jungfrau von Orleans als Siegerin – »Ihr Gesicht war ganz hell und wie eine Erscheinung. Es flog an mir vorüber« – auch noch nach dem ungerechten Prozeß in Rouen, der zum Scheiterhaufen führt, intakt halten will. Ja, er glaubt sogar, aus ihren Augen den Auftrag gelesen zu haben, ihre Wiederkunft vorbereiten zu sollen: »›Sie meinen, sie kommt zurück?‹ ›Noch ist es nicht ganz an der Zeit‹, antwortete Nicolas. ›Aber sie wird kommen.‹« (GL, S. 51) Nach dem Rückzug in ein Kloster im »gottverlassenen, weltvergrabenen« Ardennerwald (die existentielle Situation), über den Schriften der Frühscholastiker an Schwindsucht sterbend, erscheint Nicolas nun als Vorbote einer neuen Volksbewegung von unten, einer Revolution, die von den Besatzungsmächten (thematisiert durch knappe Hinweise auf Korea in der *New York Times*) nicht vorgesehen ist: »›Aber mit der Realität, die Jeanne heißt, haben die Herren nicht gerechnet‹, sagte Nicolas mit grimmiger Genugtuung.« Bernheimer läßt sich von Glousters Überzeugungskraft anstecken. Während er noch mit dem Kauf der Bade-Billetts beschäftigt ist, fühlt er, »daß sich alles verändert hatte. Es lag etwas Neues in der Luft«. Die Degen von Jeannes sich sammelnden Gefolgsleuten »schrieben das Wort ›Orleans‹ unsichtbar an den Himmel Europas«. (GL, S. 52) Die Dame am Kassenschalter bemerkt nur einen Herrn, dem sie zwei Karten verkaufen soll. Glouster ist in der »glühenden, weißen Mittagshitze« (stilgerecht nach Ablauf der Pans-Stunde zwischen zwölf und ein Uhr) spurlos verschwunden. Der überraschende Schluß, noch immer im trockenen Ton spielerischen Anachronismus', unterstreicht die an Bernheimer, den Zeitgenossen, weitergegebene Gefolgschaft der Orleans-Vision. Sich daran erinnernd, daß es »ja noch nicht ganz an der Zeit« ist, kauft Bernheimer, »eigensinnig« lächelnd, trotzdem zwei Karten.

Der verschlüsselte Text der frühen 50er Jahre ist nicht nur für die zeitpolitischen Implikate ein Schlüsseltext, sondern auch stilistisch (in der Kombination von Tugenden der amerikanischen Kurzgeschichte, deren 150jährige Entwicklung in den herausragenden Modellen Poes und Hemingways für Andersch verbindlich wird) und in der Aufnahme einiger Grundthemen des Autors: der emanzipativen Rückzugsgestik, dem existentiellen Nominalismus, der Umsetzung zeitkritischer Positionen in Literatur als Kunst. »Illusion – in der Materie gibt es keine Aufhebung von Raum und Zeit, Kunst allein macht das« – diese existentielle Absage an eine marxistische Ästhetik aus dem zeitnahen »Cadenza Finale« (GL, S. 68) gilt besonders für die Glouster-Geschichte mit ihren Anachronismen und über 500 Jahre bewahrter politischer Relevanz; daß der an Kunst, besonders Malerei, intensiv interessierte Andersch hier auch die Motive des Delacroix-Gemäldes voraussetzt, mindestens den Titel »Die Freiheit führt das Volk an« (1830) neben das optische Zitat der hellen, vorbeifliegenden Siegerin beim Leser evoziert, bleibt Konjektur, aber hohe Wahrscheinlichkeit.

In dem Bild der Julirevolution scheint der Blick Jeannes (vom weißen Pulverdampf mit einer hellen Aura umgeben) auf den Studenten, an dem sie vorbeieilt (Delacroix' Selbstporträt in Studententracht mit Zylinder) ähnlich motivierend gemeint, wie bei Andersch die stumme Weitergabe der Botschaft an Glouster. Die ebenfalls deutlichen Anachronismen des Gemäldes haben für den Themenbereich revolutionäre Volksbewegung, Künstlerrolle, Freiheit, enthusiastisches Ferment (der jugendliche Barrikadenkämpfer mit Pistolen) parallele Funktion zur Andersch-Geschichte. Sicher kannte Andersch zu dieser Zeit Brechts im kalifornischen Exil fertiggeschriebenes »Die Geschichte der Simone Machard« (1943; der erst 1956 gedruckte Stoff war aus Feuchtwangers *Simone*, 1950, bekannt) in dem die junge Magd Simone zur Zeit der deutschen Invasion in Frankreich (eine Kriegsphase, die Andersch als Soldat zum Teil selbst erlebte) die Geschichte Jeanne d'Arcs liest und deren Erscheinen als antifaschistische *résistance*-Visionen erlebt. Brecht beschreibt die Solidarisierung der einfachen Franzosen mit den deutschen Landsern, während die Offiziere des Besatzungsheers dazu dienen, dem französischen Besitzbürgertum das Eigentum gegenüber den aus der Not geborenen Forderungen französischer Flüchtlinge zu sichern. Auch hier erscheint der *jeune Allemand* wie bei Sombart in die Nähe der Anliegen Jeanne d'Arcs gerückt, scharf abgesetzt von den in düsterer Allegorie gezeichneten Gefolgsleuten Hitlers:

»Sie kommen, haltet euch fest. Voraus der Trommler mit der Wolfsstimme, und *seine* Trommel ist bespannt mit einer Judenhaut; ein Geier hockt auf seiner Schulter, mit dem Gesicht des Bankiers Fauche aus Lyon. Dicht hinter ihm kommt der Feldmarschall Brandstifter. Er geht zu Fuß, ein dicker Clown, in sieben Uniformen, und in keiner sieht er wie ein Mensch aus. Über beiden Teufeln schwankt ein Baldachin aus Zeigungspapier, so daß ich sie gut erkenne. Hinter ihnen fahren die Henker und Marschälle. In ihre niedrigen Stirnen ist ein Hakenkreuz eingebrannt, und hinter ihnen fahren unübersehbar die Tanks und Kanonen und Eisenbahnzüge, auch Autos mit Altären darauf und Folterkellern [...] Die Menschen werden niedergemäht, aber das Korn wird eingesammelt [...] und wo sie weggehen, ist eine nackte Wüste. Aber jetzt ist Schluß mit ihnen, denn hier steht König Karl und die Magd Gottes, das bin ich« (Brecht, *Stücke* 9, Frankfurt/M. 1965, S. 407 f.).

Hinzu kommt die Schlüsselrolle Jean-Paul Sartres, der als einziger von den zum Brückenschlag zur »Jungen Generation« aufgeforderten Intellektuellen Europas durch sein Nachwort an die Deutschen in den *Fliegen* (1947, übersetzt von Gritta Baerlocher) das Thema gemeinsamer *résistance* gegen die Besatzer in Krieg und Nachkrieg solidarisch aufnahm. Dieser Funke zündete bei den jungen Deutschen; Andersch griff Teile des Sartre-Nachworts in seiner *Literatur in der Entscheidung* enthusiastisch auf, zeigten sich ihm doch Ansätze zu dem ersehnten neuen Europa. Nachdem die Folgen der Währungsreform immer deutlicher machten, daß die (weit weniger als geglaubt zerstörte) deutsche Industrie nicht verstaatlicht wurde (eine Forderung, die zumindest für die Grundstoff-Industrie 1946 noch breite Mehrheiten hatte), und Deutsche wie Alliierte der Bizone in der bald spürbaren Verbesserung der Wirtschaftslage Unternehmertum und Verwaltungsbürokratie intakt fortsetzen wollten (vgl. Kocka, S. 121 ff.), der Kalte Krieg zudem die Gründung zweier Deutschland unaufhaltsam vorantrieb, blieb nach 1949 nur die vage Hoffnung auf einen einigenden Gesinnungsumschwung von unten durch die Deutschen in beiden Staaten. Der Equipe-Geist der Intellektuellen sollte im »Interregnum« die zunehmend utopische Hoffnung wachhalten. Die nach 1955 geschriebene Erzählung »Mit dem Chef nach Chenonceaux« nimmt das Jeanne-d'Arc-Motiv noch einmal auf, nun unter dem negativen Vorzeichen endgültig begrabener Hoffnungen; die deutsche Teilung ist besiegelt, mit Europa geht es kaum voran, neues Ferment ist nicht in Sicht, der Gruppe 47 bleibt das Motto: »All you need is literature« (G. Wohmann, 1967; Kröll, S. 73): »es gab keine heilige Johanna mehr. Nirgends ließ sich auch nur der kleinste Fetzen eines Mythos entdecken . . .« (GL, S. 91).

Die Transponierung des Widerstands gegen in Deutschland geschaffene Realität auf die Ebene bleibender Prinzipien, wie sie allein in der Literatur möglich war, riskierte das Versäumnis realpolitischer Initiativen. Die Politiker und das Gros der Deutschen nahmen diesen Idealismus zur Kenntnis und gingen zur Tagesordnung über. Der Rückzug, den Jeanne Glouster empfiehlt (immerhin unter Aufgabe seiner Loyalität gegenüber den eigenen englischen Besatzungstruppen): »Geh aus allem heraus, [. . .] bleib ganz für dich, und bereite alles vor!« (GL, S. 51) hat für Andersch über den Anlaß hinaus Bedeutung. Die problematischen Konnotate einer Position zwischen den Stühlen beziehen sich hier auf Psyche, Künstlerrolle und Politik in den durchzuhaltenden Spannungen. Glouster denkt an die faustisch-gespaltene Lehre des Cusaners (*De Docta Ignorantia* bedeutet ihm die »Lehre von den Gegensätzen in des Menschen Brust«, die Beschäftigung mit Duns Scotus weist auf Heideggers Habil.-Schrift mit dem Novalis-Motto des Schlußkapitels in der Nähe von Anderschs Nominalismus: »Wir suchen überall das Unbedingte und finden immer nur Dinge«) und entdeckt diesen Zug in

Bernheimers »Asketengesicht mit den Musikeraugen«; Bernheimer wiederum vergleicht G[l]ousters Aussehen mit Photos von T. E. Lawrence und erinnert so an die emanzipative Rolle des Engländers im arabisch-englischen Kolonialkonflikt. Beide Gestalten haben eine Aufgabe, die sie zwischen die Fronten führt, mit entsprechend komplexer psychischer Verfassung.

Die in der Erzählung beachtliche stilistische Kontrolle, der jähe Eingang mit seiner den Leser fesselnden Spannung, die durchgehaltene Gegensätzlichkeit von banalem realistisch legitimiertem Rahmen und irrealer Thematik, Einheit von Erzähllänge, erzählter Zeit und Lesevorgang, der überraschende Ausgang und das sparsame Denotat zielen auf Leserpartizipation und legen die hermeneutische Frage nach Zielgruppe und den im Text beantworteten Zeitfragen nahe. Ein Blick auf die andere Geistergeschichte in dem Erzählband, »Die Letzten vom ›Schwarzen Mann‹« mit ihrer Doppelgänger-Perspektive gestorbener Soldaten (Deutscher wie Amerikaner), die in den Ardennen keine Ruhe finden, ist hier semiotisch aufschlußreich; die aus vielen Lagergedichten der Kriegsgefangenen vertraute Totenperspektive galt besonders für die jüngeren Leser (»zwischen 18 und 35 Jahren«), denen Andersch wegen ihrer Nicht-Verantwortlichkeit für Hitler bei langen Jahren an der Front besonderes Verständnis entgegenbrachte: »Können junge Menschen, die sechs Jahre lang fast ununterbrochen dem Tod gegenüberstanden, noch einmal zu Objekten eines Erziehungsprozesses werdfn? Soll Erziehung, Bildung, Belehrung hier konkurrieren mit einer Erlebnissphäre, in der in jeder Stunde die ganze menschliche Existenz aufs Spiel gesetzt wurde? [...] Vielleicht geht es. Aber nur, wenn [...] Bildung nicht Belehrung bleibt, sondern [...] zum tiefsten Erlebnis wird, [...] welches das andere große Erlebnis, den Tod, in sein Schattenreich zurückdrängt« (Der Ruf 1, 1946, 1, S. 2). Mit einer Erzählstrategie und Sprache, die Hemingways Kargheit und Poes düstere Magie (etwa im *Fall of the House of Usher*) mit Kriegserlebnis und irrealer Perspektive verbanden, mit geschichtslos-existentiellen Anachronismen oder der zeitraffenden Verdichtung einer Sicht der Opfer (»Diana mit Flötenspieler«, »Drei Phasen«) versuchte es Andersch in seinen Nachkriegstexten. Es galt, die Frage nach einer neuen Gesinnung zu beantworten, der die Erfahrungen der NS-Zeit verbindlich blieben für einen in der Existenz angelegten, demokratischen Impuls. Hinzu kam die Hoffnung auf das sozialistische Europa, in dem junge Deutsche wieder eine, als Nation zwischen den Blöcken verlorene, Identität gewinnen sollten.

2.4. Anderschs Flucht in Etrurien: Aufbruch zu den Kirschen der Freiheit und zu sich selbst

> »Denn das ist wohl der Endzweck der Kunst: diese Welt wieder in Besitz zu nehmen, indem man sie so zeigt wie sie ist, aber als wenn sie ihren Ursprung in der menschlichen Freiheit hätte.«
>
> Jean-Paul Sartre. *Was ist Literatur?* (1947; dt. 1950)

Im September 1981 erschien ein Andersch-Band mit frühen Erzählungen aus dem Nachlaß, in dem es mit überraschenden, neuen Einblicken in seine intellektuellen Nachkriegspositionen um die zentralen Themen des Autors geht: in ersten, erzählerisch vielversprechenden Annäherungsversuchen gibt Andersch sich Rechenschaft über die Fahnenflucht aus politischer Überzeugung, dem Leitmotiv der *Kirschen der Freiheit*, in größerem Maßstab noch einmal aufgenommen in seinem letzten Roman *Winterspelt*.

Noch in einer nachgelassenen Reflexion zum *Vater eines Mörders*, »Der Erzählte« (Hitzer, S. 114) insistiert der Autor, man könne die Erinnerungen an Lebensaugenblicke, die in ihrer punktuellen Verdichtung seine Erzählimpulse ausmachten, sämtlich als Momente eines Prozesses verstehen, der im Augenblick der *Kirschen* gipfelt: »der Leser kann also, wenn er will, diese ›Nachträge‹ in sein Exemplar *Kirschen* einkleben.« Eine genaue Analyse der wichtigen Auseinandersetzung Anderschs mit dem französischen Existentialismus bestätigt den Eindruck, daß Andersch seinen autobiographischen Bericht (eigenen Angaben nach 1950 und 1951 entstanden) bald nach der Desertion an der italienischen Front plante, aber erst nach der Adaption Sartrescher Positionen zu Ende schreiben konnte. Erst dann, nach intensiver essayistischer Auseinandersetzung mit dem bewunderten Franzosen in den Jahren 1947 und 1948, vermochte er die mutige Tat als einen Akt existentieller Freiheit zu begreifen und das »Fazit seines Lebensweges von der Unbewußtheit in die Bewußtheit eigener Entscheidung« literarisch zu gestalten (Hay, S. 88).

»Amerikaner – Erster Eindruck« ist nach Form – autobiographischer Bericht aus der Ich-Perspektive – und Thema – eher Hochverrat als eigene Desertion – eine erste Vorstudie zu dem berühmten *Kirschen der Freiheit* (1952), das in der »schwülen Stille« der wiederaufrüstenden Bundesrepublik nach dem Urteil befreundeter Literaten »wie ein Trompetenstoß« wirkte. Zunächst aber, noch im

Herbst 1944 in Louisiana (das Datum vermerkt Andersch handschriftlich auf dem Rückendeckel des zensurgestempelten Manuskripts) entdeckt Andersch wie ein hoffnungsvolles Intervall inmitten umdüsterter Zeitabschnitte die pazifistischen Ideale Roosevelts, den Empirismus und Pragmatismus anlo-amerikanischen Denkens, die kommentarfreie Magie der Prosa Hemingways und Steinbecks. In der Schilderung des unmilitärisch wirkenden amerikanischen Heers schlägt unverhüllte Bewunderung für Aspekte des *American Dream* durch, das Schmelztiegelideal für alle Minderheiten, das Unautoritäre in der Art des Befehlens, die fast anarchische Drift der mitthematisierten Wildnis, »allein und frei, außer Gesetz und Befehl«, eine Erfahrung amerikanischer Pionierzeit. Man kann die Bedeutung des Befreiungserlebnisses, diesen fundamentalen Umschlag des Denkens in wenigen Monaten, für das Werk des Schriftstellers Andersch gar nicht überschätzen.

Die gesellschaftliche Position antifaschistischer Landser zu verdeutlichen, bleibt Amerikanern wie Deutschen gegenüber ein Problem (dort in der ersten Nummer des *Ruf* in »Gespräche am Atlantik«, 1946, sowie 1944 in einem Teil des »Amerikaner«-Manuskripts unter dem Titel »Nationaler oder Welt-Bürgerkrieg?«); das Dilemma faßt am prägnantesten die Widmung Hans Werner Richters im Kriegsgefangenen-Roman *Die Geschlagenen* (1949) zusammen: »Meinen vier Brüdern, die Gegner und Soldaten dieses Krieges waren, die ein System haßten und doch dafür kämpfen mußten und die weder sich selbst, ihren Glauben, noch ihr Land verrieten.«

Mit zunehmendem Abstand vom ersten, euphorischen Amerika-Eindruck, negativen Erfahrungen mit der undifferenzierten *re-education* der Amerikaner (nicht zuletzt beim Verlust des *Ruf*-Forums durch massive US-Zensurdrohungen im April 1947) und der Hinwendung zu Sartre unmittelbar darauf verschwanden die noch patriotisch gefärbten, deutsch-existentiellen Vorbehalte in der Hochverrats-Diskussion. Übertragen auf die Situation des von Andersch so genannten »Kolonialdeutschland« gewann in der Vergangenheitsanalyse Sartres *résistance*-Haltung zunehmend an Gewicht, die moralische Notwendigkeit des Widerstands bei aller praktischen Hoffnungslosigkeit. »Heimatfront« und »Etrurien«, die sich übrigens wie so vieles von Andersch höchst spannend lesen, verdeutlichen erzählerisch diese Haltung, ob in den Baracken der Landser, oder an der Front, wo man nur in wenigen, lebensgefährlichen Momenten seine Gesinnung zeigen durfte, oder an der »Heimatfront« der Ruinen und Luftschutzkeller. Beide Texte dürften kaum vor 1948 entstanden sein, wie die Sartre-Versatzstücke bis ins Vokabular verdeutlichen. Sartres *Fliegen* erschienen erstmals 1947 in deutscher Übersetzung. In den *Kirschen* sind Anderschs Formeln für die eigene Emanzipation von Hitlers Heer bereits zu geläufigen, selbstbewußten, fast analytisch-kühlen Thesen zugespitzt:

>Der Zwangsarmee alten Stils gegenüber aber kann sich der Mensch, wann immer er nur will, auf seine Grundrechte berufen. Gegen den äußersten Zwang einer bedingungslosen Konskription und eines befohlenen Eides kann er die äußerste Form der Selbstverteidigung wählen: die Desertion.
Wollte, ich hätte das damals so genau gewußt, als ich neben meinem aufgebockten Rad auf einer Straße in Mittelitalien stand und nach allen Seiten sicherte wie ein umstelltes Tier.« (KF, 107/8)

>Flucht in Etrurien« ist weniger durchreflektiert, dafür lebendiger erzählt, die Probleme sind fiktionaler umgesetzt als in den *Kirschen*. Die szenische, mit viel direktem Dialog erreichte Unmittelbarkeit verdankt sich den Hemingway-Lehrjahren, ist aber auch streckenweise zu symbolistischer Landschaftsbeschreibung und klanglich wie rhythmisch suggestiver Prosa erregt. Aus dem Einblick in den Andersch-Nachlaß der ersten Schreibversuche sei hier wenigstens kurz skizziert, wie die deutliche Anlehnung an den frühen Thomas Mann (*Buddenbrooks*, >Tonio Kröger«, »Gladius Dei«), belegt seit 1941, nun in *Etrurien* zu einer Leitmotivtechnik führt, die sich in der Konstellation der Hauptfigur Werner Rott zu seinem Schützling Erich und dem deutschnationalen Alex durch treffende Charakterisierung bewährt. Die Leitmotive sind vor allem im Dialog und in den Farben wirksam. Werner, der politisch bewußte Deserteur, kann Erich, den bodenständigen und naiven Landser aus der Holsteiner Provinz, nur mit Mühe zur Fahnenflucht in Etrurien überreden. Alex, der »beim Haufen« bleiben will, obwohl er am Ende einsehen muß, »daß alles keinen Sinn mehr hat«, hilft dennoch Werner nach anfänglicher Gegnerschaft, Erich zur Flucht zu überreden, der besseren Überlebenschancen wegen. Erichs Verlobte vom Dorf (als treudeutsches Pendant des blonden Erich flach gezeichnet) ist gegen einen solchen Schritt, der einen Bewußtseinssprung fort von ihr bedeutet. Sie erinnert sogar im Namen, Katrina Hansen, an die Tonio-Kröger-Konstellation Tonio/Hans Hansen (und Thomas Manns Lübecker Schulzeit im Katharineum) und spielt eine ähnliche Rolle wie »die blonde Inge« in der Mann-Erzählung. Der signifikante Unterschied ist die überlegene, in den Farben dionysisch gezeichnete Stärke des linksintellektuellen Künstlertyps Werner gegenüber den konservativ-bürgerlichen Landsern Erich und Alex, die sich über den verlorenen Krieg keine Illusionen mehr machen können, aber die eingelernte Zugehörigkeit zur Truppe und das Kameradschaftsethos schwer abzustreifen vermögen.

Werner und Alex entwickeln sich aufeinander zu; Erich, der sich mehr gedrängt als aus Überzeugung Werner anschließt, wird ein tödlicher Schlangenbiß nach der Flucht zum symbolisch bedeutsamen Verhängnis. Sein ungewollter Schritt kann ihn nicht in die Freiheit führen: in dem zeitlich nahen Literatur-Pamphlet *Deutsche Literatur in der Entscheidung* (1947/48) rückt Andersch die »Viskosität des entscheidungslosen Daseins« in die Nähe von »Unmenschlichkeit und Tod«, Kernvorstellungen Sartres. Kein Zweifel aber auch, daß die Figur Werners durch den Tod des Jungen, der sich ihm anvertraute, in ein schillerndes, ambivalentes, von Schuld nicht freies Licht rückt. Das alte, morsche Boot, von dem aus beide in einer zentralen Szene (in der Nähe Hans Henny Jahnns) baden – Werners rotverbrannte Haut und seine zuvor von Tollkirschen geröteten Hände korrespondieren den Farben der plötzlich auftauchenden Sandviper – ermöglicht nach langem Dialog über die Desertion Werners unbewußt enthüllende Schlußpointe: der Kahn, in dessen Bilge die Schlange verschwand, hat einen »doppelten Boden«. Andersch betont 1948 immer wieder, Sartres Entscheidung zur existentiellen Freiheit setze die Loslösung von traditionellen Wertsystemen voraus; in den *Kirschen* findet er für die Unfähigkeit zu solcher persönlichen wie politischen Entscheidung noch einmal die Metapher des vom Schlangenblick Gelähmten:

> »Die meisten deutschen Soldaten bewegten sich in diesem Kriege nicht wie Träumer, auch nicht wie Betrunkene, sondern wie Gebannte; wer unter der Gewalt des bösen Blickes steht, sieht nicht mehr Iris und Pupille des Hypnotiseurs. Sein Bewußtsein ist ausgeschaltet, er fühlt nur noch den Bann.« (KF, 101)

Die problematischen Konnotate der den Weg in die Freiheit begleitenden tödlichen Gefahr im Schlangenbiß läßt Andersch in den *Kirschen* beiseite: der junge Italiener, der nun den Deserteur in die Freiheit begleitet, erinnert ihn an den armen Arbeiter im neoveristischen Film »Fahrraddiebe« (Regie: de Sica), für ihn das »größte Kunstwerk seit Kriegsende«, auf dessen Gesicht sich Freiheit abzeichnet, obwohl er, »ein Gescheiterter, im Strom des Massenschicksals verschwindet.« Die tödliche Gefahr, die eine Desertion immer begleitet, aber auch die Freiheit der Wahl, wird nun durch eine ganz in der Nähe einschlagende Bombe plausibel, die kein Niederwerfen mehr erlaubt, aber immer noch den Moment der Wahl – die Anheimgabe »an Gott und das Nichts«.

Die auffallende Nähe im Vokabular der »Heimatfront« zu Sartres Drama *Huis clos* (1947; dt. 1949 *Bei geschlossenen Türen*) legt die Vermutung nahe, auch diese Erzählung mit ihren »Räumen ohne

Ausgang« in einem »Krieg ohne Tür« sei von der Kenntnis des zentralen Sartre-Dramas inspiriert. Der Titel bringt die bittere Ironie in der Situation antifaschistischer Kriegsteilnahme auf einen meisterhaft knappen Nenner. Der Krieg hat die Menschen nicht solidarisch werden lassen, sondern zu Verfolgern und Verfolgten gemacht, Spionen des Regimes und (zahlenmäßig hoffnungslos unterlegenen) Kurieren des Wiederstands. Werner Rott, wieder Soldat, aber auch illegaler Kurier, sieht die Situation von 1943/44 als Leben in einem »Ei«, »ohne Ausgang aus meinem Ich in die Welt. Ein Ei, das niemals gesprengt wird, dessen Inhalt erstorben ist [...] Aber nur kein falsches Mitleid. So geht es doch den meisten«. Das Bild innerlich toten Lebens findet seine trostlose aber auch romantisch gefärbte Variante in dem Gedanken an Schiffbruch (mit Zuschauer): »Meine einzige Heimat ist der Krieg. Das habe ich jetzt begriffen. Ich muß in den Krieg hinein wie in ein Meer. Mich treiben lassen in ihm, wie eine Planke, eine Planke von einem gesunkenen Schiff.«

Das nachromantische Bild läßt sich aus der intensiven Joseph-Conrad-Lektüre des jungen Andersch besser verstehen; erst seit der Franz-Kien-Geschichte »Brüder« (1971) und *Mein Lesebuch* (1977) gibt es direkte Hinweise des Autors auf die lebenslange Conrad-Vorliebe, obwohl eine sorgfältige Analyse der ersten Erzählung, die Andersch selbst als gelungen betrachtete, »Weltreise auf deutsche Art« (1949), den starken Nachhall solcher Lesefrüchte belegt; die Exotik der Kolonien, Schauplatz vieler Conrad-Geschichten, spielt auch hier eine Rolle, der pazifistische Appell ist getaucht in die Atmosphäre existentieller Einsamkeit und pessimistischer Einbrüche. In einer zentralen Passage des vielleicht bekanntesten Conrad-Romans *Lord Jim* (1900; dt. 1927) gibt der lebenskluge Philanthrop Stein dem jungen Romantiker genau diesen Rat zum Überleben: sich den überwältigenden Widrigkeiten des Lebens wie des Meers zu überlassen, darin schwimmend aber den »Traum« nicht aufzugeben, damit die Vision der Selbstverwirklichung und einer veränderbaren Welt dauert (Kap. 20).

In »Heimatfront« sind noch Spuren des dramatischen Umschlags vom nachromantischen Andersch der Kriegsjahre zur Selbststilisierung ins Nüchterne einer skeptischen, verratenen, existentiellen und »jungen« Generation der 30–40jährigen (in der Gefühlslage der französischen *résistance*) nach 1945 zu finden. Sartres Appell zielte auf einen Neuanfang »aller Menschen guten Willens« und erschien den veristisch gestimmten Schriftstellern am überzeugendsten, weil er einen dritten Weg zwischen Christentum und Kommunismus zeigte. Die eigenen Erfahrungen mit der KPD und stalinistischer

Politik in der SBZ, sowie das oft undurchsichtige Taktieren der Amtskirche ließen neue Perspektiven zu Sinnfragen nur in einem illusionslosen Engagement für das freie sozialistische Europa erkennen, in Opposition zur bestehenden Klassengesellschaft, zur Entfremdung in der Konvention und zu »absoluten Werten«. Für das so verstandene, soziale Engagement in brüderlicher Moral wollte man den oft erhobenen Nihilismusvorwurf temporär in Kauf nehmen.

Temporär blieb aber auch die neue Literatur des Verismus; sie überdauerte die Währungsreform und die Gründung der beiden Deutschland mitten im Kalten Krieg nur bei wenigen Autoren. Der schwerlich engagierten Verbraucher-Restauration der Bundesrepublik entsprach die im Gründungsjahr schon fortgeschrittene Entpolitisierung und Formenvielfalt in der Literatur, in der man nun, reichlich verspätet, den Anschluß an die internationale klassische Moderne suchte. Die verbreitete Unmutsreaktion der Wiederaufbaumentalität auf Eichs Appell im Hörspiel *Träume* (1951), »Seid unbequem, seid Sand, nicht das Öl im Getriebe der Welt!«, zeigte in der gelungenen Provokation, wie saturiert man sich schon wieder verstehen wollte. Der kurze Aufbruch zum Neoverismus in der Literatur zwischen Kriegsende und Währungsreform, zwischen innerlicher Nachromantik und neuer Esoterik, nimmt sich im Rückblick aus wie das spröde Insekt im kunstreich zugeschliffenen Bernstein. So bleibt der im *Etrurien*-Band mitenthaltene Zug zu Hemingway-Kargheit und Neoverismo im Sog Sartres eine bewunderungswürdige Episode. Wir begegnen in dieser Erzählprosa Figuren, deren literarisch kurzes aber eindringliches Leben Andersch mit spürbarer Beteiligung festhält: sie haben, wenn ihre

»Geschichte einsetzt, alle Bindungen [. . .] hinter sich gelassen; scheinbar zynisch, scheinbar fessellos, aber in Wahrheit frei, gehen sie ihrem Schicksal in einer seltsamen Mischung von Nüchternheit und Stolz entgegen [. . .] Sie zeigen uns die Möglichkeit zu einer echten Selbstverwirklichung des Menschen in einer absurden Welt.« (»The real thing«, *Horizont* 3, 1948, 18, S. 5)

3.1. Die Kirschen der Freiheit

Der Redakteur, 1952

»[...] Wenn Franz Kien später an die verschiedenen Funkhäuser dachte, in denen er
gearbeitet hatte, schien ihm das Frankfurter
das angenehmste zu sein. [...] Er ließ sich
anregen. Er registrierte die neuen Richtun-
gen, beroch Namen, hörte das Gras wachsen.
Er rauchte in seinem dunklen Büro eine seiner
Pfeifen und las Rezensionen, Essays, Annon-
cen. Einmal im Jahr machte er eine Dienstrei-
se nach Paris, stöberte in *La Hune* und in den
Buchläden der Rue de Seine herum. [...] Er
besaß viele Texte, die noch niemand sonst in
Deutschland hatte. Sieben Jahre nach dem
Ende des Krieges durfte er jeden Gedanken
senden, den er für wichtig hielt; [...] Hinter
ihm an der Wand war eine Tafel mit seiner
Programm-Planung befestigt. Daneben hatte
er ein Foto von Sartre aufgehängt.«
(Andersch in *Merkur* 29, 1969, S. 159–160)

Während Heißenbüttel die Stuttgarter Jahre der *Texte und Zeichen* und der *Sansibar*-Niederschrift (1955–1958) im Rückblick von
1980 als »die besten im Leben von Alfred Andersch« beschreibt
(*Marbacher* Magazin 17, S. 39), da die »Freiheit des freien Schriftstellers [...] mit allzu vielen Dingen erkauft« war, »die an der
Substanz zehrten«, zeichnet Gisela Andersch ein Bild glücklicher,
privater und beruflicher Erfüllung für die Jahre nach 1947 (die Jahre
der »Burg« Kerpen in der Eifel) bis in die Mitte der 60er Jahre,
gipfelnd 1963 im Rom-Erlebnis der Familie in den zehn Monaten
dort (die neugewonnene urbane Weltzugewandtheit und Reiselust
nach 1958 stehen in krassem Widerspruch zu der Legende von der
Flucht ins Tessin).

Die Enttäuschung über den Verlust des *Ruf*-Forums hielt bei
Andersch schon deshalb nicht lange an, weil er in den *Frankfurter
Heften* und, seit 1948 als Redakteur des neuen »Abendstudios« am
Sender Frankfurt (seit 1952 auch als Herausgeber der Buchreihe
Studio Frankfurt), als Zeitkritiker und Förderer neuer Literatur
beträchtlichen publizistischen Einfluß gewann, der sich nach 1952 in
der Feature-Redaktion des NWDR in Hamburg und in der Stuttgar-

ter *Radio-Essay*-Redaktionsleitung (1955–1958) im Süddeutschen Rundfunk fortsetzte. Seit der Erzählung »Weltreise auf deutsche Art« (1949) glaubte er zunehmend an sein erzählerisches Talent und erlebte mit den *Kirschen der Freiheit* (Januar 1951 bis Juni 1952 geschrieben) in der gelungenen Provokation wie der enthusiastischen Zustimmung literarisch Gleichgesinnter (allen voran Heinrich Böll) den Durchbruch mit einem längeren Text, teils Lebensbericht, teils fiktionale Umsetzung, teils Essay mit epigrammatischem Zuschliff. Der in seiner höchst engagierten, ungedeckten persönlichen und authentischen Art aus der deutschen Literatur der 50er Jahre herausragende Text ist also, formal gesehen, die exakte Synthese der bis dahin von Andersch erprobten Literaturformen (wobei noch einmal betont werden muß, wieviele Erzählungen Andersch bis 1952 bereits abgeschlossen hatte, die erst posthum, oder in dem Erzählband *Geister und Leute* 1958 erschienen).

Entscheidend für das Lebensgefühl und die schriftstellerische Verve dieser frühen 50er Jahre ist aber die, in Abwandlung des in den USA kennengelernten Enthusiasmus für Erziehung (im fraglosen Glauben an die Wandlungsfähigkeit der Menschen, ihre Beinflußbarkeit durch moralische Appelle), in den Texten manifeste Überzeugung von der Wirksamkeit engagierter Literatur, ungeachtet der Absage an »absolute Werte« und der erstarrenden politischen Konstellation:

»Es war ja die Zeit, in der sich für uns die Welt öffnete. Wir saßen zwischen Stapeln von Büchern und Zeitschriften, die noch niemand in Deutschland kannte, und wir beeilten uns, dieses unerhörte Wissen anderen mitzuteilen, mit Hilfe interressanter und kompetenter Leute aus aller Welt, die uns besuchten. Wenn ich heute die erste Hälfte der fünfziger Jahre charakterisieren soll, so kann ich dies nur, indem ich sage, daß wir auf eine ganz einfache und kaum reflektierte Art an die Literatur glaubten, und natürlich ganz besonders an die neue Literatur, an das neue Denken. Es schien uns selbstverständlich, daß die Bücher – die von Hitler unterdrückten Bücher, vor allem aber die nach dem Faschismus entstandenen und weiter entstehenden Werke – eine ganz neue Welt entstehen lassen würden. Ganz unbewußt – wir kannten damals weder das Wort, noch den Begriff – haben wir nach dem Prinzip Hoffnung gelebt. Was für Narren wir doch waren! Wir haben an die Literatur geglaubt! Nur deshalb haben wir, ohne uns einen Augenblick zu besinnen, und fast wahllos, Texte gesendet. Ein neuer Text – und das Leben würde sich ändern!« (*Frankfurter Rundschau*, 1. 12. 1973, S. 8)

Ganz so unreflektiert, wie Andersch hier glauben macht, waren seine schriftstellerischen Positionen allerdings nicht. Sartres alles überstrahlender Hinweis auf die gerade im Lesevorgang enthaltene Chance gegenseitiger Freiheit zwischen Autor und Leser durch nahegelegte und nachvollzogene moralische Entscheidung, die eindeutige Gegenhaltung zu nachfaschistischem, latentem Antihumanismus und zur Restauration unter rein materiellen Vorzeichen standen dahinter. In einem wenig bekannten, kurzen Text zum »Skandal der deutschen Reklame« (*Gebrauchsgraphik* 22, 1951, 4) charakterisierte Andersch die »soziale Situation des Jahres 1950« als gespenstisches *déjà-vu* einer »vornehmlich in Fracks und Abendkleidern auftretenden« Nation »eleganter, reichlich dekolletierter Damen mit dreifach geschlungenen Perlenketten um die entzückenden Hälschen« und männlicher »Super Clark Gables«, im Cocktail-Party Geplauder voller Amerikanismen nur noch für die Satire, etwa eines Grosz oder Dix taugend: »So restaurieren sich die ›guten Häuser‹, wenigstens in der Reklame«. Der nun zum ersten Mal bewußt und ungehindert antizyklisch formulierende Autor der *Kirschen der Freiheit* wußte also nur zu gut, welche konservativ-bürgerlichen Leitvorstellungen und Tabus (besonders im Aufarbeiten jüngster Vergangenheit) er provozierte. Für die vergangene literarische Reihe genügte in dem »Reklame«-Text das Kürzel »Binding-Novelle«.

Komplizierter, für die Gattungs- und Stilbrüche der *Kirschen* jedoch aufschlußreich, sind die ästhetischen Theorie-Äußerungen Anderschs zwischen 1949 und 1953 über Expressionismus, Realismus, und die Antipoden der 50er Jahre (wie der 20er Jahre), Benn und Brecht. In einer für seine eigene Lyrik später fruchtbaren Annäherung heterogener Stil-Strategien argumentiert Andersch für eine Verbindung Brecht-Benn mit dem dialektischen Bild der zwei Seiten einer Münze; das ist inhaltlich gemeint, ausgehend vom »Erlebnis-Inhalt der deutschen Kriegsgeneration«, wo sich die rationale Ernüchterung mit dem Surrealismus, mit »Stilmitteln aus der Welt des Traums, in unerwartete Tiefen und Fernen getrieben«, verbindet (»Die Stunde Gottfried Benns«). Benn findet in Anderschs Sicht Chiffren für das Irrationale als einen integralen, nicht reduzierbaren Teil der Realität, Selbstentfremdung, »Ausdruck« als letztes Mittel des Selbstbeweises, verbunden mit dem Leiden an der Einsamkeit, »der Verfinsterung unseres Jahrhunderts«, der »Trennung des Ich vom Anderen«. Gegen den Faschismus werden Benn wie Brecht aus der Zensurpraxis des NS-Staats – »der echte Irrationalist wird vom totalen Staat ebenso ein Veröffentlichungsverbot erhalten wie der echte Rationalist« – und gegen das »sicherste Merkmal des Faschismus, abgründige Menschenverachtung«, scharf abgehoben. Die gemeinsame anti-bürgerliche Wurzel beider, von Andersch in zwei Gedichttiteln, Benns »Der junge Hebbel« (1917) und Brechts Ballade »Vom armen B. B.« (1927) angedeutet, ist nicht das einzig Verbindende: »Die Einwärtswendung Benns ist soziologisch ebenso real und irreal zugleich, wie die Selbstentäußerung zu Gunsten einer Klasse, die der andere große heutige Lyriker deutscher Sprache vorgenommen hat, Bert Brecht«. Andersch, der statt »soziologisch« hier besser »psychologisch« formuliert hätte, wendet Benns »Pathos der Einsamkeit« kritisch auf den Bildungsbürger zurück: »Eine gesellschaftliche Schicht, die breit genug ist, einen Bucherfolg zu tragen, fühlt sich plötzlich in der Mitte ihres Seins-Malheurs angesprochen. Paradoxes Ergebnis: der Tragiker der Einsamkeit wird zum Kassenschlager der Buchhandlungen«. Dennoch grenzt Andersch in einem Rundfunk-Feature 1953 Benns Umwandlung des Expressionismus von einem »Aufschrei« in eine »neue l'art-pour-l'art-Ästhetik« als »Verrat« am Inhalt dieser Kunstbewegung, an ihrem menschlichen Erneuerungspathos, ab und schließt mit einer überraschenden Aktualisierung expressionistischer Kunstpositionen durch Adorno; das kann nur aus antifaschistischer Sicht, im Protest gegen die Entmenschlichung im NS-Staat, verstanden werden, als Votum für eine, bei aller Brechtischen Ernüchterung (ursprünglich gegen Werfels Menschheitspathos gerichtet) durchgehaltene Hoffnung auf menschliche Nachkriegserneuerung, auch nach dem Zweiten Weltkrieg. Adorno

»vollbringt die wichtigste Aufgabe, die einer Ästhetik heute gestellt ist, indem er das Expressive seines romantischen Scheins entkleidet und mitten in die Dialektik der Aufklärung stellt. ›Musik als Einspruch der Menschheit gegen den Mythos‹ – so definiert er die Kunst des größten Meisters der expressionistischen Musik, Arnold Schönberg. Aber damit wird der Expressionismus als die heute wichtigste Bewegung des künstlerischen Geistes anerkannt; Adorno projiziert ihn nicht nach rückwärts, als Gegensatz zum Naturalismus des ausgehenden 19. Jahrhunderts; sondern nach vorwärts: als das Gegengewicht zur Kulturindustrie der totalitären Barbarei.« (»Der Außenseiter im Mittelpunkt«, S. 22)

In einer Krolow-Rezension wird »Formalismus« für die Kriegsgeneration mit derselben utopischen Wendung verteidigt: »nicht Rückgriff auf bürgerliche Dekadenz, sondern direkte Aktion in eine Zukunft hinein, von der man weiß, daß sie sich nur öffnet, wenn man sich selbst offen hält«. Zum Textbeleg dient Krolows eklektische Reihung im lyrischen Bild:

>»Und ich rede noch immer mit Sindbad,
>mit Panzerschützen und alten
>Medusischen Wesen, die stumm ich in Armen gehalten.«
>(»Heute« II, *Die Zeichen der Welt*, 1952, S. 66)

Die Grenzen solcher vermeintlichen Vorwärtswendung in einem letzten ästhetischen Nachhall der Realismus-Debatte der frühen 30er Jahre aufgrund des immer noch von jüngster Vergangenheit bestimmten Blickfelds zeigen sich in dem nur indirekt angedeuteten, für die Gegenwart politisch undeutlichen Menschheitserneuerungswunsch. Der Aufbruch zu neuen Ufern erscheint eher utopisch (im »Sindbad«-Zitat Konnotate märchenhafter Abenteuer mit dem Sieg des Guten verbindend), zu präsent sind die Traumata des eben überwundenen Kriegs (»Panzerschützen«), potenziert durch die faschistische Perversion seiner Ziele (»Medusische Wesen«). Immer wieder mündet Anderschs Ästhetik in den Klammerbegriff der Kriegsgeneration.

Der Generationengestus bestimmt denn auch den das Ich auf weite Strecken vermeidenden Ich-Bericht der *Kirschen*, deren unmittelbarer Auftakt bereits Geschichte thematisiert: »Weiß nicht mehr genau, in welche Jahreszeit die Münchner Räterepublik fiel. Ist ja leicht festzustellen.« Der dies schreibt, fühlt die Präsenz eines auf genaue Reportage dringenden Redakteurs, der ihm beim Formulieren über die Schulter blickt; es ist Erich Kästner, bei dem Andersch in der *Neuen Zeitung* das Redigieren lernte, und dessen *Fabian* (1930) für den zeitkritischen Impuls wie den Einsatz in den Anfängen der Weimarer Republik wichtig bleibt: »War, glaub' ich – mein ich, wollen Sie sagen, würde K. sagen, glauben können Sie nur an Gott –, mein' ich also, ein [...] schmutziger Frühlingstag, an dem sie Menschen in langen Reihen die Leonrodstraße entlangführten, [...] um sie [...] vor den Garagenwänden des ›Kraftverkehr Bayern‹ zu erschießen.« (KF, S. 9) Atmosphärisch dicht verknüpft Andersch in dieser Eingangspassage den Gestus des, an die Landser gewandten, Understatement, der Formulierschwierigkeiten beim Schreiben der schockierenden Wahrheit, begleitet von banalen, legitimierenden Straßen- und Firmennamen und dem objektiven Korrelat des Wetters (an die Caporetto-Episode von Hemingways *Farewell to Arms* erinnernd, wo neben der Kriegswirklichkeit alle Phrasen bis auf die Straßennamen obszön wirken; »schmutzig« und »Frühling« färben den Vorgang ebenso antithetisch-moralisch, wie »Gott«, verfremdet in der pejorativen Belehrung des Journalisten, das Umfeld des Erschießungsvorgangs). Wir sind unmittelbar beim Thema: Entmenschlichung gegenüber einer politischen Minderheit, ohne schützende Distanz den Leser in den Blickwinkel des Erschießungskommandos integrierend, sezierend in die Psyche eindringend, die es vermag, sich zum Werkzeug des Unmenschen mißbrauchen zu lassen, obwohl der Zorn am Ende einer langen Straße längst verbraucht sein muß. Solche Aggressionsauslöser, auch die Angst vor den Folgen der Befehlsverweigerung, läßt Andersch nicht gelten, eher schon »Hetze« und »verwirrten Geist, der in anderen nur noch Gesindel sieht«, und – der Schreibende dringt beharrlich auf den psychologischen Grund – Sadismus: »das gefällte Gewehr, das zur Entladung drängt? Der Blick, der sich schon den zusammenbrechenden Körper auf die Netzhaut zeichnet?« (KF, S. 10)

Die Perspektive in der Nähe von Sartres *Le Mur* (1939), aber im unmittelbaren Einsatz in der entmenschlichenden Grenzsituation auch die Tradition von Ambrose Bierce *An Occurence at Owl Creek Bridge* (1891) aufnehmend, zeigt die rettende Alternative (das Laufenlassen des zum Tode Verurteilten) als eine Erklärung für Gides Eingangsmotto: »Ich baue nur noch auf die Deserteure.« In der alle Grundfragen der *Kirschen* bündelnden Einleitung und am Ende zeigt Andersch das Absurde der ungeschützten menschlichen Existenz in ihrer Einsamkeit und mündet bestürzend in die politischen Grundfragen aus modellhaft »privater« Perspektive, in der Vater-Sohn-Konstellation: der eigene Vater gehört zu den Verhetzten und Verwirrten, für die Revolutionäre »Gesindel« sind. Die unheilvolle Parole Wilhelms II., »Ich kenne keine Parteien mehr, ich kenne nur noch Deutsche« trägt in den Erschießungen wie im Denken der konservativen Patrioten gegenüber linken politischen Gruppierungen in den Weimarer Jahren ihre Frucht der Gewalt und den Ansatz zum Scheitern der ungeliebten Demokratie.

Der aus Idealismus national-konservative Vater Anderschs, dessen Geschäfte als kleiner Kaufmann schlecht gehen, weil er »die Niederlage Deutschlands zu seiner eigenen gemacht hatte«, reagiert auf die Revolutionäre der Räte-Republik vor allem so negativ, weil sie sein Selbstwertgefühl als eines der Opfer des vermeintlichen »Dolchstoßes« am Verhandlungstisch (»zurückgekehrt mit Dekorationen und Verwundungen übersät aus den Infanteriestellungen in den Vogesen«, KF, S. 15) empfindlich trafen; als der Hauptmann der Reserve am Münchner Hauptbahnhof aus dem Zug steigt, werden ihm von Revolutionären die Achselstücke heruntergerissen, so daß er sich nicht nur von heimtückischen Geschichtskräften »geschlagen« sieht, sondern auch als »Held entehrt«. Mit dem Sterben des Vaters im Jahre 1930 an einer nicht verheilten Kriegsverletzung (ein amputiertes Bein) verbindet Andersch, am Ende der *Kirschen* resümierend, eine geschichtliche Epochenzäsur; in der Tapferkeit des durchgehaltenen Leidens (um der Mutter die Rente zu erhalten) neben der Leitfigur des General Ludendorff auch die des kämpferisch-protestantischen Familienpfarrers bewährend, steht der Vater für all jene, die der Weimarer Republik aus verfehltem soldatischem Idealismus den Untergang bereiten halfen: »Die, die nach dem alten deutschen Konservativen kamen, begannen etwas ganz Neues: sie dachten nicht mehr an das Antlitz eines Gottes, als sie die Häupter der Menschen mit Blut und Wunden krönten« (KF, S. 125). Aus der Überblendung des Familienpfarrers und des Vaters entsteht die für *Sansibar* wichtige Komponente kämpferischer Religiosität in der Figur Pfarrer Helanders als eines Repräsentanten der »Bekennenden Kirche« gegen Hitler.

Der autobiographische »Bericht« (in der Nähe eines *non-fiction* Romans d'Essay) thematisiert die »Desertion als Rückzug und mögliche Emanzipation der Freiheit vor dem Hintergrund der Zwänge und Zerstörungen durch Ideologie und Entfremdung«, wobei geschichtliches Geschehen ebenso strukturiert und gedeutet wird, wie individuelle Reaktion, so daß eine »grundlegende Selbstauffassung des Subjekts aufgrund historisch vermittelter Erfahrung zur möglichen Gesamtdeutung miterlebter Geschichte« auffordert (Geulen, S. 206–207). Der zeitliche Rahmen der *Kirschen*, die Jahre 1919 bis 1944, in wenigen signifikanten Passagen durch Hinweise auf die Erzählgegenwart durchbrochen, ergibt nur einen groben chronologischen Raster; die Erzählung ist in zwei mittelbar miteinander vergleichbare Phasen geteilt, die Ereignisse 1928 bis 1933 und, nach einer Episode des Jahres 1938, die Loslösung vom Hitlerschen Heer 1940 bis 1944. Nach einem ersten Oszillieren zwischen Freiheits-»Aroma« der Kunst und »wildem Aroma des Lebens« im Parteiengagement erfolgt der Rückzug aus der Politik unter traumatischen Umständen (mit 14 Jahren Schulentlassung, Sterben des Vaters bis 1930, Flucht aus »deklassierter« häuslicher Misere in den pubertären Vorgeschmack von libidinös besetzter Kunst im Park von Schleißheim, der Eintritt in die KP bis zum Funktionärsposten eines Leiters des KJV in Südbayern, fundamentale Enttäuschung angesichts der unspontanen Parteilenkung und Menschenverachtung in den Komintern-Direktiven, sichtbar in der kampflosen Übergabe des Gewerkschaftshauses an die SA in München und der Preisgabe der vielen jungen Anhänger der Partei an die Verhaftungswelle nach dem Reichstagsbrand, ein Vierteljahr in Dachau als Zeuge erster Judenerschießungen, im September 1933 zum zweiten Mal verhaftet, beide Male durch die Bemühungen der Mutter befreit, Loslösung von der KP nach traumatischer Angsterfahrung bei der zweiten Verhaftung, »totale Introversion« im Leben in der Kunst). Die zweite Phase wachsenden Desengagements in der Armee wird mit langen expositorischen Unterbrechungen auf den Augenblick der Desertion am 6. Juni 1944 in Etrurien zugeschrieben und illustriert anhand von Episoden während der Fahrt nach Süden an die italienische Front die Problematik der Begriffe Kameradschaft, Angst und

Eid. Das letzte, durch das Gewicht eines eigenen, dritten Teils herausgehobene Kapitel, »Die Wildnis« beschreibt die zentrale, existentielle Erfahrung der Freiheit. In einem späten, eindringlichen Bild für die Erzähl-Drift der *Kirschen* auf den Moment der Fahnenflucht zu macht Andersch auf die »Lebenssinn« fundierende (KF, S. 71) Bedeutung dieses Erlebnisses aufmerksam: »Die Zeit, die ich in den *Kirschen* geschildert habe, bewegte sich mit reißender Geschwindigkeit auf einen Abschluß zu – dem in der Literatur die Pointe entsprach« (AL, S. 90). So läßt sich aus der Überschrift des ersten Teils, »Der unsichtbare Kurs« und der rückblickenden Sinngebung auf die wesentliche Funktion der Niederschrift der *Kirschen* als die eines Selbstfindungsprozesses schließen.

Den Selbstfindungsprozeß erhärtet die stilistisch auffallende Tendenz zur refrainhaft an Kapiteleingängen und -schlüssen auftretenden Ich-Elision. Erhard Schütz weist darauf hin, daß hier nicht nur »modischer Amerikanismus« im Spiel ist, sondern eine »tiefe Verunsicherung der eigenen Identität«, die sich durch »dezisionistische Akte« zu retten versuche (Schütz, S. 41). Tatsächlich bestätigt das völlige Fehlen der Ich-Elision (wie sie sich auch im zeitgleichen »Cadenza Finale« findet und Landser-Jargon meint) im Schlußkapitel der »Wildnis«-Darstellung die geglückte Ich-Findung. Das auffallende Stilmittel wirkt dort störend und maniert, wo gerade die erstrebte Authentizität das persönliche Bekenntnis fordert, in Verben, die den schöpferischen schriftstellerischen Prozeß meinen:

»Entwarf eine Skizze meines Bildes vom Menschen. Änderungen vorbehalten. Bin kein philosophischer Kopf [...] Beschrieb den Menschen, weil ich meine Angst zu beschreiben habe. Unsere Angst. Die in uns allen eingesenkte Angst, die wir nicht zerstören dürfen, wenn wir lebendig bleiben wollen« (KF, S. 88).

Die Passage macht den zweiten Aspekt der Ich-Elision, das Generationserlebnis im »wir« sehr deutlich. Die zeitgenössische Reaktion (etwa in einer sonst durchaus positiven *Spiegel*-Rezension, 15. 10. 1952) zeigt, daß die Behauptung Anderschs, es handle sich um eine nichts als subjektive Wahrheit, allzu wörtlich genommen wurde, vermutlich, weil man das Verbindliche in der Thematik, die psychologisch stellvertretend für die Generation gemeinte Trauerarbeit des Autors über eine Dissidenz der Linken hinaus noch nicht annehmen konnte. Unüberhörbar projiziert sich allerdings in jenem »wir« auch der Equipe-Geist der Antifaschisten in die Gegenwart:

»Sah kürzlich einen dieser italienischen Filme (›Neo-Verismo‹) und hatte Vision, wie wir leben werden [...] Im allgemeinen: Bündnis sensibler Charaktere mit harter Unterwelt-Intelligenz – ein schweigendes Freikorps der Anarchie. Vorbereitende Zellenbildung schon jetzt nötig« (KF, S. 21–22).

Hier bestätigt Andersch (endend im Zitat von Brechts *Dreigroschenoper*-Finale von der »großen Kälte«) H. D. Schäfers These, auch nach 1950 habe Kalter Krieg und Instabilität der deutschen Perspektiven das Krisengefühl der *Kolonne*-Generation aufrechterhalten, und sie mit den 47ern gemeinsam eine weiterhin auf Ordnungszwang und Reduktionsformen »abgemilderter Moderne« angelegte Literatur bevorzugen lassen. Für die pubertären Neigungen des beginnenden Schriftstellers ist der Hang zu Klassizismus und ordnendem Halt in der Architektur der Schleißheimer Schloßfassade (und dem französischen Garten Charles Carbonets) deutlich, denn Zuccalli entwarf und baute das Schloß um die Wende zum 18. Jh. nach dem klassizistischen Vorbild Versailles.

Doch fiel den Rezensenten der ersten Stunde in den *Kirschen* auch die Modernität einer solchen Abstraktionstendenz auf, die Kahlheit der Prosa beeindruckte als zeitrelevant, das Verschieben der Zeiträume durch häufige Rückblenden und Vorausblicke, die thematisch zusammenfassende, einen visionären Schnitt durch die Chronik der Ereignisse bildende Funktion herausgehobener Momente half beim erinnernden Durcharbeiten durch wiederholenden und kontrastierenden Vergleich:

»Ich sah die Einsamkeit, die ihn umgab [...], blicklos starrten seine Augen über den glatten Asphalt der Straße hinweg in den Abgrund der Jahre [...] Ehe wir Bertsch beisprangen, ging sein Blick durch uns hindurch und brach sich an den Fenstern, hinter denen sich die Dämmerung durch die Straßen der Jahre wand. Es war der gleiche Blick, den ich an meinem Vater beobachtet hatte, [...] ehe er zusammenbrach.« (KF, S. 17, 31)

Die Leitmotivtechnik, von Thomas Mann übernommen und in *Etrurien* noch zur Personendarstellung dienend, tritt nun endgültig bei Andersch in den Hintergrund. Hans Mayer hat in seiner Thomas-Mann-Studie (1950, 1980: »Realismus und Leitmotiv«, S. 104–112) den Zusammenhang von leitmotivisch reduzierten, mythisch konzipierten und letztlich blaß bleibenden Gestalten und der mangelnden Möglichkeit von Entwicklung in Zeit und Gesellschaft hervorgehoben, wie sie der literarische Realismus zwingend erfordert. So fixiert Thomas Mann anders als in den *Buddenbrooks*, wo Sitten- und Gestaltenvielfalt strukturiert werden muß, im *Zauberberg* die Hauptfiguren nicht mehr symbolisch nach Wagners Musikdramatechnik, er läßt ihnen Entwicklung, stellt sie in vielfältige Perspektiven und beschränkt das Leitmotiv auf Nebenfiguren. Auch Andersch, dessen Erlebnisse und Personen in den *Kirschen* historische Einsicht belegen sollen, nützt nun die Leitmotivik für bestimmte soziopolitische und psychologische Bezüge im Epochenzusammenhang, zeigt trostlose Ziegelmauern (Kasernen meinend), schmutzige Bierlachen (der Praxis der Vorstadt-KP-Lokale im Kontrast zur brillanten Theorie), Straßen der Jahre (als historischen Ort »geschlagenen« Bewußtseins), Mut und Angst, Vernunft und Leidenschaft, Freiheit und Zwang.

Bewußt und mit nachhaltiger Wirkung setzt Andersch die Semiotik der Farben zur Steigerung auf den einen Augenblick erlebter Freiheit hin in den *Kirschen* ein: solange in von »Weltangst« befallener Kriegsszene Italiens die »Automaten« der Bomber anfliegen, erscheint die Farbe bis auf die Komplementärwerte Hell-Dunkel auf die Grenzsituation der Todesgefahr hyperbolisch abgestimmt. In der atmosphärisch geglückten Beschreibung der »Wildnis« entfaltet der Autor das volle Spektrum (bis hinein in die Klangfarben exotischer Pflanzen-, Tier-, und Ortsnamen, Assonanzen und Alliterationen deutlich rhytmisierter Prosa); so wiederholt sich die beglückende pubertäre Entdeckung der Kunst in der Synästhesie (für den Heranwachsenden im Rimbaud-Gedicht »Voyelles« enthalten, »Vokale, im Blüten-Augenblick drängend zu mir hergetrieben«, KF, S. 20) in voller Bewußtheit des einmaligen Augenblicks als vollkommene Identifikation von Freiheit und Kunst.

3.2. Erinnern, Durcharbeiten, Trauerarbeit und Aufklärung

Freuds klassisches Postulat für konstruktive Vergangenheitsbewältigung, »Erinnern, wiederholen, durcharbeiten« (Werke X, S. 126ff.), hat Andersch mit diesem, zum ersten Mal von einem größeren Leserkreis (und nahezu der gesamten namhaften Feuilletonkritik) wahrgenommenen Text paradigmatisch geleistet und strukturell eingelöst. War seine im Serienabdruck in der FAZ (10.–20. August 1950) erschienene, als kommentarfreie Erzählung angelegte »Flucht in Etrurien« vergleichsweise kaum beachtet worden, so erreichte gerade die Kombination expositorisch-essayistischer Aufklärung mit persönlich durchlebten, nichtsdestoweniger exemplarisch empfundenen, Mikro-Ereignissen der NS-Zeit und ihrer Vorgeschichte einen hohen Grad von Verbindlichkeit und gelungener Bewußtseinserweiterung beim Leser; als ein Stück Zeugnisliteratur, das in unerbittliche Fragen zum Faschismus mündet, behalten die *Kirschen* ihre Relevanz. Keiner der damaligen Kommentatoren konnte sich zu den hier angeschnittenen Grundfragen möglichen Widerstands gegen Hitler, vorbehaltloser oder erzwun-

gener Kriegsteilnahme, des Soldateneids, des sogenannten »Befehls-
notstands«, der Konzentrationslager, schließlich der möglichen Ab-
kürzung des Kriegs durch Teilkapitulationen der Generäle in aus-
sichtsloser Lage (erster Anklang des *Winterspelt*-Themas) als Nicht-
betroffener äußern. Heute sieht man deutlicher, daß der Autor,
Sartres Terminologie folgend, die elliptische Funktion der Sprache
nicht nur auf das aktuelle Publikum der Landser und Mitläufer
angelegt hatte, sondern auch auf den virtuellen Leser größerer psychologischer Sensibilität. Nur so ist die Bemerkung über Stimmun-
gen »als der Atemluft unseres Geistes« zu verstehen, die auf die
Pointe einer demoskopischen Zählung nach »Genies und lebenden
Leichnamen« hinausläuft (KF, S. 86). Die Ästhetik der allgemein
erfahrbaren Stimmung (etwa beim Anfassen eines »rostigen Eisen-
geländers« auf dem Hinterhof-Balkon, »während wir hören, wie
Frau Kirchner im Parterre Geschirr spült«, KF, S. 86) hat viel mit
neu-sachlicher Gebrauchsliteratur in der Nähe Kästners zu tun,
appelliert nachdrücklich an ein kritisch-nüchternes Leser-Senso-
rium und entspricht T. S. Eliots Theorie des objektiven Korrelats:

> »Der einzige Weg, Emotionen in der Kunst auszudrücken, liegt im Auf-
> finden ›objektiver Korrelate‹; mit anderen Worten, einer Reihe von Objek-
> ten, einer Situation, einer Kette von Ereignissen, die zur Formel für eben
> dieses bestimmte Gefühl gerinnt, so daß bei Wiedergabe der äußeren, sinn-
> lich wahrnehmbaren Fakten das Gefühl sich sofort wieder einstellt.«
> (»Hamlet«, in: *The Sacred Wood*, 1920, Übers. d. V.)

Für den zuallererst gemeinten, damaligen Leser hätte Andersch
(auch wenn ihm der Landser-Jargon bei Hitlers Porträt als »Kanal-
ratte« zur Methode des Gegners geriet) den Zeitpunkt der bundesdeutschen Beitrittserklärung zu einer geplanten europäisch-atlanti-
schen Verteidigungsgemeinschaft (vom 27. Mai 1952) nur sieben
Jahre nach Kriegsende zu einer Polemik gegen erneute Wehrpflicht
und für die »Ehre des Deserteurs« kaum aktueller wählen können.
Der engagierte Text ist ohne die Lektüre von Sartres *Was ist
Literatur?* (in der Übersetzung Hans Georg Brenners von 1950; im
Französischen blieb Andersch zeitlebens auf Übersetzungen angewiesen) nicht denkbar. In den *Kirschen* geht es, wie bei Sartre, um
einen Appell zur größtmöglichen Freiheit aller, aber auch um eine
Freiheitserfahrung als Negativität. Die Erfahrung der Freiheit als
winziger Augenblick der Entscheidung, fort von einem kollektiven
Zwang, und schon nicht mehr spürbar im Moment der Tat, die in
neue Zwänge führt, entspricht der von Andersch überzeugend evo-
zierten Entmenschlichung im NS-Staat. Sartres Begriff der Angst,
aus den Folterszenen des besetzten Landes erhärtet, findet ihr Pen-

dant in Anderschs Erfahrung *ad absurdum* geführten Widerstands im totalen Staat. Gegenüber dem wertfreien Begriff von Mut, vielfach strapaziert durch völkischen Heroismus und nicht zur »Weltangst«-Erfahrung des Autors an den Fronten stimmend, setzt Andersch den durch Vorsicht und Angst relativierten, psychologisch reiferen Begriff. Er illustriert dies sowohl am Beispiel umsichtiger Feldherren (im Hemingway-Zitat über Montgomery: »Monty was a character who needed fifteen to one to move, and then moved tardily«, KF, S. 80), wie unter den »vollidiotischen« Bedingungen der Kriegsgegner, die auf »unconditional surrender« zielen. Dagegen setzt er die »Ehre des Deserteurs«, nicht sinnlos sterben zu wollen; unter solchen beidseits entmenschlichenden Bedingungen erledigt sich auch der durch Hitler usurpierte, sinnentleerte Soldateneid.

Die Entscheidung zur Fahnenflucht als exemplarischem Akt des Widerstands gegen die »abgründige Menschenverachtung« der Diktatur entspricht Sartres Vorstellung, jeder einzelne müsse durch seine Wahl, die ihm keiner abnehmen kann, in Unkenntnis des Spielraums seiner freien Entscheidungsmöglichkeit das moralische Wagnis eingehen, seine total determinierte Situation durch sein einmaliges Verhalten in ihr zu einer einmaligen Situation zu machen. Dies zielt sowohl gegen eine bürgerlich-utilitaristische Atomisierung der Gesellschaft (in Anderschs Bild der leerlaufenden Rädchen gegen Ende der NS-Zeit wie in Schäfers Thesen zur Lebenswirklichkeit unter Hitler bestätigt), wie auch gegen eine Vereinnahmung des Individuums durch das Kollektiv. All das gilt in besonderem Maße für den Schriftsteller, der etwas macht, was es vorher noch nicht gab, Freiheit utopisch imaginierend, zum moralischen Handeln inspirierend, aber auch für den Leser, der im gesteuerten Neuschaffen des Kunstwerks im Akt der Lektüre das Reich der Zwecke durchbricht (vgl. Krauss, S. 17 ff.); er stellt erst die Harmonie zwischen seinem Subjekt und dem im Werk manifesten Objekt des Autors in der Erfahrung ästhetischer Freude her. Beide meinen Freiheit gegen jede Form der Unterdrückung, denn im kampflosen wechselseitigen Anerkennen des Anderen im Imaginären, dem »Pakt der Hingabe« wird der Appell an die Freiheit aller im Kern vollzogen. Daher darf es auch zu keiner noch so geschickten Manipulation des Lesers kommen, etwa durch suggestive Einfühlungsstrategien. Was für Brecht die Verfremdung leistet, für Sartre die Distanzierung von geschlossener Fiktion in der Prosa, ist für Andersch (hier die Bewunderung für kommentarfreies Erzählen überwindend) die in der Adorno-Kritik zitierte Forderung, das »Expressive seines romantischen Scheins« zu entkleiden, um es in die »Dialektik der Aufklärung«, in den Dienst des Antifaschismus, zu stellen. Immer wieder verdeutlicht der Autor beharrlich den Zweck der *Kirschen* in der Zweckfreiheit: er will den Leser (wie den Landser Werner, der lieber beim »Haufen« bleibt) nicht manipulieren, ihn zu keiner Tat überzeugen, die nicht die seine wäre; auch der Leser ist der »ganz andere« (KF, S. 71), der sich frei im Lesevorgang das virtuell Angelegte an Relevanz und Sinn aneignen muß.

Nach Sartre stirbt die Kunst in den Diktaturen, »denn sobald ich erfahre, daß meine Freiheit unlöslich an die aller Menschen gebunden ist, kann man von mir nicht verlangen, daß ich sie dazu verwende, die Unterdrückung einiger zu billigen« (was es etwa unmöglich macht, »einen guten Roman zum Lob des Antisemitismus« zu schreiben). So muß Andersch, indem er eine Welt der Weltangst unter Diktaturen und in sinnloser Kriegsagonie beschreibt, Freiheit mit den Bildern der Negativität schildern, die aus den gesellschaftlichen Kategorien ausgeschlossen erscheint: Wüste, Wildnis, stummer Tierblick, umstelltes Tier, freier Schlaf, die exotischen Korrelate der Wildnis dort wo sie »schön« ist, die Angst in den Häusern, »Unbehaustheit« als einzige Sicherheit, eine falsche Kunst der Introversion, in der es keine Appelle geben kann, aber auch keine Zeit mehr.

Schließlich die leitmotivisch wiederkehrende Formel »Gott oder das Nichts«: »Es wäre ein genauso großes Heiliges wie Gott. Es wäre so ungeheuer und so ungeheuer verpflichtend wie Gott« (KF, S. 113). In dieser moralischen Umwandlung des Nichts in eine Verpflichtung zu brüderlicher Solidarität kann Andersch bereits 1947 (in der *Neuen Zeitung* vom 15. 8. 1947) den Existentialismus des *néant* dem amerikanischen Pragmatismus annähern: als Teleologie des richtigen Handelns in der Extremsituation, im entscheidenden Moment. William James' Formel (in *Pragmatism*, 1907) vom erwiesenen Wert einer Weltanschauung in einem bestimmten kritischen Lebensmoment durch eine bestimmte Handlung läßt Andersch zu einem im Kern christlich-moralischen Existentialismus tendieren. In *Les Mouches* meint Orest mit seinem Nein zu Gott ein stärkeres Ja zu den Menschen, in Anderschs Deutung ist das »milde attische Land« der Vernunft der Gewalt »objektiver Ideen« Jupiters vorzuziehen (»Der Seesack«, AL, S. 97), bleibt die visionäre Freiheit aller in Brüderlichkeit notwendiges Korrelat des Nichts. So endet zwar die Beschreibung der Wildnis »am Ende des Lebens, [...] wo unser Stern tot unter dem riesigen, leeren Himmel des Nichts hängt« (KF, S. 129), aber auch im Brüderlich-Sozialen; der Gesichtsausdruck des mit dem Fahrrad reich beschenkten, armen italienischen Bauern (über den De-Sica-Film *Fahrraddiebe*, 1948) als Erfahrung des »Wunders der Freiheit« auch im •»Strom des Massenschicksals«, auch unter »Gescheiterten« gedeutet, erinnert Andersch an die Film-Szene der exemplarischen Hinwendung des Vaters zum Sohn, für den er den Diebstahl beging.

Den Wüsten tritt die Anonymität der großen Städte zur Seite; in einem weiteren Sprung in die Zeit der Niederschrift läßt Andersch nicht nur die Neigung erkennen, sich in Wildnisse zurückzuziehen, menschenleere Hochgebirgslandschaften oder die zerschossenen Wälder der Schnee-Eifel; auch in den urbanen, historisch wie verwitterten, die sozialen Gegensätze nivellierenden Stadtvierteln, etwa des römischen Corso oder des linken Seine-Ufers, oder Montmartres, entdeckt der Autor einen »Traum in urzeitlichem Violett« (KF, S. 112). Mit Sartre gesellt sich Andersch in diesem sozialen, brüderlichen Impetus (am deutlichsten in der Trauer um die Freunde des kommunistischen Widerstands) zu jenen, »die die soziale Lage des Menschen und zugleich die Auffassung ändern wollen, die er von sich selbst hat« (*Les temps modernes*, dt. in: *Die Umschau* 1, 1946, H. 1, S. 21). Darin verbindet sich der engagierte Existentialismus (nach seiner Lösung aus dem unfruchtbaren ontologischen Dilemma) mit dem neuen Menschheits-Ideal der italienischen Neoveristen. Wo Sartre in *La Nausée* (1938) den Moment der absoluten existentiellen Entleerung in der Negativität von Ekel und Selbstentfremdung beläßt, zeigt Andersch exemplarisch moralische Möglichkeiten der Selbstverwirklichung im emanzipatorischen Rückzug aus den Zwängen. Man hat behauptet, der Fahnenflucht-Bericht sei aus den begrabenen Hoffnungen auf demokratische Ideale, aus dem Ende des Utopie-Horizonts entstanden (Schütz, S. 35). Nicht nur der eingangs zitierte Glaube an bewegende Texte im Sinne von Blochs Hoffnungsprinzip widerspricht dem, sondern auch die Semiotik des Titels. Besonders im Vergleich mit den herausragenden deutschsprachigen Texten der Zeit, von *Leviathan* über *Tauben im Gras, Treibhaus, Tod in Rom* zu *Wo warst Du, Adam, Haus ohne Hüter* und *Stiller*, signalisieren Anderschs Deserteurs-Kirschen unüberhörbar die positive utopische Drift.

Die unmittelbare Rezeption des Buches erweist in der Provokation die Zielsicherheit und Brisanz, mit der Andersch zentrale wunde Punkte falschen Nachkriegsbewußtseins berührte. Die (im Claassen-Verlagsarchiv aufbewahrten) Rezensionen können im rein statistischen Gewicht zugunsten einer leicht positiven Bewertung (40 zustimmende Besprechungen gegenüber 23 ambivalenten und 14 eindeutig negativen) nicht darüber hinwegtäuschen, daß der gesamte Problemkomplex zunächst unverarbeitet blieb; die versteckt bis unverhüllt militante Metaphorik der Kritik, der häufige Versuch, die *Kirschen* zwischen Arroganz und Seichtheit, Feigheit und mangelndem Patriotismus einzuordnen, sprechen für sich. Auch interessierte sich nach Verlagsschwierigkeiten bereits im Vorfeld der Veröffentlichung viele Jahre lang kein deutscher Verleger (sondern der Schweizer Walter-Verlag) für Anderschs weitere Texte (Bienek-Interview, S. 138). Hier deuten sich gute Gründe für die spätere Umsiedlung des Autors an. Ohne Einschränkungen stellten sich die 47er hinter den Text, allen voran Heinrich Böll und der Sartre-Übersetzer Hans Georg Brenner. Die Generationenklammer der 1900 bis 1915 Geborenen (die nichtnationalsozialistische »junge« Literatur der 30er Jahre mit den 47ern verbindend) erwies sich in der Zustimmung Ernst Wilhelm Eschmanns aus der Schweiz, der den Kern von Anderschs Intentionen traf: »Wir könnten uns denken, daß dieses kleine Buch ein Modell für Selbstbesinnung wird« (NZZ, 18. 3. 1954). Die weitere Rezeptionsgeschichte gab Eschmann (zunehmend nach 1965) recht.

Die Provokation als innovativen Maßstab (auch gegenüber der vergangenen literarischen Reihe) nehmend, ist es kaum übertrieben, in der Frage nach der Stellung des ersten längeren Andersch-Texts im Korpus, und in der ästhetischen Bewertung, die *Kirschen* nicht nur als den Durchbruch zu den eigenen Themen, sondern als ein wichtiges, gelungenes Stück Prosa des kurzen deutschen Nachkriegsexistentialismus zu werten. Wenn Livia Wittmann einschränkt, die essayistischen Teile hätten noch nicht die »gedankliche Geschlossenheit« der späteren Aufsätze erreicht (Wittmann, S. 26), es handle sich um einen »Gärungsprozeß«, so ist dem nicht nur die zeitliche Stellung zwischen zwei so glänzend formulierten Aufsätzen wie dem zum Politiker Thomas Mann (1950) und dem »Gedenkblatt« zum Ausbruch des Ersten Weltkriegs, »Aus Torheit?« (1954) entgegenzuhalten, sondern die Intention auf stellvertretende Selbstbesinnung. Demgegenüber kann der Gesichtspunkt der »Geschlossenheit« mit der Tendenz, Gattungsteile aus der Gesamtstruktur zu lösen, heute nicht mehr kritisch überzeugen. Vielmehr ist die selbstkritische, ungedeckt authentische Vermittlung eines solchen Gärungsprozesses aus der Sicht gemäßigter Intentionalität, vor allem aber der Leserphänomenologie, dem Gegenstand vorzüglich angemessen, zusammen mit der vorgeführten Lösung des Prozesses im Akt der Freiheit, die mit Selbstfindung zusammenfällt und einem paradoxen Gefühl der Geborgenheit im existentiell begriffenen Ausgesetztsein: »Die Mulde war ein Zimmer; das Rollen der Panzer klang nur gedämpft herein. Sie sollen warten, dachte ich. Ich habe Zeit. Mir gehört die Zeit, solange ich diese Kirschen esse.« (KF, S. 130)

Wenn Andersch in dem Aufsatz »Aus Torheit?« zeigt, wie man bereits in den ersten Weltkrieg entgegen einem weitverbreiteten Mythos nicht hineingestolpert war – er war von den Verantwortlichen gewollt und gemacht worden – so erhellt die Produktionsphase des Autors von »Weltreise auf deutsche Art« (1949) bis Mitte der 50er Jahre die primär pazifistische Richtung seiner Kritik »in der Zwischen-Zeit, in der wir leben« (»Aus Torheit?«, AL, S. 410). Und mit Genugtuung vermerkt der Schriftsteller, daß die großen Namen der Heerführer und kriegstreibenden Parteien fast vergessen sind, »während der des braven Soldaten Schwejk allen im Bewußtsein steht« (AL, S. 409). Einziger Gewinn des entfesselten Grauens: auch der einfache Soldat, im Gefühl einer ihrer selbst überdrüssigen Epoche begeistert in den Krieg gezogen (Andersch nennt als ein seiner eigenen Jugendgruppe nahes, unverdächtiges Zeugnis den Wunsch nach Eigenverantwortung und Selbstbestimmung »mit innerer Wahrhaftigkeit« im »Wandervogel«-Manifest von 1913), lernte in den Schützengräben bitter aufs Neue, wie sehr die Welt »von allen verantwortet werden« muß.

Es lohnt, das »Modell für Selbstbesinnung« neben jüngere historische und psychologische Versuche dieser Richtung, neben die Thesen Alfred Grossers (in *Geschichte Deutschlands seit 1945*, [2]1979) und Alexander und Margarete Mitscherlichs *Unfähigkeit zu trauern* (1967) zu stellen. Nach Grossers Sicht der Vorgeschichte des NS-Staats – er stützt sich dabei u. a. auf die Reden Walter Scheels – führte die Blindheit der Justiz auf dem rechten Auge, sowie die Aussetzung mancher Grundrechte (Zeitungsverbote und Regieren mit dem Notstands-Paragraphen) bereits in der Weimarer Republik zu einer wachsenden Tolerierung der Inhumanität im Namen der Demokratie. Das allmähliche Immunwerden der Bevölkerung gegen die Einschränkung wichtiger demokratischer Grund- und Bürgerrechte war ein wichtiger Faktor im Vorfeld der legal möglichen Machtübernahme Hitlers. Wenn Mitte der 70er Jahre die Mahnung »Wehret den Anfängen« von Politikern zum Schutz der Grundordnung mit der Begründung mobilisiert wurde, man habe Hitlers Anschläge auf die Demokratie nicht bekämpft, bevor es zu spät war, so kommt es Grosser eher darauf an, welche Anfänge (nicht 1933, sondern bereits 1919) man meint. Ihm scheint die Gefahr für Demokratie auch dort zu liegen, wo ihre Hüter Liberalität zugunsten von Stabilität einschränken (etwa durch Gesinnungsüberprüfungen und Berufsverbot) und Ordnungsdenken höher bewertet wird als eine lebendige, kritischen Fragen und alternativen Konzepten offene Demokratie. Andersch hat mit den *Kirschen* (aber auch im Aufzeigen der Aggressionsableitung nach außen bereits im kolonialen Wilhelminismus) durch die Erlebnisschilderung der aussichtslosen, lebensgefährlichen Lage sozialrevolutionärer und demokratischer Widerstands-Kräfte zu Anfang und Ende der Weimarer Republik geschichtlich an demselben Punkt angesetzt; in diesem Licht zeigt sein als radikal rezipiertes Gedicht zum »Artikel 3 (3)« (1976) des Grundgesetzes, das Einschränkungsversuche gegen die Meinungsfreiheit im öffentlichen Dienst als Weg beschreibt, an dessen Ende NS-Praktiken drohen, eine aus eigener Lebenserfahrung verständliche, konsequente Linie.

A. und M. Mitscherlich verbinden psychoanalytische und vorsichtige politologische Thesen mit ähnlichen Resultaten. Für sie wurde Trauerarbeit an der eigenen geschichtlichen Vergangenheit bei vielen Deutschen im Nachkrieg wegen der Gefahr kollektiver Melancholie (die narzißtische Identifikation mit dem das unreife Ich-Ideal übersteigernden Führer-Kult führte nach dessen Verlust zu einem drohenden Verlust des Selbstwertgefühls) weitgehend vermieden: durch Verdrängen, Verleugnen, Entwirklichung der NS-Verhangenheit, deren Spurenbeseitigung durch manischen Wiederaufbau und bequeme, selbst geglaubte Schuldzuweisung an den »Führer«. Dort wo Trauer über die wirklichen Verluste aufgrund der NS-Entwicklung angebracht gewesen wäre, Trauer über die eigenen Toten, den nachhaltigen moralischen Gesichtsverlust durch die Behandlung der eigenen Minderheiten, den Verlust eines Drittels des eigenen Landes und der nationalen Souveränität, wurde durch den Verdrängungsakt Vergangenenheitsbewältigung vermieden (eine Dokumentation von Feldpostbriefen, »Das andere Gesicht des Krieges«, 1982, erweist die Stimmigkeit von Mitscherlichs Befund eines weitgehend intakten Konsens' mit dem »Führer« an Front und »Heimatfront« bis zum bitteren Ende, mit dem paradoxen Umschlag in ein allgemeines Dagegengewesensein der Überlebenden nach 1945). Andersch hat mit seinem beharrlichen Rekurs auf das düsterste Kapitel deutscher Geschichte, angefangen mit den *Kirschen* bis zum *Vater eines Mörders*, in unverminderter Aktualität Trauerarbeit versucht. Wenn er die toten Landser im Massengrab bei Nettuno beerdigen hilft, die trostlose Lage der Juden und politischen Linken in Dachau beschreibt (in *Sansibar* auch die Lage der Psychopathen und der Bekennenden Kirche), das Verschwinden der deutschen Nation auf einem Haufen »galvanisierter Leichen«, die Sinnlosigkeit all dieser Opfer, trägt er exemplarisch zum reiferen Geschichtsbild einer neuen Generation bei, das Margarete Mitscherlich noch 1977 in einem Nachwort fordert: »Erst nach Durcharbeitung seiner Vergangenheit ist ein Volk imstande, aus seiner Geschichte zu lernen, den Wiederholungszwang zu durchbrechen und notwendige gesellschaftliche Veränderungen und Erneuerungen durchzuführen.«

In der Andersch-Literatur ist es, gefördert wohl von seiner eigenen Metaphorik, gute Übung geworden, manches in seinem Korpus mit musikalischen Formen zu bewerten. Vom Trompetenstoß in schwüler Stille (Böll über die *Kirschen*) zur Kammermusiksonate (Hans Mayer über *Sansibar* in: *Deutsche Literatur*, S. 327), zur polyphonen Komposition (Andersch über *Winterspelt*) reicht das Klangwerk der Kritik und legt es nahe, die Bedeutung der *Kirschen* für das Gesamtwerk mit einer gelungenen Ouvertüre zu identifizieren. Die Grundthemen für das gesamte spätere *oeuvre* sind angeschlagen, in der Durchführung zeigt sich das Talent zu optischer Verdichtung und reflektierender Vertiefung in einer quer durch die Gattungen arbeitenden Struktur und Perspektive, die Sensibilität in der Suggestion von Grenzsituationen, der nimmermüde Versuch, sich über Kunst auf den psychologischen Grund zu kommen. In dem Zusammenziehen der schmerzhaftesten Erfahrungen geschichtlich aufeinander folgender Abschnitte auf seiten der Opfer, »Drei Phasen« (»Anfang und Ende«, 1949; 1958), gibt Andersch eine Verdichtung dieser Themen, nicht ohne Bewunderung für Celan, in der Kunst der Fuge.

4.1. Reaktionen auf die versteinerte politische Landschaft: »das Land aus dem man flüchtet« – in den Roman?

Die enigmatische Datierung aus den Nachlaßnotizen, »Die Zeit der Hoffnung 1956« (Hitzer, S. 112) führt, zusammen mit den politischen Ereignissen dieses Jahres und den »privaten« Lebens- und Werkdaten – Vollendung des ersten Romans und Übersiedlung in die Schweiz 1958 – zu der Frage, ob hier das Ende einer politischen Utopie bezeichnet ist, oder der Anfang einer anderen, literarischen, Hoffnung. Die Werkdaten belegen, daß die politisch so frustrierende Erstarrung der Bundesrepublik an der Nahtstelle der neuen »zwei Welten«, die in der zweiten Hälfte der 50er Jahre mit Nato-Gründung, Atombewaffnung der Bundeswehr, KP-Verbot und der Erstickung des Ungarn-Aufstands (die das östliche »Tauwetter« nach Stalins Tod brutal beendete), gefolgt von den Berlin-Krisen bis hin zum Mauerbau, die letzten Hoffnungen auf Roosevelts One-World-Utopie ablösten, keineswegs den Schriftsteller in Andersch lähmten, im Gegenteil.

Neben der Herausgabe der Zeitschrift *Texte und Zeichen* (deren Insistenz auf Aufklärung der zentrale Essay »Die Blindheit des Kunstwerks« 1956 unterstreicht) entstanden nach *Sansibar* die wichtigen Erzählungen »Mit dem Chef nach Chenonceaux« und »In der Nacht der Giraffe« (erschienen 1958), das Hörspiel gleichen Titels über De Gaulles Algerienpolitik, das vielleicht wirkungsstärkste Hörspiel »Fahrerflucht« (1957, erschienen 1961), die eher mißglückte »Neapolitanische Suite« *Piazza San Gaetano* (1957). Dann, in den Jahren 1958/59 schrieb Andersch *Die Rote* (1960), die Skandinavienreisen 1956 bis 1961 faßte er in *Wanderungen im Norden* zusammen, und brachte 1963 die langen, bedeutenden Erzählungen des Bandes *Ein Liebhaber des Halbschattens* heraus. Das halbe *oeuvre* des Autors fällt in diese dichtgedrängten sieben Schaffensjahre, sein endgültiger literarischer Durchbruch (*Sansibar* erhält den Deutschen Kritikerpreis, *Die Rote* wird Bestseller und 1962 von Käutner verfilmt), fast eine produktive Explosion.

Die Bewertung der Jahre nach 1956 mit dem Fortgang Anderschs aus Deutschland, eng verbunden mit der Einschätzung der gesellschaftlichen Bewegungsimpulse von Literatur, ihrem »Strahlungskern«, prägt die weitere kritische Diskussion über Anderschs Werk, am deutlichsten in der rückblickenden Verzerrung durch Enzensberger, der in einem Streitgespräch mit dem Autor 1974 in der zurückgezogenen Arbeit an Romanen nur einen Anachronismus, in der Distanz von Protestformen der Studentenbewegung (Agitation, sit-in, teach-in, Straßendemonstration, Aufruf, Manifest, Schmähschrift) eine demonstrative Abkehr von der in der Andersch-Vita angelegten Suche nach Systemveränderung sehen kann. Die behutsamere Antwort auf Anderschs Rückzug aus der einflußreichen Herausgeber- und Rundfunkposition findet Burgauner, als er an den Aporien der Andersch-Kritik das Ärgernis aufdeckt, statt ideologische Unbedenklichkeit die »Kettenreaktion« zu wählen, die ein Werk der Kunst »in den tiefen Schichten des Bewußtseins« auslöst, den Pragmatismus der Sensibilität:

»Bei anderen mag ein solcher Humanismus hingenommen werden, bei Andersch nicht. Er ist ein Abtrünniger, einer, der es fertigbringt, so ganz nebenbei von ›Wirtschaftsfeudalismus unserer Gesellschaft‹ zu reden, einer, der aus den Fronten der literarischen und politischen Kämpfe desertiert ist, um in einem der hinteren Täler des Tessins den Negationen seiner selbst zu frönen und einer neuen Innerlichkeit Vorschub zu leisten – ein rechtes Ärgernis.
Vielleicht ist Andersch – unter anderem – tatsächlich ein Flüchtling. Aber schon in seinen Romanen wurde erkennbar, daß er in der Flucht keine leichte Form des Lebens sieht, sondern eine Chance der Aufrichtigkeit. Zu dieser Aufrichtigkeit gehört es auch – selbst wenn hier ein Ehrgeiz im Spiel sein sollte –, in sich gegensätzliche Tendenzen wirken zu lassen. Wie das im einzelnen geschieht, das hat die Kritik freilich zu beschäftigen.« (»Alfred Andersch und seine Kritiker«, *Neue Rundschau* 84, 1973, S. 190)

Der zeitliche Abstand zu dem im Thema bereits wieder historisch gewordenen Gespräch über »Literatur nach dem Tod der Literatur« (1974) zwischen Andersch und Enzensberger erlaubt ironische Perspektiven. Andersch, der zwei Jahre danach, 1976, den in der Terrorismusdebatte zum *backlash* neigenden Bundesbürger durch sein Agitationsgedicht »artikel 3 (3)« aufscheuchen sollte, und Enzensberger, der 1978 nach Zweifeln am Sinn der Esoterik ausgerechnet einen großen Gedicht-Zyklus, *Der Untergang der Titanic*, veröffentlichte (gefolgt von den schwermütigen Gedichten der *Furie des Verschwindens*, 1980, und der Mitarbeit an einem so schillernden Unternehmen wie *Transatlantik, Journal des Luxus und der Moden*, 1981) kommen am Ende ihres wichtigen Disputs zu literaturtheoretischen Grundpositionen, die über den Anlaß hinausweisen. Gerne läßt sich Andersch von seinem ehemaligen Redaktionsassistenten ein »antizyklisches Denken« nachweisen, »das konträr verläuft zu den dominierenden Strömungen« des Zeitgeistes (ÜA, S. 201):

»Du bist dann in den 50er Jahren, als die dominierende Ideologie in Deutschland der ›Kalte Krieg‹ war, sehr vehement gegen die Denkweisen aufgetreten, die der ›Kalte Krieg‹ gepflegt und gefördert hat. Du bist dann

Ende der 50er – Anfang der 60er Jahre, als es in Deutschland zu einem gewissen Medienboom kam, aus diesem Boom fast demonstrativ ausgestiegen. Du hast Dich in den Jahren '68 und '69, als die Studentenbewegung das dominierende ideologische Moment war in der deutschen Szene, dieser Bewegung gegenüber mit äußerster Distanz [...] verhalten, und wenn ich dem glaube, was über Deinen neuen Roman zu hören ist, so wird sich die Erscheinung dieser Gegenläufigkeit wiederholen, denn in dem Moment, wo es in Deutschland einen backlash gibt, d. h. eine Rückwendung zu konservativen Denkformen, scheint es sich hier in einem gewissen Sinn um einen marxistischen Roman zu handeln.« (ÜA, S. 200–201)

Andersch versucht, von einem agitatorischen Literaturverständnis Enzensbergers, der seinem Rückzug aus Journalismus und Literaturbetrieb (die Gruppe 47 hatte zunehmend nach 1955 Züge einer Literaturbörse angenommen) Resignation und Emigration unterlegt, fortzukommen; auch die Vielschichtigkeit des Romans, über dessen Wirkungen auf den Leser Enzensberger ungeachtet des Strukturalismus und der Konstanzer Wirkungstheorie nichts zu wissen vorgibt, bietet Andersch Möglichkeiten engagierten Schreibens. Die Manifeste, die man in der Gruppe 47 (gegen das Vorgehen der Russen in Ungarn, gegen die Verhaftung Augsteins etwa) verfaßte, erscheinen ihm einseitig verkürzend, selbstgerecht, oft heuchlerisch. Die Fluchtpunkte seiner durchgehaltenen Perspektiven verbinden Marx und das Soziale mit dem eigenen Gesetzen folgenden Kunstwerk zu einer neuen, umfassenden Anthropologie. Zwar sind Künstler und Schriftsteller »ständig mit Politik beschäftigt«, weil sie nicht anders können, als sich, aus ihrem »Gewissen« heraus, »über Ungerechtigkeiten zu empören« (ÜA, S. 216). Das heißt aber nicht, anti-intellektuellen und bilderstürmerischen Tendenzen der Studentenbewegung nach 1967 die große Form, etwa des Romans und aller Höhenkammliteratur, als eine Möglichkeit des Widerstands opfern (die noch dazu den Beruf des Schriftstellers in Frage stellt). Gegen das unduldsame Diktum Enzensbergers (im *Kursbuch* 15, 1968), Literatur als Kunst sei gesellschaftlich »nicht mehr gerechtfertigt«, behält Andersch das letzte Wort: sein Marx war von Sophokles tief beeindruckt, ohne dies historisch materialistisch erklären zu wollen. Solcher seherischen *Blindheit des Kunstwerks* (1956) steht ein Politikverständnis unverwandt gegenüber, das für künstlerische Kreativität und Wirkung »keine Anthropologie entwickelt hat« (ÜA, S. 215).

Fast schroff bleiben am Ende des mit spürbarer Intensität geführten Gesprächs die divergierenden Reizworte stehen: Enzensbergers nur geschichtlich und gesellschaftlich denkbarer Kunstbegriff als einer »Produktionsweise« unter anderen (ÜA, S. 221), und Anderschs Beharren auf ästhetische Eigengesetze, notfalls im Licht von »Ewigkeitsfaktoren«. Sein Dichter des 20. Jahrhunderts hat mit Lukrez gemeinsam, daß er ein Gedicht macht, »und darauf kommt es an« (ÜA, S. 221). Entgegen dem Versuch, eine aktionistische Form der Literaturpolitik ganz dem anderen Pol seiner Ästhetik, dem komplexen (sogar dem abstrakten) Kunstwerk zu entfremden, deutet Andersch sein Fortgehen aus Deutschland – nach einer Ära demokratischer Illusionen im unmittelbaren Nachkrieg, und dem Versuch, mit den 47ern, mit der Zeitschrift *Texte und Zeichen* gegen Restauration und Kalten Krieg anzuwirken – als Suche nach »Abgeschlossenheit und Konzentration« in der Arbeit an »größeren Prosaformen« (ÜA, S. 208). Ungeachtet der Distanz zum deutschen Literaturbetrieb sieht sich Andersch, zusammen mit anderen Schriftstellern in einer »Vorläuferfunktion zur Studentenbewegung« der 60er Jahre; dem Vorwurf Enzensbergers, als Opposition zu literarisch hinter künstlerischer Avantgarde »politische Regression« kaschiert zu haben, hält Andersch die Qualität einer zeitkritischen Literatur der Böll, Grass, Johnson, Lenz, Walser, Schmidt und seiner eigenen Romane und Hörspiele entgegen:

»Ich finde doch, daß die Schriftsteller der 50er Jahre, also der zweiten Hälfte der 50er Jahre, eine erhebliche politische Rolle gespielt haben. [...] Man wußte, [...] daß die Schriftsteller ›dagegen‹ waren, [...] sie haben dieses justemilieu der deutschen Restauration gestört.« (ÜA, S. 204)

Die indirekte und längerfristige Wirkung der Literatur als Kunst muß nicht nur gegen die »enge soziologistische Determination der dichterischen Existenz« durch den »Vulgärmarxismus« verteidigt werden, sondern auch den »vulgären Ästhetizismus« in der Nachfolge Benns, »der jegliche Beziehung des Künstlers zur Gesellschaft, in der er lebt, zur Gesellschaft und zu seinem Gewissen, und die ganze Fermate von Form zu Inhalt frech in Abrede stellt« (»Nachricht über Vittorini«, BK, S. 39). Gemeint ist hier vor allem Albrecht Fabris als frivol empfundene »Denunziation der Aufklärung« in der Wertung des Konfusen als ursprünglich, des Rationalen als leer, gipfelnd in dem »quälend kurzatmigen« Verständnis abstrakter Kunst: »Der Inhalt der Kunst ist ihre Form« (BK, S. 44). In der *Blindheit des Kunstwerks* (1956) versucht Andersch, den Wert engagierter Kunst, der für ihn im Offenhalten der Gesellschaft liegt, und dem Benns These, in der Kunst gehe es »ja nicht um Wahrheit, sondern um Expression« entgegensteht, am Extremfall der abstrakten Kunst zu bewähren. Seine faszinierende These, plausibel aus der Faschismus-Erfahrung mit ihrem Zwang zum ideologischen Sujet und ihrer Verachtung experimenteller Kunst als »entartet«, sieht abstrakte Kunst nicht als inhaltslos, sondern als »Aufstand gegen den zur Ideologie degradierten Inhalt in der Weise des Sich-Entziehens« (BK, S. 45). Kein Zweifel, daß diese Apologie abstrakter Kunst (die noch dazu »bewußt oder instiktiv« auf geschlossene Gesellschaften so reagieren kann) kunstgeschichtlich zu kurz greift, weder den Siegeszug der Richtung in den USA nach der Armory-Show und zwischen den Kriegen erklären hilft, noch die westliche Wendung zum *abstract expressionism* nach 1945. Anderschs Position, um die es hier einzig geht, nimmt sich nicht nur wie ein Versuch aus, Mitte der 50er Jahre das Engagement-Verständnis weit indirekter zu gestalten, sie läßt sich als Gegenposition zum sozialistischen Realismus wie zum Faschismus nach Sartres Prämissen der Existenz *vor* der Essenz des Menschen deuten. In *L'existentialisme est un humanisme* (1946) zeigt Sartre den Menschen als ein Wesen, das existiert, also für sich ist, bevor es durch irgendeinen Begriff oder ein Konzept definierbar wird. Noch in *Marxismus und Existentialismus* (1960, dt. 1964) beklagt Sartre die Anämie einer Doktrin, die »ihr Wissen auf eine dogmatische Metaphysik (Dialektik der Natur) gründet, statt auf das Verständnis des lebendigen Menschen« (S. 142). Begreift man mit Andersch den abstrakten Malvorgang als Verwirklichung eines Stücks persönlicher Freiheit, das »gegenüber den vom geschlossenen System vorgezeichneten Inhalten« dazu beiträgt, »das System selbst zu zersetzen« (BK, S. 45), ist die Nähe zu einem Manifest existentiellen Selbstverständnisses deutlich. Für Paul Klee und seine Tagebücher, die Andersch besaß, trifft die Deutung dieses Weges zu, auch für den späten Weg des Freundes Italo Valenti in die Abstraktion, um aus dem »Chaos des Sichtbaren« ins Reale zurückzufinden.

Mit dem Extremfall engagierter Kunst im abstrakten Malvorgang liefert Andersch auch die Pointe zu einer Kernszene des Hörspiels *In der Nacht der Giraffe* (1958; 1961). In der Nacht des 29. 5. 1958, als De Gaulle an die Macht kommt, will Pierre Grange eine kompromittierende Liste von algerischen Aufständischen veröffentlichen, die De Gaulles Verwicklung in den Aufstand beweisen könnte und den Mythos des Generals zerstören. Als die bürgerliche Presse (in abwartendem Opportunismus) das Ansinnen ablehnt, und auch der Philosoph Mondello auf die Ohnmacht der Presse und ihrer Literatur hinweist, sobald »die Politik in den Raum der reinen Macht tritt« (Zola konnte im Fall Dreyfus nur etwas ausrichten, weil sich die Mächte »im Gleichgewicht« befanden, HÖ, S. 83), entschließt sich Pierre »auszusteigen«, um ein Mann zu bleiben, »der denkt, und ausspricht was er denkt« (HÖ, S. 75). Weder Kommunisten, noch Gaullisten, noch bürgerliche Presse erlauben eine Parteigängerschaft nach Pierres Selbstverständnis; und der Besitz der Liste ist lebensgefährlich, wie der Mordanschlag eines gekauften algerischen Messerstechers verdeutlicht. Pierres Freundin Solange hält ihn zunächst für übertrieben vorsichtig, erinnert ihn aber mit seiner eigenen Lieblingsanekdote von Picasso an die weiterwirkende Kraft persönlicher Integrität, auch wenn sich nichts ändern läßt:

»Es würde völlig genügen, zu denken und zu sprechen [...] Ich denke an die Anekdote von Picasso, von der du so entzückt warst. Er sagte, wenn er seine Bilder gleich nach dem Malen in Kisten verpackte, würden sie die gleiche Wirkung haben wie an den Wänden von Ausstellungen.
Pierre: Gut, ich werde meine Gedanken in Zukunft in Kisten verpacken. Obwohl sie sicher nicht so wertvoll sind wie ›Guernica‹.
Solange: Vielleicht würde es schon genügen, wenn du sie mir sagtest?« (HÖ, S. 75–76)

Die Passage erscheint nur sinnvoll, wenn man Anderschs These von der verfolgten abstrakten Kunst kennt. »Guernica« markiert durch die Spanienkriegsthematik den »historischen Augenblick«, als die Kunst im Rückzug vom Inhalt ihre »radikale Antwort« gab. Das Wissen um die »kryptische Existenz der Verfolgtheit« ergibt für Andersch den Grund, »warum die abstrakte Kunst ihre tiefste Wirkung ausübte, als sie nicht mehr gesehen werden konnte« (BK, S. 45). Pierre, ohne noch zu wissen, daß seine Liste ihn zu einem Verfolgten im Spannungsfeld des »Bösen«, der »reinen Macht«, werden läßt, exemplifiziert Existenz als Freiheit im Rückzug auf die Grundposition. Er überlebt um den Preis der Einsamkeit und Desillusion.

In dem »Philosophen der Aktion« Mondello Positionen von Sartre mitreflektierend, weist Andersch auf die Unmöglichkeit einer Verbindung von spontaner politischer Aktion und seinem in den späteren 50er Jahren entwickelten Literaturkonzept. Die Frage wird auch in den ersten beiden Romanen punktuell aufgegriffen (und in *Efraim* zu einem zentralen Thema im Gegensatz Journalismus und Erzählprosa) und verneint. Um die Barlach-Plastik zu retten, muß Gregor seine Parteifunktion aufgeben; die Partei sieht solche »privaten« Aktionen nicht vor. Der ehemalige Partisan und Musiker Fabio Crepaz opferte der politischen Arbeit die Solistenkarriere, kann aber im Kalten Krieg guten Gewissens keine politische Funktion ausüben und bescheidet sich mit einem Orchesterplatz, einem spröden, sauberen Geigenstrich im *stile concitato*, den er weiterhin zu »geschnittener Schärfe« erregt. Mondello hat für das spontane Handeln in einer »Welt der falschen Alternative« das metaphysisch gefärbte Konzept des »Bösen«, in dessen Sphäre man nicht mehr schreiben kann (um Tiefenwirkungen im Leserbewußtsein auszulösen), sondern bedenkenlos handeln muß:

> *Pierre*: Sie meinen also, man muß töten können, wenn man dem Unrecht begegnet.
> *Mondello*: Ja, natürlich.
> *Pierre*: Heißt das nicht die Kette des Unrechts verlängern?
> *Mondello*: Machen Sie sich keine Sorgen um das Unrecht! Es bleibt ewig. Aber Sie können es manchmal unterbrechen, die Kette zerreißen, so daß es eine Weile dauert, bis sie wieder geschweißt wird [...] Fortgehen, um zu erkennen, daß Freiheit nicht bedeutet, irgendeine Ideologie wählen zu können, sondern das Unrecht zu zerreißen, wo immer man es trifft. (HÖ, S. 85)

In Mondellos hochmoralischem, auf Abwehr pervertierter Macht gerichtetem Denken stehen sich spontanes Handeln in Notwehr, und das ganz andere Handeln des Schriftstellers durch Enthüllen als Extrempositionen möglichen Engagements gegenüber; unmißverständlich gibt Mondello dem utopischen, fiktionalen Gegenentwurf eine Chance:

> »Nicht der Literatur, die Sie meinen, Pierre, jener Sekundär-Literatur, die sich für die Geschichte selbst hält, weil sie sich aufregt und diskutiert. Sie ist nur Symptom, nichts weiter. Große Literatur tut etwas anderes: sie bereitet lange und langsame Entwicklungen vor, sie streut in ein paar Gedanken und ein paar Formen Samen aus, die die Welt erneuern und sie an etwas Altes erinnern.« (HÖ, S. 86)

Mondello nennt zwar in eklektischer Reihe Augustinus, Pascal, Spinoza, Marx, Kafka, aber in einer Brechtischen Wendung mahnt er Grange, an seinem einsamen Strand das Zeitunglesen nicht zu lassen; und in der knappen expositorischen Einbettung der Figur vergißt Andersch nicht, Mondellos intellektuelles Umfeld für den Leser (mit einem Blick auf die »schmutzig-weiße Wand des Verlages« gegenüber) mit Zeichen des Widerstands der Ästhetik zu aktualisieren: »des Verlages, der während des Kriegs illegal die Schriften von Vercors und Eluard gedruckt hatte und der jetzt die Bücher von Samuel Beckett und Alain Robbe-Grillet herausbrachte« (HÖ, S. 80; gemeint ist Ed. de Minuit).

So verwundert es nicht, wenn Andersch den historischen Moment De Gaulles und die moralische Krise seiner Algerienpolitik mit atmosphärischen Requisiten zeitloser Bezüge verfremdet. Die Strandszene zeigt das Konnotat-geladene *bric-à-brac* von »Whiskyflaschen«, »Vasen aus Atlantis«, »Herzmuscheln«, »Krebsgerippe«; das Schweigen des Todes unter dem »papierenen Rauschen der Wogen« umlagert die politische Botschaft: »Sich gleich zu schlagen oder sich später zu schlagen – das ist die einzige Alternative, die denen offensteht, die sich vor den Befehlen der Legionäre nicht beugen können« (HÖ, S. 82). Das Algerienbeispiel als eines unter vielen im Imperialismus der atlantischen Politik darstellend, vergißt der Schriftsteller nicht die Bundesgenossen im langfristigen Widerstand: »Aus Richtung Comédie Française ein Räuspern, wahrscheinlich von Racine. Ein Hund, der an den Sockel von Diderots Denkmal pißt« (HÖ, S. 88). Unübersehbar und bedenklich die Ästhetisierung des Kampfes am Metro-Schacht mit dem Mörder (»seine Faust pflückte das Stilett wie eine Frucht aus der geöffneten Handfläche des Algeriers«), erstaunlich die seit Mitte der 50er Jahre mit Konnotaten der Transzendenz angereicht Dämonisierung der Macht bei Andersch: »Portillon automatique. Der süßliche Brodem in den Schächten, Carnets für den Hades. Die Eingänge im Jugendstil, von Guimet entworfen, Ranken aus Eisen. Donnernde Züge über den Styx, hinter dem portillon automatique« (HÖ, S. 88, Anderschs Montage eines surrealistischen Textes von Benjamin Peret). Der christliche Aspekt des Existentialismus, von Andersch früh hervorgehoben, beginnt den Romanautor erneut zu beschäftigen.

Mit demselben unbestechlichen Auge des Nonkonformisten, dessen Ideologie-blindes Medium der Kunst den Leser sehend machen soll, kann Andersch den *Rauch von Budapest* (1956) nicht anprangern, ohne an den »Rauch von Auschwitz« zu denken; denn die »schmutzigen Hände« der Demokratien, ihr »fettes, selbstzufriedenes Gewissen« setzen jede öffentliche Empörung dem Beifall von der falschen Seite aus. Gegenüber den »schrecklichen Vereinfachern«, die fortwährend Kommunismus und Faschismus gleichsetzen, vertritt er die Unterscheidung der »wahren Kommunisten« (an der Spitze des Ungarn-Aufstands) auf dem »linken Flügel der Demokratie« von den stalinistischen Dogmatikern (BK, S. 20). Peter Demetz, der durchaus Verständnis für Anderschs Appell gegen die bequeme Formel vom Linksfaschismus zeigt, wandte 1966 mit Recht ein, für die einzelne »geschundene Kreatur« bedeute es wenig, »ob sich der eine Scherge auf den genialen Hegel und der andere auf den miefigen Rembrandtdeutschen beruft« (»Die Krise des Engagements«, S. 678). Andersch, dem man gewiß keinen Mangel an Sympathie mit den Opfern nachsagen kann, hat den Ungarn-Aufsatz – sicherlich mit Rücksicht auf solche Mißverständnisse, und um sterilen Tabus der Linken wie Betrieb, Entfremdung, Macht und Ideologie (die Demetz aufzählt) nicht noch weitere Nahrung zu geben – in keine seiner späteren Aufsatzsammlungen und Ausgaben übernommen.

Von den russischen Führern, die nach 1933 in Deutschland und 1936 in Spanien die europäischen Linksintellektuellen Hitler und

Franco überließen, blickt Andersch fort zu den Demokratien, die nach dem Krieg mit Franco paktierten, sich auf den Algerienkrieg und die Suez-Krise einließen, in der Bundesrepublik die KP verboten und sich solcher, mit den KZ-Praktiken eng verbundenen, Juristen wie Globke bedienten. Wieder gibt Sartre das herausragende Beispiel: »Sein Angriff gegen die Schlächter Ungarns ist zugleich ein tollkühner Angriff gegen die Schlächtereien der Regierung seines Landes in Algerien« (BK, S. 17). Den Staatsstreich De Gaulles kann Andersch in seinem Hörspiel nur problematisieren, indem er zugleich einen Hinweis auf die Hinrichtung Imre Nagy's einflicht (HÖ, S. 81). Der beständige Zwang, jede politische Zeitkritik westöstlich relativieren zu müssen, führt zur Verzweiflung an allen direkten Formen publizistischen Engagements. Die persönlichen Gründe für eine Hinwendung zur differenzierteren Romanform, die einen fairen, genauen Perspektivismus erlaubt, und für sein Fortgehen aus der bundesrepublikanischen »Demokratie der schmutzigen Hände« macht Andersch in diesem Aufsatz transparent. In gänzlich unmarxistischen Begriffen spricht er von der Wurzel des Übels im »Sieg des Bösen in der europäischen Geschichte der letzten Jahrzehnte«, stellt bei den Schriftstellern eine Grundenttäuschung fest, die zu Zweifel, Haß, Zynismus, Angst und Kälte führt, zum Zusammenbruch der traditionellen Werte; und das überwunden geglaubte Trauma von 1933 zeichnet sich, wenn auch entfernt, von neuem ab:

»Ich bin, wie Hunderttausende anderer deutscher Intellektueller, durch Hitlers Konzentrationslager gegangen: ich kenne den Terror der weißen Banden, und ich gebe mich keiner Illusion über ihn hin. Ich behaupte, ganz genau zu wissen, was am Ende einer Entwicklung steht, an deren Beginn man die Kommunistische Partei verbietet, die Vorformen der weißen Banden aber toleriert.« (BK, 1965, S. 19)

Die Einseitigkeit des Weimarer Demokratieverständnisses als mitkonstitutiv für Hitlers legalen Weg zur Macht erinnernd, hält Andersch die erreichte ökonomische Stabilität der frühen Adenauer-Jahre noch für keine ausreichende Garantie der demokratischen. In Vergleichen, die bis ins einzelne die Metaphorik des »artikel 3 (3)« – Gedichts vorwegnehmen, bestätigt er Arno Schmidts *Sansibar*-Deutung als aktuelles Unbehagen an einem »Land, aus dem man flüchtet« (»Und gleich den Schock vorweg: er meint Deutschland!«, ÜA, S. 87). Der mit Andersch befreundete Autor nennt die großen Namen (»es ist dem Bürgertum eindrucksvoller«) nicht in ihr Land zurückgekehrter deutscher Nobelpreisträger, Einstein, Hesse und Thomas Mann. Den prägenden Einfluß Thomas Manns auf Anderschs beginnendes Selbstverständnis als Schriftsteller, in seinem kritischen Kampf für die Weimarer Demokratie (Andersch sammelte die Dokumente) wie in seinen Schwierigkeiten mit den beiden Nachkriegsdeutschland, den nachwirkenden Eindruck des soeben in der Schweiz Verstorbenen im Politischen wie im Literarischen (Roosevelt mit Schiller verbindend) sollte man im Zusammenhang mit Anderschs Übersiedlung nicht außer acht lassen. Was in *Fahrerflucht* (1957) sogar die Gedanken eines krebskranken, betriebsmüden Managers als Wunsch besetzt, die verbleibende Lebensspanne im Ausland zu verbringen, gibt in der Häufung von Varianten einer Flucht in die Freiheit Arno Schmidts aktualisierender Deutung recht: »Man müßte weg sein, wegfahren, abhauen, verschwinden, herauskommen, desertieren, sich verkriechen, fortkommen, erst einmal draußen sein« – auch für diesen Wunsch mit seiner leitmotivischen Insistenz steht die ferne Insel Sansibar.

Draußen sein – jedoch nicht um zu resignieren. Das läßt, noch vor der *Blindheit des Kunstwerks* am eindrucksvollsten die »Choreographie des politischen Augenblicks«, Anderschs begeisterte Würdigung von Koeppens kongenialem Roman *Der Tod in Rom* (1954) erkennen (in *Texte und Zeichen* 1, 1955, H. 2). Ästhetisch aufschlußreich für die Mittel, die in den ersten beiden Andersch-Romanen zur Wirkung gelangen, ist die vom Autor so geschätzte Atelierkritik unbeirrt auf den gegenwärtigen politischen Moment gerichtet, auf den inneren Monolog als Spiegelung der psychischen Qualität der Figuren ebenso, wie als Medium der Spannung zwischen Aktion und Reflexion; das politisch Relevante und Aktuelle schießt in die Reflexion ein, ohne daß die künstlerisch notwendige Distanz zum Geschehen (das an der Psyche die Politik Transzendierende in überzeugenden Figuren und die epische Kraft der Erinnerung) zu kurz kommt. Im mühelosen Einblenden von Vergangenheit und Zukunft gelingt es im inneren Monolog, den Moment im Zustand der Aktion zu zeigen: »Und damit gelingt Koeppen endgültig die scheinbar unmögliche Transposition von Tagespolitik in Kunst« (SK, S. 28).

Die zentrale Figur des Romans, der junge Komponist Pfaffrath erhält für seine dissonant-brüchige, verzweifelte Musik den halben Preis des römischen Kongresses; er will mit dem Geld nach Afrika, will eine »schwarze Symphonie des schwarzen Erdteils« dem noch schwärzeren Europa »auf dem alten Götterhügel« vorspielen, aus der Wüste Musik empfangen. Andersch, der weit mehr über sich selbst als über den befreundeten Schriftsteller spricht, läßt in spürbarer Beteiligung und selten so unverhülltem Glauben an die zweite Heimat der Kunst die persönlichen Motive für sein Fortgehen anklingen:

»Einige Jahre nach dem Krieg war die Dichtung beherrscht vom Mythos der Heimkehr. Aber die Heimkehrer fanden nicht, was sie suchten; die geschlossenen Türen öffneten sich nicht. Eine Weile versuchten sie, sich ›draußen vor der Tür‹ einzurichten. Bis sie begriffen, daß es ihnen auferlegt war, noch einmal fortzugehen. Fortzugehen in die Wüste, das Synonym für Reinheit, Strenge, Schweigen, die Chiffre der Einsamkeit. Die Prüfung der Einsamkeit war die Bedingung, die der ›Kongreß‹ ihnen auferlegte. Denn der Glaube an das Dasein eines unsichtbaren Kongresses, in den sie eines Tages aufgenommen werden, ist das andere große Geheimnis, das die heimatlosen Dichter unserer Tage bewegt. Die Literatur der Revolte ist zugleich die Literatur des Wunsches nach reinen, vom Gedanken der Macht nicht befleckten Ordnungen. Die Heimat des revolutionären Künstlers ist ein Parnass, der von den ›Parnassiens‹ niemals erreicht wird. Es gibt keinen Palestrina, der nicht wünscht, von diesem Konzil gebilligt zu werden.« (SK, S. 32–33)

4.2. Sansibar

4.2.1. Sansibar oder die von allen mitverantwortete Welt

Das geduldige Zusammenstellen von politischen, ästhetischen und persönlichen Positionsbestimmungen des Autors aus der Mitte der 50er Jahre hat sich dann gelohnt, wenn diese, eigentlich letzte, entscheidende biographische Wende auch die kritische Lektüre der ersten beiden Romane erhellt und vertieft. Auch wenn die einhellige Akklamation in der Kritik der ersten Stunde auf den Nenner zu bringen ist, Andersch sei in *Sansibar* die Verbindung von kunstvoller Poesie und Interesse, Kunst und Politik, Zeitlosigkeit und den Zeitverhältnissen geglückt (Schütz, S. 46), zeichnet sich mit zunehmender Rezeptionsdistanz eine Auf- und Höherwertung der *Roten* gegenüber dem Reriker Drama ab.

Die Rote erscheint heute im Vergleich welthaltiger, nüchterner und bemerkenswert distanziert (Demetz, ÜA, S. 15), verfeinert in der erzählerischen Kombination aus Beschreibung und zitierten Gedanken, samt wirkungsvollem Kontrapunkt surrealer Passagen (des alten Fischers, voll magischer Grundworte) gegenüber der schnellen Spionagehandlung und dem Sitten-Pastiche venezianischer High Society. Wo Ingeborg Drewitz, bei aller Überkonstruktion der Fabel in der *Roten*, den Anfang eines Sichlösens aus der »Verkrampfung ins Engagement«, einer »schweifenden Erzählkunst« erkennt, die sie in sensibler Einfühlung mit dem für deutsche Schriftsteller seit je entkrampfend wirkenden Erlebnis der »farbigen Fremde« des Südens zusammensieht (S. 674–675), findet Burgauner das plastische Bild einer Steigerung vom »holzschnittartigen« *Sansibar* zur »Lithographie« der *Roten* (S. 430). Aber auch der zweite Roman bleibt bei aller Differenziertheit noch ein »streng stilisiertes zeitkritisches Panorama«, dem in der verwirrenden Vielfalt der Ausdrucksformen und des *plots* doch das »klassische Romanschema [...] des Erziehungsromans« zugrundeliegt. Auch hier ein utopisches Schema: dem moralischen Aufstieg der Roten korrespondiert, »mit einem deutlichen Hieb auf das süße Wirtschaftswunder-Leben«, der soziale Abstieg aus der »lasziven Oberschicht ins saubere Proletariermilieu« (K. M. Michel, ÜA, S. 99–101). Es war dieser moralische Schematismus, der Andersch 1972 lieber einen offenen Schluß des Romans für das gemeinsame Weiterleben von Franziska und Fabio wählen ließ.

Noch stärker ist bei *Sansibar* der Eindruck hermetischer Konstruktion. Häufig ist in der Kritik von einer »Modellsituation« die Rede, sowohl als erste *summa* der persönlichen politischen Erfahrungen (Demetz, ÜA, S. 12) wie des menschlichen Modellverhaltens, das der Moralist Andersch auf gefährdete Momente konzentriert, »weil er den Glauben an den Menschen bezeugen will« (Drewitz, S. 672). Einwände gibt es gegen die Art, wie in dem gekonnt knappen und dichten Gewebe der Handlung »die existentialistischen Verhaltensweisen, die zu demonstrieren sind, allzu leicht über die Ungewißheit der Erfahrung« triumphieren (Demetz, ÜA, S. 12), so daß das moralische Engagement, auf das Reflexion wie Fabel zielen, »die Gestaltung buchstäblich überlagert«:

> »So handeln die Personen wie vor einer Wand: ihr moralischer Impetus läßt ihren Charakter flächig erscheinen. Gregor als der Funktionär, dessen Vertrauen in die KP zerstört ist, und der sich, bindungslos geworden, in einer neuen, mitmenschlichen Aufgabe fängt: Pfarrer Helander in einer ähnlichen Lage seiner Kirche gegenüber: die Aktion, in der sein Leben gipfelt, als Bestätigung seines Ringens mit Gott, also auch seiner selbst; Knudsen in genauer Parallelentwicklung zu Gregor und das Klischee der Judith als das jüdische Mädchen auf der Flucht – sie alle sind Figuren in einem geplanten Spiel, das die Widerstandskraft des Menschen verdeutlichen soll.« (Drewitz, S. 672)

Das immer noch philosophischen Sartre-Versatzstücken verhaftete Engagement-Modell gewinnt sein strenges Konstruktionsschema aus dem in diesen Jahren biographisch belegten Versuch, den Übergang zu indirekten, weiter ausholenden epischen Formen der Zeitkritik zu erreichen, ohne auf Integrität in der politischen Substanz, auf aktuelle Implikationen zu verzichten. Aber die Reflexion überwuchert, wenigstens in den beiden Kernfiguren Gregor und Helander, die Aktion, erscheint auch hier und da als von der Rolle nicht gerechtfertigter Autorenkommentar: »Das Nichts treibt ihn an, das Bewußtsein, in einem Nichts zu leben, [...] der wütende Versuch, die Tatsache des Nichts, dessen Bestätigung die Anderen sind, wenigstens für Augenblicke aufzuheben« (SG, S. 140). Die didaktische Deutlichkeit in der Appellstruktur der ersten längeren Prosaformen entspricht dem psychologischen Zwang, die neue Freiheit des Erzählens gegen die Zweifel engagierter Mitstreiter wie Enzensberger am Wirkungsgrad von Romanen verteidigen zu müssen. Philosophisch die Mitte zwischen Sartres Résistence-Teleologie und Camus' Beharren auf einer repressionsfreien Welt der Brüderlichkeit haltend, sieht Andersch die Hölle nicht im Anderen und dessen versteinerndem Blick *(Huis clos)* generell, sondern in den ideologisierten »Anderen«, vor allem den gesichtslosen Helfeshelfern des NS-Faschismus. Die vielen Hinweise auf das »Böse« der Macht weisen weniger auf Sartre als auf die neuerliche Hinwendung zur Metaphysik; in Helanders Reflexion über die Theologie des *deus absconditus* und die Hölle als Gottferne in der Nähe Karl Barths (Helander denkt an die Lehre eines »Schweizer Kirchenmannes«, S. 91) und Bonhoeffers ist, zumindest quantitativ, der neue christliche Existentialismus Anderschs impliziert. Das auktoriale Rettungsmanöver (im plötzlichen, unwahrscheinlichen Erlöschen des Zollscheinwerfers) nützt der Autor, ebenso wie das Erscheinen der Schrift an der Wand, um die Nähe Gottes auch die Skeptiker ahnen zu lassen, eine Nähe, die sich am Ende mit der Nähe des Niedergangs des Faschismus im Konnotat des Menetekel andeutet.

Am stärksten Sartre verpflichtet ist die Handlungsführung, die alle fünf Protagonisten in die Situation bringt, sich nach eben erst erreichter Bindungslosigkeit für ein neues Engagement zu entscheiden, und zugleich für das Vertrauen zu einem bisher Unbekannten; sie bilden, in Sartres Worten, eine *groupe en fusion*, um ein Werk verfolgter Kunst und die rassisch verfolgte Judith zu retten. Der von jedem anders gedeutete »Lesende Klosterschüler« von Barlach fungiert in der von Kleistischer Dramatik inspirierten Novellenhandlung – Andersch beschäftigte sich in *Texte und Zeichen* ausführlicher mit Kleists Ästhetik – als »Falke«, als zentrales Symbol und zentrales Handlungsobjekt; alles, was Sartre über den »Pakt der Hingabe« in der gesteuerten Neuschaffung eines Kunstwerks im Akt der Betrachtung oder Lektüre gesagt hat, über die Anlage der Literatur auf Freiheit, über die Unmöglichkeit echter Kunst, als Aufforderung zur Unterdrückung einzelner oder Minderheiten (etwa Rassen) zu fungieren, ist in dieser holzgeschnitzten Konfiguration idealen Lesens versammelt. Wählte Andersch für seine erste, in US-Kriegsgefangenschaft veröffentlichte Erzählung, »Fräulein Christine« noch die emblematisch deutlichen Barlach-Plastiken »Der Rächer« und »Der Wanderer« als Symbole des Widerstands (das »stemmende Schreiten des ›Wanderers‹«, die »rasende und beschützerische Kraft des ›Rächers‹«, FC, S. 201), so läßt er nun, zehn Jahre später, dem Leser die Freiheit der Deutung in den angebotenen Interpretamenten seiner Figuren, durch deren variierende Deutung die Barlach-Skulpur ihre immer neuen Perspektiven erhält – ein exemplarischer Apperzeptionsakt der Kunstdeutung und Leserphänomenologie. So erhält der »Lesende Klosterschüler« dieselbe perspektivische Bedeutungsdynamik, die der Autor den anderen Romanfiguren verleiht; mit den Barlach-Figuren der frühen Erzählung hat er die Wirkung gemeinsam: »So dicht und geschlossen, wie wirkliche Körper, die unter einer dünnen Holzhülle atmen« (FC, S. 201).

Was jeder einzelne in das verfolgte Kunstwerk hineinsieht, markiert die psychologischen Entwicklungsstadien und gibt dem Autor Gelegenheit, unaufdringlich die philosophischen Linien auszuziehen. Die Handlung vor dem düsteren politischen Hintergrund immer totalerer faschistischer Gleichschaltung im Jahre 1937 in der kleinen Ostseehafenstadt Rerik – am Rande des »Hoheitsgebiets der Drohung« bleibt die freie, kalte Oktobersee am Hoffnungshorizont der fliehenden Hauptfiguren immer sichtbar – führt fünf Illegale zusammen: zwei abtrünnige KP-Mitglieder, Gregor, den jungen Parteifunktionär vom ZK und Knudsen, den letzten kommunistischen Fischer von Rerik, der sich seiner pathologischen Frau zuliebe gerne anpassen möchte, bis alles vorbei ist; Judith, die weniger konturiert geratene Jüdin aus dem Hamburger Villenviertel (ihre Flucht ist das Testament der Mutter, die in den Selbstmord ging); Helander, der Pfarrer der Bekennenden Kirche, mit seinem Gott zerfallen und todkrank, und das »entartete« Kunstwerk, das am folgenden Morgen konfisziert werden soll. Knudsen soll Judith und die Barlach-Figur nach Schweden bringen. Gregor gelingt, gegen alle Ressentiments Knudsens und die Gefahren der Flucht, die »private«, die menschlich »richtige« Aktion. Er bleibt allein zurück, der Pfarrer opfert sich.

»Andersch versteckt die zentrale Bedeutung von *Sansibar* ironisch in der Parteibotschaft, die Gregor der schrumpfenden Gruppe seiner Reriker Genossen bringen sollte: da der politische Druck der Nazis wächst, beschließt die Partei, ein Netzwerk aus illegalen Kämpfern in kleinen, aus fünf Genossen bestehenden Zellen aufzubauen, die den anderen Zellen unbekannt sind und deshalb bessere Überlebenschancen haben. Wider die Intention der Partei schließt Gregor wahrhaftig eine neue Gruppe auf fünf Menschen zusammen, die in ihren spontanen Entscheidungen die Freiheit gewählt haben; sie sind die exemplarische Fünferzelle, auf der die Zukunft der Menschheit ruht« (Demetz, ÜA, S. 14).

Seiner zentralen Rolle entsprechend, ist Gregors Reaktion auf den Lesenden Klosterschüler am meisten ausdifferenziert; er sieht die zarte, intellektuelle Konfiguration eines zuerst hingegeben, dann kritisch Lesenden (»Sein Körper [...] durfte offenbar den jungen Mann beim Lesen nicht stören«, S. 39) nicht ohne ästhetische Signale (»Seine Augenbrauen mündeten wie Blätter in den Stamm der geraden Nase, [...] sein Gesicht war ein fast reines Oval«). Zunächst spiegelt die Figur Gregors Schulungszeit in der Lenin-Akademie, seinem »Kloster«. Als die Revolution »ihre Kinder entließ« (Andersch muß das 1955 erschienene Abkehrbuch Wolfgang Leonhards gelesen haben), die Freundin an der Akademie einer Säuberung zum Opfer fiel, er selbst entdeckte, daß Spontaneität, freie Entscheidung, »privater« Altruismus keinen Raum in der Parteistrategie haben, erst recht nicht Phantasie und ästhetische Sensibilität (das Tarasovka-Erlebnis), ist sein »Verrat« beschlossen: die Figur zeigt ihm nun einen Menschen, der sich nicht »von den Texten überwältigen läßt«, »ohne Auftrag lebt«. Als Gregor von Helander erfährt, daß die Figur in Gefahr ist, versteht er sofort, »warum die Anderen den jungen Mann nicht mehr sitzen und lesen lassen wollten. Einer, der so las wie der da, war eine Gefahr«. Fast instinktiv beschließt er, bei der Rettung zu helfen und nimmt den brüderlichen Dialog mit Barlachs Gestalt auf: »Komm mit, du mußt eine Seereise machen« (S. 51–52). Der Parteiauftrag zählt nun nicht mehr.

Als Gregor den in der verfolgten Figur angelegten Gedanken längst gefaßt hat, in einfacher Mitmenschlichkeit den bedrohten »Nächsten«, Judith, zu retten, erkennt er, sich dem Denken Helanders nähernd, daß Kuriere Mönche sind (S. 105). Um Judith begreiflich zu machen, daß sie den Selbstmord der Mutter nicht als »Unfall« sehen soll, sondern politisch bedingt, überrascht er sich selbst mit seiner neuen Wandlung: »Früher hätte ich etwas von Faschismus gesagt, von Geschichte und Terror. Er ist eine kleine Ziffer im Plan des Bösen, sagte er schließlich. Genauso, dachte er im gleichen Augenblick, würde der Pfarrer seine Antwort formuliert haben« (S. 102). Fortan zwischen »Genosse Klosterschüler« und dem Club derer schwankend, »die sich verschworen hatten, niemandem mehr zu gehören« (S. 108), sieht Gregor am Ende, allein geblieben, seine Zurückgeworfenheit auf die einsame Existenz in Gefahr noch einmal in der Figur gespiegelt, die »so allein liest wie er« und (in einem Satz »allein« fünfmal wiederholend) kompensiert er die Trennung von Judith mit dem Gedanken an die ungebundene Figur, die fortgehen kann, um »draußen« allein zu sein (S. 128).

Doch durch die abschließende Perspektive Helanders wird diese gesellschaftlich nicht haltbare, in der Weigerung bleibende Haltung aufgehoben durch die Wertung seines mitmenschlichen Handelns als »richtig« und selbstlos; Helander sieht in Gregor einen der »Boten und Söhne« (das biblische Gleichnis vom verlorenen Sohn konnotierend), und die Zufalls-Reflexion Gregors, die darin endet, die Kausalität der Kirchen annehmbarer zu finden als jene des dialektischen Materialismus (S. 122) bedeutet eine, in der Schwebe verbleibende, Annäherung der Positionen. Die renegate Haltung zu Gott, der »das Reich den Anderen überließ« (S. 142) wird dialektisch unterstrichen durch die Unverbindlichkeit einer Theologie, deren Symbole dem NS-Staat ungefährlich erscheinen, der sie sogar usurpiert, um sich des Deutschen Christen als Mitläufers zu versichern:

> »Da drinnen sitzt er und wartet jetzt, dachte Helander, mein kleiner Mönch, der das innerste Heiligtum meiner Kirche ist, weil die Anderen ihn holen wollen. Ihn wollen die Teufel holen, nicht das Christusbild auf dem Altar wollen sie haben, das Bild Gottes, sondern das Bild des jungen Lesers, des Gottesschülers. Es ist unmöglich, ihn den Teufeln zu überlassen, dachte der Pfarrer. Es ist ebenso unmöglich, daß ich dieses Martyrium auf mich nehme« (S. 92)

Daß Helander dennoch die Kraft findet, die vorgezeichnete Flucht ins Krankenhaus nicht anzutreten, sondern sich zu opfern, legt ihm, zunächst wie ein »vorbeiwischendes Irrlicht« die Einsicht nahe, Gott sei »vielleicht garnicht so fern« (S. 93). Als er am Ende die Schrift zu lesen glaubt, und ihm durch den einen getöteten Gestapo-Mann (den zu erschießen Gott ihm erlaubte, »weil er das Leben liebt«, S. 144) in dem notwendig folgenden Kugelhagel der NS-Handlanger die Folter erspart bleibt, fühlt er sich endlich, an der Todesschwelle, »lebendig«, mit derselben Gewißheit, mit der er das verfolgte Kunstwerk, »die junge Seele der Kirche«, gerettet weiß.

Für den 15jährigen Jungen, dessen Träume von Sansibar dem Roman die utopische Dimension im Titel verleihen, entwickelt sich die Barlach-Figur von einer »Figur aus der Kirche«, die er nach der Konfirmation mied, zu dem brüderlichen, leidenschaftlichen Leser, der alles lesen darf, »was er will« (S. 136). Aber die kindliche Trotzhaltung, die sich den Lesenden als einen vorstellt, der einfach »abhaut«, auf niemanden Rücksicht nimmt, »egal, was er zurückließ« (S. 136), macht einer neuen, überraschenden, noch eher geahnten als bewußten Mitmenschlichkeit Platz. Die Fabel von *Sansibar* führt die Figuren nicht nur zum »Sich-herausfallen-lassen« aus der erkannten Unfreiheit (dem Thema der *Kirschen*), sondern zu einer existentiellen Annahme von Verantwortung für den Anderen, die beispielhaft gemeint ist. Der Satz am Ende des Gedenkblatts zum

ersten Weltkrieg (»Aus Torheit?«, 1954), der die Soldaten ernüchtert aus den Gräben von Verdun mit der Einsicht entläßt, daß die
Welt »von allen verantwortet werden muß« (AL, S. 409), dieser
»neue Welt-Entwurf« wird exemplarisch in der Entscheidung des
Jungen am Romanende eingelöst. Die aus Anderschs Kurzgeschichten vertraute, unerwartete, und durch ausgesparte Reflexion umso
wirkungsstärkere, Schlußpointe in zwei Sätzen demonstriert einen
einschneidenden Gesinnungswechsel. Statt das bereits erreichte
Schweden als Sprungbrett für die Träume von *Sansibar* und Mississippi zu nützen (Andersch läßt keinen Zweifel an der konkreten
Überlebensfähigkeit des Jungen in der neuen Freiheit einer abgelegenen Blockhütte), kehrt der Junge zu Knudsen zurück, hilft diesem
aus seiner sonst unhaltbaren Lage (sollte er allein nach Rerik zurückkehren, erwartet ihn Verhaftung wegen Fluchthilfe) und zieht so,
spontan handelnd, neue Mitverantwortung der bereits greifbaren
Freiheit vor; Knudsen wird ihm (wie Demetz bemerkte) ein neuer
Vater sein. Viel von der Frische des Lesevorgangs beruht auf den
knappen, alternierend zur Haupthandlung eingefügten Kurzgeschichten des Jungen, die die Problematik von Bedrohung und
Unfreiheit auf der Schwelle zum Erwachsensein unbefangener, indirekter, anarchischer, unverstellter spiegeln. Heißenbüttel hat auf die
belebende Funktion einer Perspektive hingewiesen, die das »einfache Menschliche«, um das es geht, beweist, indem sie die Aktion »als
ein Abenteuer voller Spannung und mit offenem Ausgang«, eben
durch den Jungen, erleben läßt (ÜA, S. 86): »Denn die Abstraktion
des Menschlichen, die als das eigentlich Verderbliche sichtbar wird,
zeigt sich ebenso wie in der Vergewaltigung durch Regime und
Partei in der Überwältigung durch das Handlungsschema.«

Das künstlerisch brillante Verfahren, die Antwort auf die sich mit
ihren Zweifeln quälenden Erwachsenen (in der Widerstandssituation der NS-Zeit) in Empfindungs- und Handlungsweisen des pubertären Jungen zu verlegen, ihm die Schlußpointe so zu übertragen,
daß sich die Erzählung am Ende öffnet, holt den Romantitel ein, um
ihn zu widerlegen. »Der Mythos vom Fortgehen ins Elementare«,
aus der Koeppen-Kritik vertraut, und mit Sansibar gemeint, für
einen Augenblick intensiv verwirklicht in der Robinsonade der
schwedischen Blockhütte, kann als Welt-Entwurf eines Inseldaseins
(auch darin Hemingways Donne-Motto in *For Whom the Bell Tolls*
aufnehmend) gerade in der geschlossenen Gesellschaft nicht taugen,
weil die Menschen, die bemüht sind, sie offen zu halten, einander
umso mehr brauchen. Das Verfahren rettet den Roman bei aller
Durchkomponiertheit auch für den Leser, der sich über das Zeitdokument hinaus für das Psychologische und menschlich Grundlegen

de interessiert; er muß die schematisierten Innenansichten der Figuren in den eingeschobenen Passagen des Jungen auf dessen Psyche teleskopieren, sie auf ihre pädagogischen Implikate prüfen, etwa auf das Recht des Jungen, »Fragen zu stellen« (S. 81), auf das es Gregor und Andersch so sehr ankommt – später natürlich Fragen zur NS-Zeit. Kein Wunder, daß trotz der ästhetischen Verfahren des Romans der »klassischen« Moderne die Schulen den Text nach wenigen Jahren für sich entdeckten. Das muß aber nicht gegen seine Erzähltechnik und Relevanz sprechen (wie Schütz meint, S. 46); niemand käme auf den Gedanken, William Goldings *Lord of the Flies* (1954) oder Camus' *L'Etranger* (1942), denen dies in den Kollegstufen nicht nur ihrer Länder widerfuhr, für hermeneutisch abgelagert oder erledigt zu halten.

4.2.2. Psychogramm des Terrors

Manfred Durzak hat in seinen Analysen der Andersch-Kurzgeschichten auf die erzählerische Meisterschaft aufmerksam gemacht, in knappen »Momentaufnahmen« die jeweilige Wirklichkeitserfahrung des politischen Konfliktstoffes der Zeit so zu bündeln, daß »wie in einem Prisma das ganze Spektrum« erscheint (*Die deutsche Kurzgeschichte*, S. 140). In einer solchen seismographischen Erzählung aus der Trümmerzeit, »Vollkommene Reue« (sicher unter dem Eindruck der deutschen Graham-Greene-Übersetzungen zwischen 1948 und 1951 entstanden) ist die leserbezogene Funktion der naiven, im Lektüreakt auszuschraffierenden Perspektive des Kindes, die die wichtigsten semantischen Konnotate enthält, vorgeformt. Ein katholischer Priester kann sich nicht rechtzeitig dazu durchringen, einem armen, aus dem Osten geflüchteten Mann die Absolution zu erteilen, weil dieser die kleine Tochter dafür schlug, daß sie eine unter Opfern gekaufte Puppe im Spiel zerstörte. In einer Szene, die an frühe Staudte- und Lamprecht-Filme erinnert (*Irgendwo in Berlin*, 1946), werden die selbstquälerischen, ineinandergeblendeten Reflexionen von Priester und Vater durch einen zweimal hineinmontierten, hart abgesetzten, Schnitt auf den Bewußtseinsstrom des Kindes unterbrochen, das auf dem Trümmerberg spielt, die Puppe schon fast vergessen und dem Vater längst verziehen hat. Einzig und allein der Leser ist in der knappen, aber konnotatreichen Montagestruktur in der privilegierten Position, die Zweifel des Vaters und des Priesters (»Gott, warum schlägst Du uns?«, GL, S. 61) aus der fraglosen Zuneigung einer durch die Gedanken des Kindes längst erfolgten Absolution (»Hoffentlich kann man die Puppe reparieren, damit Pappi nicht mehr so traurig ist«, S. 57) wahrzunehmen. In

Sansibar werden die hier ineinanderteleskopierten Probleme vertieft und, bis in die Träume Helanders hinein, existentiell zu einem vielfach aufgebrochenen Seismogramm der Einsamkeit ausgeformt; aber auch einem Seismogramm des soziopolitischen Konfliktstoffes, der hier nicht (wie Ernst Fischer an Thomas Manns *Faustus*-Roman bemängelte) im Psychologischen oder metaphysisch Spekulativen »verdampft« (*Dichtung und Deutung*, 1953, S. 313ff.): wie die Spiegelungen der Freiheitsprojektionen im »Lesenden Klosterschüler« und die Stadien der KP-Strategie gezeigt haben, wie sich aber auch an der konnotatgeladenen Ambiguität der wichtigsten Symbole erweist (die freie See und ferne Insel, Türme und leere Wand, Fahnen, Vogel und Fisch), ist der komplette Katalog an Defizienzen demokratischer Menschen- und Bürgerrechte in der NS-Zeit mitenthalten.

»Alle Figuren Anderschs sind einer Drohung, einem Druck ausgesetzt. Allen wird die Möglichkeit geboten, diesem Druck zu entkommen. Die Auseinandersetzung mit diesen Angeboten ist eine moralische. Die Grundsorge, die der Autor in allen seinen Figuren zum Ausdruck bringt, ist die Sorge um die Integrität des einzelnen. Andersch ist der eindeutigste Moralist der deutschen Nachkriegsliteratur. Er ist ferner der am stärksten überzeugende Moralist, denn seine Sorge schließt den Bereich des Politischen ein und die Psychologie keineswegs aus. Ein Meister in der Darstellung von Menschen, dessen Psychologie nicht um das Problem der Neurotik kreist, ist heute eine große Seltenheit.« (Burgauner, S. 436)

Das Psychologische trägt in dem ersten Roman nach den *Kirschen* noch eine so stark autobiographische Signatur, daß alle drei Hauptfiguren, der Junge, Gregor und Helander, Durchgangsstationen der eigenen psychischen Genese darstellen. Die wiederentdeckte Erstveröffentlichung *Erste Ausfahrt* mit der ursprünglichen Titelfassung *Sechzehnjähriger allein* (im undatierten Nachlaßtyposkript; vgl. auch Wehdeking, NR 92, 1981, H. 4, S. 137ff.) belegt eindeutig, daß Andersch in der Situation des Jungen und seiner Abenteuersehnsucht bis in die Altersangabe genau die eigene Lebensstimmung von 1930 nachzeichnet; auch in *Erste Ausfahrt* färbt der Zeithintergrund von 1943/44 (die Zeit der Niederschrift) die Stimmung des bedrohten Eingeschlossenseins, angedeutet in der später oft variierten Vogelflug-Metapher mit dem Wunsch nach »draußen« und Freiheit (»Schwebend und entzückt gleich einem Vogel hing Werners Blick an dem Kamm des Gebirges«). Die eigenen Enttäuschungen des Jahres 1933 sind auf die Vorwürfe Knudsens und Gregors an die Adresse der KP verteilt. Die Passage über den »kalten Romantiker« (ein Nachhall der frühen Conrad-Lektüre) und »Aktionsspieler« Gregor, der »seine Figuren«, »den Genossen Klosterschüler und das jüdische Mädchen, den einbeinigen Pfarrer und Knudsen, den Fischer mit der irren Frau«, über ein Schachbrett aus bedeutungsschweren Farbchiffren ziehen läßt (SG, S. 79), stattet Autor und Identifikationsfigur mit denselben schöpferischen Privilegien aus; die Metapher vom historischen »Sandkastenspiel« in *Winterspelt* deutet sich an. Helander, schließlich, ist Anderschs »Wunschbild vom eigenen Vater« (Demetz, ÜA, S. 14; Schütz, S. 53). Von den physischen und biographischen Übereinstimmungen bis zu den Träumen, die Andersch *als* Helander träumt (»Der Seesack«, AL, S. 90), geht die Vater-Sohn-Beziehung zu dieser Figur.

In seinem Memoiren-Torso betont der Autor, auf Freuds *Traumdeutung* hinweisend, und dessen These vom Traum als Wuncherfüllung meinend, die Nähe zu Helander, dem er zwei seiner wenigen aufgezeichneten Träume unterlegt. Der hohe Grad von Identifikation mit allen drei Figuren legt es nahe, ohne zu überinterpretieren, die Nähe zu Freuds vertrauter Ich-Trias als eine mögliche Leseart anzudeuten; den pubertären Jungen als noch im »Es« befangen, Gregor als das Wunsch-»Ich« des Autors zu sehen, und Helander als eine Teilkonfiguration des Eltern- und »Über-Ich«:

> »Einmal hatte er monatelang die Schriften Freuds studiert, um eine Erklärung für seine Träume zu finden, und er hatte festgestellt, daß dieser Mann, den er von da an bewunderte und liebte, in der Tat die Geheimnisse im Vorhof der Seele gelöst hatte: Helanders Träume waren Symbole unterdrückter Triebe, Bilder von Liebe und Tod. Aber [...] ihre Handlung war nicht so wichtig wie ihre Stimmung, die ihn in eine Welt aus Ödnis, Schmutz, Dämmerung, Kälte und Hoffnungslosigkeit einschloß und zuletzt in eine furchtbare Leere [...]« (SG, S. 138)

Die in erster Linie für die Figurencharakterisierung wirksamen Traumpassagen – private Implikationen bleiben durch die in der Traumarbeit auftretenden Verschiebungsfaktoren verschlüsselt – lassen sich innerhalb *Sansibars* Bedeutungsgeflecht als moralische und metaphysische Wünsche *ex negativo* (und weniger als triebbedingt) verstehen. Das Hotel der Selbstmörderin liegt in einem »Totenreich«, das die Bordellstraßen von Lille empirisch genau lokalisieren, wo »Frontsoldaten und Etappenschweine in Schlangen vor den Häusern standen« (S. 137). Die Anima der einzigen, in der Männerwelt des Kriegs und der verdinglichten Liebe visionär auftauchenden Frau muß, in der erniedrigten Warenfunktion »Fleisch in Uniformen« (S. 143) dienend, fliehen: der Todeswunsch schließt denjenigen nach einer reiferen Anima-Verkörperung beider Geschlechter ein. Die riesige Schaukel, über einer dunklen einsamen Fjordlandschaft aufgehängt, wäre in ihrem Schwingen zwischen Wasser und Himmel in der Tat für den Leser ein Bild äußerster

Sinnlosigkeit und traumatischer Fallbeklemmung, wenn Helanders Erlebnis intensiven Lebens an der Todesschwelle nicht in die Sinnerfüllung im Widerstand, deutlich im Erscheinen der Schrift, münden würde.

Lévi-Strauss hat in der Einleitung zu *La pensée sauvage* (1962) von dem ästhetischen Umkehr-Reiz in der Erkenntnisbefriedigung gesprochen, der dadurch entsteht, daß man am Modell, anders als in der komplexen Wirklichkeit, vom privilegierten Blick aufs Ganze zu den Einzelteilen vordringen kann; der Verlust natürlicher Ausmaße werde, analog der Wirkung von Kunst, im verkleinerten Modell durch den Erwerb intelligibler Ausmaße mehr als wett gemacht. Im Prisma der Barlach-Figur, deren geringe Ausmaße (weniger als ein halber Meter hoch) und Leichtigkeit wiederholt hervorgehoben werden, kann der Leser das in 37 Erzählabschnitte aufgebrochene, in ständig wechselnden Perspektiven erzählte Spektrum der Reriker Fünf so konzentriert erleben, wie in einem verkleinerten Modell. Dagegen zwingt ihn das »streng durchgehaltene Prinzip der simultanen Figurenführung« (Bienek-Interview, S. 142) und die erst allmählich, in immer neuen Rückblenden eingeholte Vorgeschichte der Fünf, zu dem umgekehrten, der Wirklichkeitserfahrung analogen Verfahren.

Es hat nicht an Versuchen gefehlt, den Eindruck der Einfachheit bei aller komplexen Montage zu erklären. Andersch selbst hat noch 1961 den durchkomponierten Roman, »dessen Textstruktur mit derjenigen eines vollkommenen Gedichts identisch ist«, als Ideal betont (Bienek, S. 139). Die erfolgreichen Versuche, Anderschs Beharren auf existentieller Vereinzelung in jenen Jahren in der Erzählstruktur wiederzufinden, bestätigen Roman Jakobsons Theorem (über die Tendenz poetischen Diskurses, aus der Achse der Selektion auf die Achse der Kombination zu projizieren) als Leistung dieses auf poetische Durchformung angelegten Romans. Käte Hamburger hat die Wirkung der Figurengruppe in *Sansibar* mit Rodins *Bürgern von Calais* verglichen, weil der Leser die Gestalten bei aller Dramatik (etwa in den Regieanweisungen als Kapitelüberschriften, Konzentration auf Einheit von Ort und Zeit, Peripetie klassischen Dramas) nicht primär in Dialog und Begegnungsdramaturgie erlebt, sondern »jede in ihrem Fürsichsein, jede versenkt in ihre eigene Situation und Not, letztlich also schweigende, in sich verschlossene und abgeschlossene Gestalten« (DU 11, 1959, H. 4, S. 11 ff.). Das in die erlebte Rede stereotyp zwischengeschaltete »dachte sie/er« mutet zwar konventionell an, wird aber von Andersch subtil zum Übergang in direkte Rede genützt, so daß der Eindruck entsteht, in eine noch tiefere Bewußtseinsschicht vorzustoßen; diese Funktion mit einer »Eingangspforte aus der Außenwelt in die schweigende und einsame Innensphäre des Bewußtseins« vergleichend, weist Käte Hamburger auf das mögliche Vorbild Virginia Woolfs (*Mrs. Dalloway*, 1925), die Andersch in der Tat genau las und öfter zitierte, aber er besteht mit diesem Stilmittel weit stärker auf individueller Isolierung als die Engländerin.

Der interpolierte Kurzgeschichten-Zyklus des Jungen ist bis in die kommentarfreien Parataxen hinein eine *hommage* an Hemingways Nick-Adams-Geschichten (*In Our Time*, 1925), die im Understatement wie in schockierenden Lernprozessen über die brutale zwischenmenschliche Realität (»Indian Camp«, »The Battler«) dem Heranwachsenden Erfahrungen existentieller Einsamkeit vermitteln. Die durchgehende Montagestruktur hat in Faulkners *As I Lay Dying* (1930) ihr exzessives Vorbild experimenteller Moderne; auch dort erreichen die 14 Perspektiven in 59 Kurzkapiteln erst in der Zusammenschau und in durchgängigen Grundsymbolen die komisch-heroische Balance, auf die es Faulkner bei der grotesken Schilderung eines Sarg-Transports über epische Distanz ankam. Wie bei Faulkner ist in *Sansibar* die personal erzählte Einzelperspektive Medium einer Sicht von innen nach außen. Burgauner hat gezeigt, wie der Autor seine Gestalten in empirischer Neugier begleitet, sie aber nicht von außen zeigt, sondern durch die Objekte ihrer Blicke: »Ihre Augen befinden sich nicht im Scheinwerferlicht des Erzählers, sondern sie sind seine Scheinwerfer – die freilich meist nach innen gerichtet sind« (S. 424). Die existentielle Vereinzelung geht bis in die Mikrostruktur der Sätze. In stoßenden, sich überlappenden, aus der Assoziation herausgetriebenen kleinen Einheiten bricht Andersch die Syntax noch bei den kompliziertesten Reflexionen in Parataxen auf.

Eine solche, wenn auch abgemilderte und postmoderne, Aufnahme der empirischen Erzähltradition der anglo-amerikanischen 20er und 30er Jahre, verbunden mit einer bei Thomas Mann gelernten Technik leitmotivischer Einbettung in ein dichtes Netz semantischer Bezüge, stieß in ihrer Kunstfertigkeit auf Bewunderung, aber auch Mißverständnisse. So konnten Reich-Ranicki, Beda Allemann, Walter Muschg und Eberhard Horst vor allem den Kunstcharakter hervorheben, politische Botschaft und aktuelle Relevanz vernachlässigend: »*Sansibar* enthält doch weder eine Abrechnung mit dem Nationalsozialismus noch ein stilisiertes Bild der damaligen Verhältnisse [...] Mit der Historie hat dieser Roman nichts zu tun« (Reich-Ranicki, 1963, S. 107). Das Bedenkliche eines, durch das gestaltete Kunstwerk »gleichsam aufgesaugten« Grauens, die Alibifunktion der Lektüre einer »stilistisch untadeligen Hohen Schule des Vergessens« (Kay Hoff, 1957; vgl. Schütz, S. 45, 57) sind Einwände auf der engagierten Gegenseite, die Adorno in jenen Jahren am konsequentesten in seiner These vom unhaltbaren Gedicht nach Auschwitz formuliert hat. Auch hier gelten, alles in allem, Mitscherlichs Befunde über die versäumte, notwendige Trauerarbeit im Steinbruch der NS-Zeit, und Anderschs hohe Meinung vom Wert des Erzählens von Menschen, das sich der Möglichkeiten der Kunst nicht begeben darf, will es auf den Leser wirken.

Adorno hat in einem langen, dialektisch mit sich ringenden, Aufsatz über »Engagement« (*Noten zur Literatur* 3, 1965) noch einmal die Frage gestellt, ob Kunst angesichts der Folter überhaupt noch sein dürfe; denn »durchs ästhetische Stilisationsprinzip [...] erscheint das unausdenkliche Schicksal doch, als hätte es irgend Sinn gehabt« (S. 127). Dennoch, zögernd, gesteht er sich die bleibende Relevanz von Kunst ein, für die es keinen Ersatz gibt:

> »Aber jenes Leiden, nach Hegels Wort das Bewußtsein von Nöten, erheischt auch die Fortdauer von Kunst, die es verbietet; kaum wo anders findet das Leiden noch seine eigene Stimme, den Trost, der es nicht sogleich verriete. Die bedeutendsten Künstler der Epoche sind dem gefolgt. Der kompromißlose Radikalismus ihrer Werke, gerade die als formalistisch verfemten Momente, verleiht ihnen die schreckhafte Kraft...« (Adorno, S. 126)

4.3. Fabios Rote und beider Dritte Möglichkeit

> »Bei einem Sechstagerennen konnte ich mir Alfred Andersch nicht vorstellen, auch nicht in einer Spielautomatenhalle, sehr wohl aber bei einem Pferderennen [...] in Ascot, angloman wie er war mit aristokratischen Elitevorstellungen, und hätte er nicht selbst ein Pferd laufen gehabt, so hätte er doch mit dem Gedanken gespielt, auch das nicht aus bloßem Snobismus, sondern weil er, denke ich mir, über einen in Traditionen verwurzelten Spieler hätte schreiben wollen, der gleichzeitig von ganz anderem angezogen war – für eine sozialistische oder Umwelt schützende Partei kandidierte, der er auch noch die Wahlplakate entwarf.
> In seinen Romanen hatten mich mehr die Frauen als die Männer interessiert. Sie hatten etwas Verletzliches, Aufrührerisches, Verwegenes – und sie gingen ihre Wege. Junge Frauen. Sie verkörperten Neinsagen, Flucht, Entschiedenheit, Träume – und Zukunft weit über den Schlußpunkt auf der letzten Seite hinaus. Vorstellbar sogar eine Frau mit einem Revolver in der Hand. Eine Frau, die schießt. Eine Frau, die schoß. Eine Frau, die geschossen hatte.« (Elisabeth Plessen, »Katzenjammer«, in: *Zu machen, daß... Geschichten*, 1981, S. 77–78)

Über Anderschs *Die Rote* das Urteil deutscher Schriftstellerinnen als zuständiger befragend (die auch germanistische Lehrjahre absolviert haben, Kritiken von Rang schreiben, unkonventionell und weltoffen denken), findet man Joachim Kaisers Nachruf-Einschätzung bestätigt, beginnend mit der *Roten* seien die Romane »immer noch nicht sozusagen ›eingeordnet‹« (ÜA, S. 270). Es geht um das mondäne Element in der *Roten*, in der Titelfigur wie im Gesamtkonzept; als ob die Handlung und ihr Milieu Ausdruck eines paradoxen Snobismus bei einem Autor wären, der sich doch unmißverständlich für eine sozialere und brüderliche Welt einsetzte. Über das Qualitätsgefälle von *Sansibar* zur *Roten* urteilt Elisabeth Endres, anders als Ingeborg Drewitz, daß der spätere Roman nur einzelne meisterhafte Passagen enthielte: »Nur das andere, das frühere Buch von 1957, war als Ganzes hervorragend. Man muß sich nie ärgern. Das Elitebewußtsein von Andersch, das später hin und wieder zum reinen Snobismus wurde (ach, wie schön sind die rothaarigen Frauen, die ihren Männern und Geliebten durchbrennen!), war hier eingebettet in eine strenge Ethik und in eine sehr unmittelbare Sympathie für seine Personen« (*Die Literatur der Adenauerzeit*, 1980, S. 220). Gerade das aber, der Mangel an unmittelbarer Sympathie für Anderschs Figuren in der *Roten*, wertet Demetz als Zugewinn an erzählerischer Reife, weil der »bemerkenswert distanzierte Roman« in der »lebhafteren und urbanen Sphäre« Venedigs mit seiner »oszillierenden Vergangenheit« nicht, wie Elisabeth Endres möchte, strenge Ethik zuläßt, sondern »dem arbeitenden Romancier eine bessere Chance« bietet, »abstrakte Situationen mit didaktischen Obertönen zu vermeiden« (ÜA, S. 14). Der Komparatist und vorzügliche Realismus-Interpret findet für die weniger aus struktureller Notwendigkeit als »unzimperlicher Spannungsregie« (Koebner, S. 21) eingeflochtene Kriminalhandlung, deutlichster Kritikpunkt aller abwertenden Rezensionen, eine Apologie auf hohem Niveau: vermag Andersch doch »mit Graham Greenes besten Unterhaltungsromanen erfolgreich zu wetteifern; außerhalb Deutschlands ist es kein Vergehen, Romane zu schreiben, die Weltsicht und Spannung verbinden« (ÜA, S. 15). Aus demselben engagierten Erwartungshorizont heraus, mit dem man Andersch in *Texte und Zeichen* eine, auch finanziell nicht überlebensfähige, Esoterik nachwies, steht mancher literatursoziologische Kritiker nun staunend vor dem Bestseller-Phänomen und reagiert gereizt: »*Die Rote* wurde 1960 zunächst als Fortsetzungsroman in der *Frankfurter Allgemeinen Zeitung* veröffentlicht und schien sich diesem Medium bereits durch den Titel angepaßt zu haben. Tatsächlich ist der Roman in ›mondäner‹ Atmosphäre angesiedelt [...]« (M. Koch, S. 211); nach den erfolgreichen Verkaufszahlen (13 Übersetzungen und 400000 deutsche Gesamtauflagen bis 1979) resümiert solche

Kritik, Reich-Ranickis apodiktischem Fehlurteil über die psychologisch gänzlich unglaubhafte Titelfigur folgend, die Schwächen: ästhetische Überkonstruktion, zugleich die ungenutzte Gelegenheit, durch die erst am Ende zusammengeführten Perspektiven Fabios und Fanziskas »das Romangeschehen unter zwei Aspekten darzustellen« (Wittmann, S. 51), so als ginge es um ein relativierendes Haushaltsmodell der Ausgewogenheit. Die sorgfältige Architektur der semantischen Bezüge in den interpolierten Kriminal-, Schauer- und Kunstdeutungspassagen gänzlich übersehend (»eine kleine, in keinem Zusammenhang mit der Handlung stehende Parabel vom Kampf einer Ratte mit einer Katze«, Reich-Ranicki, S. 119), lobt man den Stil herausgelöster Textstellen, etwa die Beschreibung Venedigs vom Campanile des Markusplatzes. Bemerkenswert einsichtig sind dagegen Karl Markus Michels Beobachtungen über den »Erziehungsroman« zu einem authentischeren, integren Leben Franziskas in einem »streng stilisierten zeitkritischen Panorama« (ÜA, S. 100–101), sowie Walter Heists Insistieren auf die »menschliche Eigenständigkeit« Franziskas, die es Andersch erlaubt, die »Handlungs-Demonstration« des Ausbruchs aus dem Wirtschaftswunder erfolgreich zu führen; Heist sieht in Franziska wie Crepaz nicht resignierende, sondern so eindeutig »aktive« Gestalten, daß ihr Abwarten eine »durchaus positive politische Verhaltensweise bedeutet: »Irgendwann, irgendwo eröffnet sich hinter diesen beiden Gestalten eine neue (die neue) Aktion« (»Flucht in die Arktis?«, Merkur 24, 1970, S. 453).

Die Kritik der ersten Stunde fiel für Andersch sicher nicht nur deshalb so ungünstig aus, weil er Erwartungshaltungen erfolgreich provozierte; die Stärke einer ausbrechenden Frau, die nicht mehr in der (gut situierten) Lüge leben will, ist uns inzwischen weit geläufiger geworden und seit Peter Schneiders *Lenz* (1973) und Rolf Dieter Brinkmanns *Rom, Blicke* (1979) ist die Solidarität unter den Studenten und Arbeitern Trients und Roms als Alternative für den deutschen Leser plausibler. Entscheidend für die kontroverse Aufnahme war die zu dieser Zeit in Mode gekommene Erzählstrategie des *nouveau roman* (vgl. Bienek, S. 143 ff.); mit seinem genau notierten, in sorgfältigen Korrespondenzen gearbeiteten Stilkonglomerat aus symbolistischer Dichte der Semantik, romantischen Motiven des Schauerromans und neorealistischen Alltagsskizzen stand der Roman quer zu Maßstäben, die ihn überdefiniert erscheinen ließen. Was den umstrittenen Schluß in der Manier des Neorealismus betraf, sah sich Andersch genötigt, im Bienek-Gespräch das Wohnen in dem Ghetto-Haus und Franziskas Arbeit in der Seifenfabrik nur als »vorübergehende« Notlösung zu verteidigen. Das Gewicht dieser Lösung am Romanende gab ihr symbolische Signifikanz und mußte zu Mißverständnissen der Deutung führen. Die Endfassung von 1972 ohne den Epilog hat, mit ihrem Appell an die »Phantasie des Lesers« im »offenen« Schluß (so die Nachbemerkung) viel an Suggestivkraft gewonnen, dem Ende von Sansibar in der blicköffnenden Funktion vergleichbar, und weit weniger schematisch.

Anhand der unterschiedlichen Reaktion von Leserschaft und Kritik auf *Die Rote* vor die Frage gestellt, für welche Gruppe er sich entscheiden wolle (Bienek, S. 148), votierte Andersch für ein »großes, reifes und kritisches Publikum«; dem ist, im Zusammenhang mit der oft als trivial abgewerteten Spannungsregie, nichts hinzuzufügen, da es sich um eine Geschmacksfrage handelt. Perspektivenerweiternd kann hier ein komparatistischer Seitenblick auf Hemingways für Andersch so modellbildende Praxis wirken. Die in fünf »Bücher« aufgeteilte, für den Abdruck in *Scribner's Magazine* eingerichtete Handlung von *A Farewell to Arms* (1929) im Ersten Weltkrieg läßt in Buch drei den amerikanischen Ich-Erzähler, Patrick Henry, durch einen nächtlichen Sprung in den kalten Fluß (an Bierce erinnernd) einem vorschnellen Erschießungskommando der italienischen Armee entgehen, für die er loyal und freiwillig kämpfte. Nach der spannenden Schilderung des Überlebenskampfes zeigt Hemingway die gewagte Fahrt des verständlicherweise zum »Separatfrieden« entschlossenen Deserteurs auf einem Frachtwaggon mit Gewehren durch eine Postenkette bis zum venezianischen Mestre. Halb verhungert und erfroren, gelingt Henry die Flucht und das Wiederfinden der Geliebten (im vierten Buch) in Stresa; beide wagen nun die dramatische Flucht im Ruderboot über den nächtlichen, novemberkalten Lago Maggiore in die Schweiz. Wie Gregor Judith, so sitzt Henry Catherine Barkley im regennassen Boot gegenüber; und bis in die Einzelheiten hinein gleichen sich die spannenden Fluchten, als im Morgennebel das Patrouillenboot der *guardia di finanza* mit vier schlafenden Zöllnern im Heck zum Greifen nahe vorbeifährt. Mit dem Schrecken (wie bei Andersch) davongekommen, erlebt das Paar auf der Schweizer Seite eine komische, spannungslösende Verhörepisode mit ›mondänen‹ Elementen (absurde Diskussionen über Wintersport in Locarno oder Montreux), bis die Komödie im letzten Buch abrupt ins Tragische umschlägt: die noch einmal mit allen Spannungselementen geschilderte Geburt eines Sohnes, bei der beide, Mutter und Kind, sterben, ungemildert aus der leidenden Ich-Perspektive des verzweifelten Patrick, seiner traumatischen Vereinsamung (die das Bild eines älteren, allein mit seiner Zeitung seine Mahlzeit einnehmenden Mannes vorausahnen läßt). Die Handlungsführung zeigt, mit ihrer Nähe zu Anderschs Strukturierung, wie gering in der großen amerikanischen Erzählprosa die Scheu vor Spannungssteigerung bei aller Unerbittlichkeit der existentiellen Botschaft entwickelt ist, wie wirkungsvoll das Understatement im empirischen Registrieren mit dem pathetischen Handlungsausgang kontrastiert. Die Wirkung gibt der unzimperlichen Spannungsstrategie recht, auch wenn die Mittel dem alexandrinischen Geschmack trivial erscheinen mögen.

Am leichtesten läßt sich den Kritikern begegnen, die bereits im Titel, und im Ort der Handlung (Venedig im Januar 1957) fragwürdige Zugeständnisse an den Trivialroman wittern. Walter Jens hat (in *Deutsche Literatur der Gegenwart*, 1961) verschiedentlich auf das Dilemma des literarischen Zeitkritikers hingewiesen, in einer »homogenen Gesellschaft«, in der dem »Normalen« der »charakteristische Stellenwert« fehlt, gültige Deutungen einzubringen, da sowohl das Regionale (im Regiolekt und Soziolekt) wie das Schichtenspezifische im modernen Alltag seine Differenziertheit und Prägnanz verloren hat: in der reifen Industriegesellschaft sind die Nuancen und Unterschiede weitgehend eingeebnet. Dies zwingt den Schriftsteller in Extrembezirke, denen wenigstens die »pointierte Personalität« nicht fehlt (S. 36–38). Jens, der neben Andersch (und den deutschen Romanisten Horst Rüdiger und Hans Hinterhäuser) zu den wenigen Schriftstellern gehört, deren poetologische Überlegungen den italienischen Neorealismus mit selbstverständlicher Kennerschaft einbeziehen, weist auf die (damals) im deutschen Roman fehlenden Minoritäten und markanten sozialen Gegensätze, die es in Ländern mit einem deutlichen Nord-Süd-Gefälle noch gibt; Piemont und Sizilien, die mediterrane Welt in den Romanen von Vittorini, Calvino, Carlo Levi, Berto und Pavese sind ihm Garanten einer »mythenträchtigen, von Visionen erfüllten Region«, in der das »sozialistische Traktat« noch die »Wahrheit einer Legende« besitzt und Christentum und Marxismus einander nicht ausschließen (S. 124–125). Auf Vittorinis Romantitel von 1934/35 (*Il garofano rosso*, 1948, dt. *Die rote Nelke*, 1951) anspielend, findet er im Süden eine zeichenhafte Sprache noch möglich, die »der politischen Emphase Bildkraft verleiht«: »Nur die archaisch-starre, nahezu rituelle Geschiedenheit von Hoch und Nieder, Stadt und Land, *cafone* und *patrone*, ermöglicht es der italienischen Literatur, vom Konkreten aus zu typisieren [...] die rote Nelke ist nicht nur das Zeichen einer Partei, sondern auch das Symbol der verschwiegenen Liebe« (S. 125).

Hier liegen die Gründe, warum Andersch, gerade in einer Zeit großer Prosperität aber starrer politischer Fronten, die Zeitkritik an der Bundesrepublik in der *Roten* mit den Mitteln des Neorealismus

versuchte, bis in die Semiotik des Titels und der sozialen Kontrast-
möglichkeiten der Lagunenstadt hinein. Er würdigte besonders Vittorinis *Gespräch in Sizilien* (1941) und *Offenes Tagebuch* (1957) in
einem längeren Aufsatz (»Nachricht über Vittorini«, 1959) und
nannte sich in den Stuttgarter Jahren vor seiner Übersiedlung in die
Schweiz gerne, sicher nicht unbeeinflußt von *Erica la Garibaldina*
(1956), einen der »letzten Garibaldiner« (Heißenbüttel, ÜA,
S. 267). Er verbindet mit dem sozialen Umfeld Fabios (und dessen
altem Vater, dem armen Lagunen-Fischer Piero) und der Ge-
schäfts-, Touristen- und Yachtbesitzerwelt, in die Franziska gerät,
die Extreme von »Norden, Süden, rechts und links« (dem Titel
seiner Aufsatzsammlung von 1972). Franziska holt alle Konnotate
des Titels am Romanende ein, indem sie sich der Welt Fabios zu-
wendet, wobei der Autor die beiden Hauptfiguren so aufeinander
zugehen läßt, daß der Leser die gegenseitige Anziehungskraft längst
an den psychologischen und politischen Voraussetzungen beider
erkennt. Die Handlungsstränge der Hauptfiguren werden zwar, wie
in Faulkners *The Wild Palms* (1939), unverbunden parallel geführt,
aber alternierend montiert, um die dichtgefügten Querbezüge und
potentiellen Gemeinsamkeiten samt ihrem sozialen Verweisungs-
charakter dem Leser nahezubringen.

Der gemeinsame Impetus des 50jährigen Konzertmeisters und der
31jährigen Konferenzdolmetscherin liegt in der Suche nach einer
»dritten Möglichkeit«. Fabio hat nach einer Partisanen-Vergangen-
heit im Spanienkrieg und gegen den Duce in der Gegenwart des
Kalten Krieges politisch resigniert und sucht eine dritte Lebens-
form; auch Beruf und Privatleben scheinen ihm diese nicht zu bie-
ten. Franziska sucht ein Drittes zwischen dem »schicken Leben«
und der »sauberen Misere« (S. 58), worunter sie auch das Berufsle-
ben in Deutschland mit seiner Langeweile versteht. Vor allem aber
will sie aus dem unhaltbaren Dreiecksverhältnis mit einem Chef, der
sie nicht heiraten wollte und seinem Angestellten, den sie aus Trotz
geheiratet hat, heraus. Für beide spielt der Neorealismus eine wichtige Rolle; für Fabio im Lernprozeß an Antonionis Film *Il Grido*
(1957), der ihm die mangelnde Belastbarkeit im Liebesverständnis
eines Mannes vorführt, für Franziska in der magischen Anziehungskraft eines ärmlichen Hauses am Schienenstrang; man könnte dies
Haus nicht nur, wie Andersch in dem Roman, auf einem Bild
des Neorealisten Mario Sironi lokalisieren, sondern auch in einem
berühmten Bild des amerikanischen magischen Realismus: Edward Hoppers *Haus an der Bahn* (1925), worin die streng lako-
nische Neigung zur Buchstäblichkeit und Banalität die Armut
und Vereinsamung des Lebens in einem solchen Haus als Bildge-

genstand vergrößert, über sich hinausweisend, wie eingefroren, wirken läßt:

»[...] ich habe mich immer nur für diese Häuser interessiert, ich wollte hinter das Geheimnis solcher Häuser kommen, ganz Italien besteht aus solchen Häusern, in denen die Leute abends im Dunkeln sitzen und Geheimnisse bewahren, arme, bittere, leuchtende Geheimnisse, wahrscheinlich ist das Ganze eine literarische Idee, ausgelöst von neorealistischen Filmen, ein bißchen Faszination von der Poesie südlichen Proletariats, das italienische Proletariat ist literarisch en vogue, aber vermutlich bedankt es sich dafür, vermutlich wünscht es, auf die Poesie zu verzichten, wahrscheinlich findet es nicht einmal Geschmack an jenen Filmen, die zwar sein Leben zu verändern wünschen, aber zugleich dem optischen Zauber dieses Lebens verfallen sind.« (DR, S. 83)

Für Franziska ist, ungeachtet der bemerkenswert nüchternen Einschätzung des Neoverismus in seinem problematischsten Aspekt, die »Wirklichkeit der Literatur« nicht geringer als die der Realität: »ich habe literarische Assoziationen, ich habe viel gelesen [...] wenn die Literatur irgendeinen Sinn hat, dann den, wirklich zu sein [...]« (S. 120). Sie bricht aus, um Fabios bescheidenes Leben zu teilen, weil beide darin ihre dritte Möglichkeit erkennen, selbstverwirklicht in einer tragfähigen Beziehung zu leben.

Die mit geradezu outrierter Deutlichkeit in die Struktur verwobenen Kolportage-Elemente der Spionage-Handlung dienten keineswegs der bloßen Spannungssteigerung; Andersch verband mit ihnen semantische Ambitionen, wie sein (französischer Filmkritik über den Autorenfilm und seine literarischen Affinitäten verpflichteter) Essay über »Das Kino der Autoren« (1961) verdeutlicht; was Andersch der »deutschen Literaturkritik, die Hemingway und Graham Greene am liebsten ins Regal des gehobenen Zeitvertreibs verweisen möchte« nahezubringen versucht, ist die Verwandlung von Kolportage »in Semantik«:

»die Attribute des schwarzen Milieus erscheinen als Zeichen metaphysischer Situationen [...] die schon seit Gide traditionelle Fasziniertheit von machtvollen Bildern eines brutalen Milieus mit einsamen Helden, wie sie die amerikanische Literatur bietet; die ›Verwandlung der griechischen Tragödie in eine Detektiv-Story‹, von der Malraux anläßlich Faulkners *Sanctuary* bewundernd spricht« (BK, S. 66).

Die Verflechtung von *film-noir*-Figuren wie Kramer und O'Malley in den Lernprozeß von Franziska legte der Autor auf eine Erwartungshaltung der gebildeten Krimi-Leser der Zeit an, nur um sie zu provozieren. In Ian Flemings Bond-Romanen, bei Simmel und Konsalik wurde das Denkschema des Kalten Krieges systematisch affirmiert; bei Andersch soll die wenige Monate nach Ungarn und Suez spielende Handlung nicht das Freund-Feind-Bild der Weltmächte konsolidieren, was aus westlicher Sicht bedeutete, an die eigenen, fortwirkenden dunklen Punkte, Kramers Traum von der reinen Rasse und O'Malleys enge Ehrbegriffe in einem veralteten Standesbewußtsein, zu erinnern. Franziskas Entscheidung für Fabio (auch noch in der veränderten, offenen Fassung läßt Andersch daran keinen Zweifel) mußte den Klischee-Erwartungen eines rasanten, materiellen Aufstiegs ins *dolce vita* der Mittelmeer-Kreuzfahrten erst recht entgegenlaufen: aus dem Ost-West-Schematismus der Blöcke sucht Andersch einen Weg des Umlernens mit Nord-Süd-Vorzeichen in »privater« Dimension. Hinzu kommen die »natürlichen«, zyklischen Generationenmotive im Kind, das Franziska erwartet und austragen will, und im Tod Pieros, der noch in seinen letzten *stream-of-consciousness*-Passagen der Tochter Rosa ein Kind wünscht; sie weisen den Ausweg aus politisch festgefahrenen Perspektiven und der in Herrschaftsverhältnissen dimensionierten Sadismus-Beziehung von Kramer-O'Malley, Joachim-Herbert, Joachim-Franziska, allesamt der dunklen Seite der Macht zugeordnet. In dem ebenfalls 1960 gesendeten Hörspiel *Der Albino* zeigt Andersch an dem nun verselbständigten Kramer-O'Malley-*plot*, wie sehr beide bei aller Schuldverstrickung auch Werkzeuge einer Politik sind, die »die Ausnutzung der uralten Träume der Menschheit« betreibt: für Kramer »die Ausgeburt eines bösen Traums von der Rasse«, für O'Malley den Traum von der »Ehre« (vgl. Schwitzke, S. 39).

Während in Franziskas Handlungsstrang die romantischen Schauermotive überwiegen (mit der Automaten-Metapher und den Kriminalelementen an E. T. A. Hoffmann und Poe anschließend), folgt Andersch Fabio durch seinen Alltag in Venedig mit der kontrastierenden Intention, eine jener »Chroniken des Alltags« zu schildern, wie sie der Neorealismus-Theoretiker (und Drehbuchautor) Cesare Zavattini im Gegensatz zu »Fiktionen« forderte (Chiellino, S. 23–24). Dies muß aber nicht ein planes Festhalten am Widerspiegelungskonzept bedeuten, sondern nur die Mahnung, vor dem künstlerischen Eingriff in die Wirklichkeit das Thema und sein Umfeld genau zu kennen und beobachtend zu belegen; in dieser Entwicklung fort von den Stilmitteln des frühen Neorealismus (1941–1947) mit seinem fast wortlosen Hervorheben der Dinge (De Sanctis' »lacrimae rerum«), um dem »Gewicht des menschlichen Daseins« (Visconti) veristischen Nachdruck zu verleihen, ist Anderschs Variante der Richtung zu sehen. Bereits der von ihm so bewunderte Film De Sicas, *Fahrraddiebe* (1948), führte weiter zu einem fiktionaleren, Kontrastmittel und Dialog mit stärkeren Handlungseffekten verbindenden, Realismus. Zwei der wesentlichsten Einwände gegen das Gelingen der *Roten* setzen an der Verismus-Frage und der filmischen Affinität des Romans an. Karl August Horst antizipiert die stärksten Vorbehalte der Kritik gegen die Käutner-Verfilmung (1962, mit Ruth Leuwerik und Gert Fröbe), indem er den »unauflöslichen Zwiespalt« des Lesers zwischen magischer Optik eines Erzählstils der begleitenden Kamera und den ausgedehnten Monolog-Zitaten Franziskas (ähnlich der erlebten Rede Fabios) betont. Die Filmkritik richtete sich einstimmig gegen die Erzählerstimme aus dem *off*, der Käutner und der am Drehbuch mitarbeitende Autor die Reflexionen auflasten:

»Ist die Rote ein Blickfang, oder ist sie das Objekt der Kamera? Ist sie eine Projektion oder ein Aufnahmegerät? Sie ist beides [...] ihre Rolle [...] als Lockvogel [...] die ihr filmisch auf den Leib geschrieben ist, macht ihre sarkastischen Reflexionen, ihre halbphilosophischen Überblendungen entbehrlich. Andersch ersetzt das psychologische Motiv durch die Pointe des ›Sprechers‹ [...] Hier siegt der Kommentar über die Optik« (S. 1093–1094).

Die Einwände von 1960 mögen, in der ersten Faszination durch *nouveau roman* und *nouvelle vague*, einem Geschmack entspringen, der vieles für den Leser in der Schwebe halten will (»Leider erfahren wir im Roman von der Unbekannten viel mehr, als wir im Grunde wissen möchten«), aber Andersch fordert durch die Nähe zum filmischen Neorealismus puristische Einwände zum Medium und zur erreichten Überdefinition der Hauptfigur heraus.

Erhard Schütz betont die komplexe Architektur der Gesamtstruktur mit ihrem dichten semantischen Verweisungsgewebe, das von den Kritikern der Erstrezeption gar nicht wahrgenommen wurde; anhand der darin impliziten Thesenhaftigkeit des Ganzen kommt er zu dem vielleicht gültigsten Zweifel am Gesamtkonzept: »Problematisch wird der Roman vor allem in der Unentschiedenheit zwischen dieser symbolfreudigen Konstruktion und einläßlichen Realitätsschilderungen [...] Keinesfalls ist es möglich, wie später in *Winterspelt*, die radikalisierte Konstruktion der Modellwelt mit den Glaubhaftigkeitsansprüchen von ›Realismus‹ zur Deckung zu bringen« (S. 64). Hier läßt sich einschränkend auf die offenbare psychologische Differenz zwischen dem Akt des Lesens (dem die Thesen in den Konnotaten bei erster Lektüre entgingen) und der eingehenden Strukturanalyse hinweisen: gar so überdeutlich können die politischen und sozialen Implikate in ihrer Interdependenz nicht gewesen sein, wenn sie – wie Schütz überzeugend belegt – von der unmittelbaren Rezeption derart übersehen werden konnten (vgl. S. 63ff.).

Was der Roman in der Entwicklung von Andersch bedeutet, und wieviel er, bei aller Kritik am einzelnen, an Wirkung zu leisten vermag, wird an der zentralen Begegnung der Hauptfiguren auf dem Markusturm (wo Fabios und Franziskas Leitbilder für einen intensiven Augenblick ausgeweiteten Panoramas und nachvollziehbarer Freiheit zur Deckung kommen) und an der Parabel des Kampfes zweier riesiger Tiere, einem gelben muskulösen Kloster-Kater und einer Albino-Ratte, die sich im Kaminschacht eingenistet hat, evident. Die Schilderung Venedigs an einem besonders klaren Ostwind-Tag vom Markusplatz-Campanile aus, mit einem Rundblick, der bis zu den Alpen reicht, wird Franziska zum Anlaß, nach ihrem entscheidenden Schritt in die Emanzipation (der Loslösung von Joachims Herrschaft durch das neue Ja zu einem Kind) die weiteren Schritte mit instinktiver Hellsichtigkeit vorauszuahnen. Sie wendet ihren Blick von den Alpen, hinter denen es »nichts« mehr für sie gibt (das Schneewittchen-Motiv »hinter den Bergen, bei den sieben Zwergen« dient als tiefenpsychologisches Indiz ihrer Hinwendung zu reiferen, neuen Familienmöglichkeiten), nach Süden, der mediterranen Welt zu, dem Meer. Fabio, der sie in ihrer Nische, im Profil, mit der Eindringlichkeit einer archaischen Vision als Seelenführerin erlebt, ihre Attraktivität als Frau, aber auch ihre Fähigkeit zu Arbeit und Nüchternheit spürend, empfindet aus der Vogelschau die kleingewordene Figurenwelt der politischen Machtdarstellung im Gronchi-Empfang auf dem Markusplatz. Auch er denkt nun an seine Familie, die scheinbar vergeblichen Hoffnungen der Eltern auf Enkelkinder. Wie Franziska Heuss nichts mehr angeht (und alles, was die Intellektuellen an Erwartungen mit seiner Nachkriegs-Integrität verbanden), so läßt ihn Gronchis Empfang auf dem Markusplatz unberührt. Andersch ist der deutschen Frage, dem Kampf um eine unmögliche Mittlerposition zwischen West und Ost, ausgerechnet an der Nahtstelle der beiden Blöcke, mit ihrer fortdauernden bitteren, nationalen und außenpolitischen Dimension, entwachsen; er sieht sie neu in einer sozialen, »privateren« Perspektive, im Beobachten psychologischer Herrschaftsverhältnisse.

Die Sprache leistet vorbildlich, in einer zweifachen wortwörtlichen Wiedergabe des Überwältigtwerdens durch das jäh einsetzende Neun-Uhr-Läuten der Campanile-Glocken (»in einem so rasenden Ausbruch eines Schreis aus Erz, daß sie entsetzt zurückwich, sie stand plötzlich neben Fabio«, S. 132) mit allen biblischen und freiheitlichen Konnotaten der Glocken, die Vorwegnahme des gemeinsamen Lebens und der Gleichgestimmtheit. Was Fabio, im Blick auf das einsame, in der Perspektive winzige Elternhaus am Bahndamm in Mestre sieht, die Fabriken und »die silbernen Tanks der Ölraffi-

nerie«, die Arbeitswelt des Fischers in der nahen Lagune, korrespondiert einer Reverenz an Vittorini, an die »Szenerie des Neo-
verismo«, in der er lebt: »[…] in Mailand, in einem Arbeiterviertel
in der Nähe der Porta Ticinese, von den Fenstern seiner Wohnung
aus hat man einen unvergeßlichen Blick auf einen Kanal, Kohlenk-
ähne, Brandmauern im lombardischen Licht« (BK, S. 31). Es ist die
Optik eines Autors, der nicht vergißt, in den Jahren um 1960 mehrfach auf die »Arbeitswelt als Versäumnis der modernen Literatur«
hinzuweisen.

Die Parabel von der Ratte und der Katze läßt sich in ihrer zeitkritischen Bedeutung am besten erkennen, wenn man sie an dem Vorbild
des Freundes, an Koeppens tiefgehender Skepsis im *Tod in Rom*
mißt (vgl. A. F. Bance, S. 133 ff.). Im Dante-Motto »il mal seme
d'Adamo« bereits das unheilvoll fortwirkende Erbe der NS-Vergan-
genheit andeutend – in der nächsten Generation von Opportunisten
wie Sühnedeutschen – endet Koeppens Roman mit dem heimtückischen Mord des NS-Generals an der unschuldigen, fast naiven Hu-
manistin; der Täter nimmt im Untergang das Opfer mit. Anders
dagegen Franziska, die sich durch den erlebten Schock, als Zeugin
eines Mordes mißbraucht zu werden, der Freiheit einer reiferen
Bindung zuwenden kann. Wenn der Prior des Klosters, ein ebenso
aktiver wie kontemplativer Mann, beherzt (und doch Gott die Un-
vernunft der tödlich ineinander verbissenen Tiere vorhaltend) mit
einer Schaufel die beiden Untiere in die venezianische Lagune wer-
fen läßt, wirft auch der Autor der Parabel vom Kampf der »großen
nihilistischen Apparaturen« (wie der besessen einander verfolgen-
den *film-noir*-Gestalten) spürbar befreit den Ballast eines allzu ver-
krampften Engagements im Geiste Garibaldis über Bord. Befreites
Aufatmen, neue, nicht nur innerdeutsche und primär politische
Themen, das Psychologische gewinnt an Reiz und Raum.

Die Botschaft des Priors heißt »Vernunft« und bedeutet ein Echo
auf Fabios spröden Vorbehalt gegenüber dem leidenschaftlichen Stil
bei Monteverdi. Die fragwürdige Bedingung des Orpheus-Mythos
als »alberne« göttliche Willkür deutend (Orpheus wird, indem er
sich umwendet, »das tragische Opfer göttlicher Sinnlosigkeit«,
S. 192), ringt Fabio nicht mehr mit seinem Gott wie Helander:
»Fabio fand es unmöglich, Gott zu leugnen, aber er konnte sich
keinen Gott imaginieren, der nicht bereit war, sich der Kritik zu
stellen« (S. 192). Was das neue Jahrzehnt Andersch an schriftstellerischen Aufgaben bringt, liegt im Umfeld eines Problems, an dem,
wie der Autor glaubt, »Pavese zerbrach«, während Vittorini »noch
nicht aufgegeben hat«:

»wie die Tragödie des Einzelnen, mit einer vielstimmigen Gemeinschaftsseele zusammenströmend, in ihr aufgehen könne, wie man, den Ring seiner Einsamkeit zersprengend, dem Einzelnen Genüge tun und zugleich seinen Zusammenhang mit der Gesellschaft wiederherstellen könne« (Andersch zitiert A. Pellegrini, BK, S. 32).

5. Die Zeit der Unentschlossenheit (1960–1970)

5.1. Reiseprosa und Texte zur Protestgeneration

Über Anderschs Reiseprosa gibt es eine, im Vergleich zu den vielen kaum kommentierten Texten, stattliche Anzahl von Aufsätzen und Analysen. Besonders in Livia Wittmanns Buch, aber auch bei Erhard Schütz und in Elisabeth Plessens Dissertation über Textmischungen aus *non-fiction* und Erzählung hat man sich Anderschs Faszination für die Gattung angeschlossen und ausführlich den auratischen Zauber der Dinge kommentiert. Befreit von der Enge zweckhafter Begriffe und Namen bezeugen die Reiseerlebnisse das Warten auf den Augenblick phänomenaler Offenbarung der Dinge, die Epiphanie, und das melancholische Element einer unmöglichen Annäherung an jene Aura, die sich umso mehr entfernt, umso bemühter man sich ihr nähert. Benjamin spricht im *Kunstwerk im Zeitalter seiner technischen Reproduzierbarkeit* (in *Schriften* I, 2, 1974, S. 440) von der »einmaligen Erscheinung einer Ferne, so nah sie sein mag«, und beschreibt, ähnlich wie Andersch in seinem Nachwort zu *Wanderungen im Norden*, den beglückenden Moment gelungener Annäherung, wenn man in der Stimmung absichtslosen Ruhens und Aufnehmens die Aura unverhofft verspürt (»An einem Sommernachmittag ruhend einem Gebirgszug am Horizont oder einem Zweig folgen« bedeutet für Benjamin »die Aura dieser Berge, dieses Zweigs atmen«, S. 440). In E. Plessens Deutung von »Cori« (»Aus einem römischen Winter«) zeigt sich, wie Anderschs Figuren, »durch eine Landschaft bezeugt« (*Fakten und Erfindungen*, S. 35), statt daß ein zufällig durchreisender Beobachter eine Szenerie vorfindet, immer wieder an Orte gelangen, an denen Freiheit gesucht und gefunden wird; die »durchsichtige Freiheit aus Aschen-Karst, baumlos« (RW, S. 58) ist eine Utopie am »äußersten Horizont, dort wo die optischen Täuschungen beginnen« (Plessen, S. 34) und die »Extrapolation der Innenwelt« die Ortlosigkeit des Modells zeigt.

Fiktion wird an solchen Orten möglich, ebenso wie in der Utopie des Vergangenen, der Erinnerung, etwa im »Travertin der neun dorischen Säulen des Tempels von Corae«, der in »zweitausend Jahren eine bläuliche Farbe angenommen« hat, »die Farbe des Perlmutt-Falters« (RW, S. 59), abgesetzt von der bedrückenden Vision einer »Beton-Woge der zukünftigen Slums, in der Rom erstickt«, und dem bereits bedrohliche Wirklichkeit gewordenen »Inferno der Autos« (RW, S. 57). Die Natur erliegt einer Politik, die der »toll gewordenen Spekulantenbande« nicht Einhalt gebieten kann und will. Die ökologische Krise bringt Andersch aber nicht in den Ordnungszwang taxonomischer Naturbeschreibung als Reaktion auf diese Entwicklung, wie Schütz meint (gestützt auf Adornos Beobachtung, daß Geschichte auch in die scheinbar geschichtslose, unberührte Natur durch die Perspektive des Beobachtenden eindringt, evident im Beispiel barocker Symmetriezwänge, die den Schrecken noch nicht beherrschter Natur bannen sollten; *Ästhetische Theorie, Schriften 7*, 1970, S. 107). Gerade entgegen dem Einschließen des Lebens der Dinge in Namen und das grob darübergeworfene Netz der zweckhaften Begriffe, entgegen dem Ordnungs- und Zweckverhalten der Zivilisation, hält der Autor »das Erscheinende« als Hoffnung auf das Weiterbestehen des Lebens fest; seine Utopie der Vergangenheit ist eine Warnung und insistiert zugleich auf das phantasiefördernde, schöpferische Reservoir in unberührten Naturgegenden, in denen sich, wie in der Kunst, Leben offenbart. Das Skandalon, das viele Nach-68er, die Anderschs politische Hinweise schätzen, in seinem neoveristischen Pantheismus sehen, in seinem Bestehen auf Aura jenseits von Geschichte, auf eine Landschaftsmorphologie zwischen Goethe und Weizsäcker (vgl. *Hohe Breitengrade*, »Nachschrift oder ästhetische Flaschenpost«), reizt immer wieder zu einseitigen Verzeichnungen, zur Denunziation durch das Etikett »Ordnungszwang«. Daß es Andersch aber gerade um ein Utopiereservoir, um Befreiung der Gegenstände, um Lebendigkeit statt Ordnung geht – er will dem »Eindimensionalen Menschen« Marcuses aus seinem phantasieverkümmernden Dilemma heraushelfen –, betonen die Reisetexte immer wieder.

Lena bringt ihrer Tochter die Blumen näher (»Synnöves Halsband«) und versucht dabei, von den Namen durch die Nominalismusformel wegzukommen: »nicht Namen, sondern Bilder, keine Begriffe, sondern Formen, nicht die Abstraktion eines Wortes, sondern die Realität einer lebendigen Erscheinung« (WN, S. 39); und Andersch erfindet, bei aller Bewunderung für den verwirklichten Sozialismus in Leif Ekelunds schwedischem Baumwirtschaftsplan (»Die Bäume des Herrn Ekelund«) ein Element der »Unruhe«, das den alten Mann in seiner geglückten Ordnungsutopie, seiner Zufriedenheit und planerischen Perfektion stört und so lebendig hält (Mona, die Frau des Aufsehers, der er vergeblich nachstellt, und der Elch, die auratische »Inkarnation des Waldes«, WN, S. 114). Solche durchgängigen Spannungen zwischen Utopiesehnsucht, Freiheitsanspruch und der Nüchternheit der Zivilisationszwänge können weniger dienen, die Entwicklungsphasen des späten Andersch wenigstens andeutungsweise zu strukturieren, wie die um das Thema des Generationen- und Politikprotests der Jungen kreisenden, dramatischen Texte, vom *Tod des James Dean* (1960) über die szenische

Erzählung *Jesuskingdutschke* (1970) zu dem Hörspiel *Tapetenwech-sel* (1976).

In einem wichtigen späten Interview über die politische Dimension seiner Literatur (1976, mit Reinhardt Stumm, erstveröffentlicht 1980 in *Über Alfred Andersch*; das allerletzte Interview mit dem Schweizer Fernsehen, »Zeugen des Jahrhunderts«, 1980, hielt der Autor wegen des willkürlichen Zusammenschnitts für nicht authentisch) trennt Andersch seinen Glauben an eine noch wachsende Demokratisierung, »so ungefähr bis in die Mitte der sechziger Jahre« (ÜA, S. 237) und die darauffolgende »Desillusionierung« gegenüber den USA unter dem Eindruck eines »Damaskus-Erlebnisses«, dem 11. 9. 1973, als die Hoffnung Allende starb, von der im amerikanischen Lager gewonnenen »lebenslangen Zuneigung zu den Amerikanern als Menschentyp«. Sein Interviewpartner spricht sogar von einer gewissen »Vaterrolle« Amerikas für Andersch (ÜA, S. 241). Beides, die Faszination durch die *Lost-* und *Beat-Generation* und den Jazz Amerikas, zusammen mit einer politischen Erwartungshaltung, die darin, bei allem Narzißmus der James-Dean- und Pop-Welle, ein starkes kapitalismuskritisches und sozial öffnendes Ferment wahrnahm, ging in die Funkmontage *Der Tod des James Dean* ein. Im »Postscript« betont Andersch die Intention nicht aufs Theatralische, sondern »aufs Dokumentarische«, aufs Durchsichtigmachen von »Situationen und Tatbeständen« (HÖ, S. 153) in der Lebenshaltung der »finsteren Jugend Amerikas« (HÖ, S. 93); das Hörspiel wurde sogar von einigen Studiobühnen aufgeführt. Das dokumentarische Theater hatte damals gerade erst zu wirken begonnen, aber als Andersch 1976 in »Tapetenwechsel« wiederum dokumentarische Zitate mit eigenen naturalistischen Dialogszenen zusammenmontierte, und auf eine ähnliche Wirkung hoffte, sah er sich getäuscht. Die dokumentarische Tendenz war verebbt, und unter dem Eindruck einer Kulturstimmung, die zu den Klassikern und Werktreue zurückfand, oder relevante Zeitkritik durch surreale Effekte ins Psychologische und Allgemeine gewendet sehen wollte – auch Brecht wurde in den späten 70er Jahren selten aufgeführt – tat sich das späte Hörspiel mit den Bühnen schwer. Mit dem früheren James-Dean-Stück gewann Andersch eine neue Generation von Lesern für sich (darunter den Verfasser und den kritischen Lektor dieser Reihe, Uwe Schweikert, beide damals im Abituralter), und wenn nicht alles täuscht, mit *Tapetenwechsel* (das, 1976 im WDR gesendet, 1979 im Druck erschien) auch den kritischen Teil der jüngsten Generation, wie der auszugsweise Abdruck in der Reihe *Text und Kritik* (1980) und das »Spätantike«-Interview mit seinen Hoffnungen auf die jungen, gleichsam »ersten Christen« andeuten.

Das Ineinanderblenden von John Dos Passos' Essay über den »Tod von James Dean« (im *Esquire* 1958, symptomatisch von Enzensberger für das Hörspiel übertragen), Alan Ginsbergs *Howl* und Robert Lowrys Reportage zum WM-Boxkampf zwischen Ray Robinson und Jake LaMotta war 1960 noch stark ästhetisiert, ganz dem Aufspüren einer Lebensstimmung hüben wie drüben gewidmet, wozu die Lyrik der *lost generation* von Cummings bis Rexroth und Patchen ebenso beitrug, wie die intensiv unterlegte Tonkulisse des Miles-Davis-Quintett. Im Boxkampf stilisiert Lowry das Klischee der blutgierigen Masse um den Ring, zusammen mit Hemingways Lieblingsmetapher vom Stierkampf, zu einem Mythos, bei dem der physisch unterlegene, aber elegant und überlegt taktierende Jüngere das Bild der neuen Generation gegenüber den Veteranen des Zweiten Weltkriegs vertritt; den Vergleich suggeriert Andersch durch die Montage und einen kurzen Sprecherkommentar. Wie Cummings' Gedicht verdeutlichen soll, stürzte sich die Kriegsgeneration (ähnlich blind wie LaMotta) für die »Freiheit« in die Schlacht: »wie die Löwen zum Gemetzel [...], nicht stoppten, um zu denken, lieber starben sie« (HÖ, S. 94). Es entsteht ein nur zu Anfang und Ende kommentiertes Psychogramm, das vom Marihuana- und Drogenkult über James Deans narzißtischen Todeswunsch angesichts weitverbreiteter Sinnleere bis zum Aussteiger-Traum vieler Beatniks den zum Selbstzweck erhobenen Konsum in seinen Folgen kritisiert (»daß ihr euch nie und nimmermehr befreit vom Geheul und Gewinsel derer, die euch etwas verkaufen wollen«, Dos Passos, HÖ, S. 103). Der sozialkritische »Sprecher« bringt nur behutsam die europäische Perspektive in der Schlußfrage nach der politischen Konsequenz ein, die sich in der ziellosen Verweigerungshaltung andeutet; nach dem Sieg des schwächeren Taktikers über das »Ungetüm« La Motta fragt der Sprecher nach dem Ungetüm James Deans: »Wo hatte James Dean *seinen* Kopf? [...] Kennt die finstere Jugend Amerikas überhaupt ihren Stier?« (HÖ, S. 119) In der Eingangspassage des Sprechers wird durch den Fünf-Jahres-Rhythmus der von den »Dichtern« vorausempfundenen Jugendrevolte die auf Europa zukommende Entwicklung (»In Deutschland, in Rußland, überall«, S. 93) hellhörig in die Zukunft des Studentenprotests projiziert, der in genau jene politischen Fragen des Hörspiels mündete. Die Nachkriegsentwicklung faßt der seit der *USA*-Trilogie immer illusionsloser kommentierende Dos Passos als politischen Sprengstoff zusammen:

»Sie haben es satt. Ist das das Leben? die jung sind, wissen es besser. Ihre Väter haben einen Krieg gewonnen und dafür den Frieden verloren, weil sie zu feige waren, ihn zu behaupten. Sie haben sich von den Bonzen und den

Politikern einwickeln und fertig machen lassen. Sie sind Unterdrückte und merken es nicht: ihre Augen hängen am Fernsehschirm – Freiheit [...]: wozu soll das gut sein?« (HÖ, S. 103)

Enzensberger, der Übersetzer dieses Texts, stellte sich ähnliche Fragen zusammen mit den 68ern, während Andersch das »Chaotische« an der Bewegung, ihre Neigung zu Gewalt, das bilderstürmerische Element und den Umschlag von bereits zum Greifen nahen deutschen Reformen in den Ruf nach »Ho Tschi Minh« nicht mittragen wollte (vgl. Stumm/Andersch, ÜA, S. 239–240); das Beispiel von Habermas hatte ihm überdies gezeigt, daß eine Beteiligung an der Bewegung mit der Absicht, gewissermaßen als »Korrektiv« zu wirken, aussichtslos war.

All dies schlägt sich in der subtil verdichteten, ebenso knappen wie politisch konnotatreichen Erzählung *Jesuskingdutschke* nieder (1970; aber auch in der Schilderung einer Frankfurter Studentendemonstration in *Efraim*, 1967). Andersch, der in jenem Jahr eine USA-Lese-Tour unternommen hatte, brachte die »Apostel der Gewaltlosigkeit« (VP, S. 145) in beiden Kontinenten, *Jesus-Movement*, Martin Luther King und Dutschke, so in den Titel ein, daß sich das Ideelle und Sektenartige der Bewegung, Berkeley und Blumenkinder ebenso abzeichnen wie die entfesselte Gegengewalt aus den Reihen der »Schweigenden Mehrheit«, der politische Mord.

Der Text besitzt alle Tugenden von Anderschs reifer, hochdramatischer Kurzgeschichtentechnik; die streng personale Perspektive Leos, des Architekturstudenten, bringt den Leser in die Perspektive des Beteiligten in einem Freundestrio nach einer Straßendemonstration vor dem Pressehaus, die äußerst sparsamen Metaphern enthalten ebenso genaue zeitkritische Konnotate wie die Topographie der Stadt Berlin historische Tiefenschärfe und die szenischen Dialogblöcke psychologische Stimmigkeit. In zwei Rückblenden zur Elternsituation Carlas, der Duisburger Medizinstudentin und Chirurgentochter, und dem Studienvorhaben Marcels, des Soziologen, der aus der Schweiz kam, um über die Sprachsoziologie der »Mordhetze« gegen die Studenten in der Springer-Presse zu schreiben (VP, S. 139), wird der sonst streng chronologische Erzählvorgang zur Ausdeutung einer Generationenbeziehung durchbrochen. Jene Studenten erscheinen integer und besonnen, die ihre Eltern nicht als »Spießer« ablehnen und sich deshalb bei der Rebellion abreagieren, sondern deren Zwischenkriegserfahrungen als politische Perspektive und kritische Kontinuität ernstnehmen: Carlas Vater war als naiver Faschismusgegner »kurze Zeit in einem Konzentrationslager«, weil man, statt rechtzeitig »gegen Gewalt Gewalt« zu setzen, sich (wie Andersch in den *Kirschen der Freiheit*) einfangen ließ, »wie die Hasen« (VP, S. 131). Leos Gedanken, daß auf die Freundin Carla »Verlaß« ist, weil sie ein »perfektes Über-Ich« besitzt, bestätigt der weitere Erzählverlauf, als Carla mutig und besonnen dem verwundeten Marcel ärztliche Hilfe verschafft.

Leo, der den Schlag des Polizeiknüppels auf den steinewerfenden Marcel trotz seiner athletischen Bärenstärke bewußt nicht verhindert, weil er es mit der Angst vor der polizeilichen Übermacht zu tun bekommt, erfährt am Ende erleichtert, daß die befürchtete Schädelfraktur des Freundes nur eine leichte Platzwunde ist. Auch Leos Vater leidet unter einem KZ-Trauma (12 Jahre Oranienburg) – der Altkommunist, ein Schlosser bei Siemens, hält nichts von der Praxis einer Partei, die nur theoretisch »groß« war, aber vor lauter Taktik nicht im rechten Moment handelte. Er steht den 68ern skeptisch gegenüber, weil sie, anders als die KP damals, zuwenig Überlegung einbringen, was sich in dem Attentat auf Dutschke bereits andeutet: »ihr wißt janich, mit wem ihr euch da anlecht. Der Rudi Dutschke hat's bestimmt nich jewußt« (VP, S. 144). Und so zieht Leo die Konsequenz, die sich in seinem nur halb bewußten Handeln gegenüber der Polizei schon abzeichnet; »die Folgen bedenken, das kleinere Übel wählen« bedeutet, im Blick auf das Zögern einer einst »großen revolutionären Partei« den vorläufigen Rückzug, die Weiterarbeit an seinen sozialkritischen Architekturstudien über die römischen *insulae*, die Mietskasernen des *plebs*, mit denen Nero nur noch durch Brandstiftung fertigwurde; Leo fährt nach Ostia und wählt die Wissenschaft, jene andere Form der Revolution, von der Fabio Crepaz erkannte, daß sie die »Veränderung der Welt durch Deskription« bedeutet. Souverän zeigt Andersch vor der geschichtsträchtigen Kulisse von Landwehrkanal und Mauerbau, daß Marcels naive Überzeugungsstrenge, sein »methodischer Vortrag [...] über die objektive Bedeutung der Gewalt« und deren »Zersetzung [...] durch Psychologie« (VP, S. 145) ebenso blind gegenüber der wirklichen Gefahr bleibt, wie Lukács unmenschlich dogmatische Zensuren gegenüber Bucharin, den die Schauprozesse Stalins noch vor der Hinrichtung zu einem psychologisch gebrochenen Menschen machten.

Es ist in der Charakterzeichnung stimmig, daß Carla, bei aller Entschlossenheit, sich an jene zu halten, die in einer Notwehrlage vor der Gewalt nicht weichen, sondern »kämpfen«, die Erfahrung der Schauprozesse am Beispiel einer der großen kommunistischen Vordenker mit psychologischer Eindringlichkeit schildert (VP, S. 130); deutlich besitzt sie die Sympathie des Autors, wenn sie statt der leeren »Sprachhülsen« die extreme Entmenschlichung der

Schauprozesse, Bucharins »wimmerndes Stück Fleisch« vor seiner Erschießung und seine Selbstbezichtigung als »Verbrecher« nicht aus den Augen verliert. Mit dem behandelnden Arzt, dem die Beinah-Fraktur Marcels beweist, daß nicht nur die Springer-Hetze »zu Mord führen« könnte, sondern auch die ausgelöste Gegengewalt der Studenten (S. 140), votiert Andersch für das »Brot der Reform« und für eine Gesellschaftsordnung der »anständigen Leute« jenseits aller großartigen »Theorie«. Obwohl die Studenten ihn als »Elite«-Theoretiker und Phrasendrescher angreifen, spüren sie, und sehen es in seinem helfenden, geduldigen, »müden« Verhalten, daß auf seine »Anständigkeit« Verlaß ist; sie bedauern die eigenen »Phrasen«, die nun auch nur als »Worthülsen« erscheinen (VP, S. 142).

Die schwierige Position des Vorbehalts angesichts eines bald verebbten, langfristig nur in Wenigem wirkungsvollen Straßenkampfes der 68er gibt Andersch in *Tapetenwechsel* unter veränderten Vorzeichen wieder auf. Nun, wo die Aggression wieder primär als Repression vom Staat ausgeübt erscheint, und *le berufsverbot* französisches Lehnwort geworden ist, dort verwundert und befremdet vorgebracht, will er aus bitterer eigener Erfahrung mit antidemokratischen Maßnahmen nicht länger schweigen. In dem brechtischen Lehrstück, in sieben streng parallel gebauten Stationen des letzten Lernprozesses eines »unwürdigen« alten Mannes mit dem aufs Urchristentum verweisenden Namen Fischer, und dem kämpferischen Vornamen Harry (es ist Harry Morgan aus Hemingways *To Have and Have Not*, das Andersch 1951 begeistert würdigte) stützt der ausführliche Sprecherkommentar zu jeder Szene den Appell an den mitdenkenden Hörer und Leser. Statt der früheren Faszination durch eine rebellierende amerikanische Jugend, deren Drogengebrauch noch eine erste harmlose Begleiterscheinung des Aussteigens schien, zeigt Andersch nun Drogen und die allerorts verfügbare Pornographie als gefährliche Niedergangserscheinungen moralfreien Konsumdenkens. So wird die Dialogszene mit Harrys Sohn Klaus zur leidvollsten Prüfung des zur Auswanderung nach Mexiko entschlossenen Vaters; wo der 30jährige Sohn, der keinen Beruf ergriffen hat, im Marihuana einen Ausweich-Trip vor dem Stumpfsinn normalen Arbeitslebens sieht, aber auch dem Vater mit Recht vorwerfen kann, er warte ein Leben lang vergeblich auf die Revolution (»Mit den Bürgern will ich nichts zu tun haben. An die Revolution glaub ich nicht. Da flipp ich lieber ganz aus«, NH, S. 125), antwortet der Vater durch eine Zurücknahme des Mexiko-Plans, in dem der Sohn seine »Super-Droge« sieht; wie in *Sansibar* am Ende der Junge dableibt, so bleibt Harry in Köln, weil er gesehen hat, daß an Ort und Stelle von jungen Christen gegen die Hinrichtungsmethoden Francos demonstriert wird, daß es in der »Spätantike« auch ein paar »erste Christen« gibt, die gewaltlos zu kämpfen und leiden bereit sind. Er bleibt da, bei Frau und Sohn, weil Mexiko, das ganz Andere, angenähert an das Symbolreich der Katharer-Sekte zwischen Paradiessehnsucht und der Weltschöpfung des Teufels (NH, S. 113) nur eine Flucht bedeuten würde, wo in Europa noch Hoffnung ist.

5.2. Efraims Buch

Von den vier Romanen ist der großangelegte, großartige (weil ebenso mutige wie, an den Schwierigkeiten der Thematik gemessen, gelungene) Versuch, den deutschsprachigen Leser in die bis dahin am meisten tabuisierte Leerstelle der Nachkriegskultur zentral zu integrieren, die Ich-Perspektive eines jüdischen Intellektuellen in drei westeuropäischen Hauptstädten der Vorkriegszeit und der 60er Jahre, Thomas Manns Romankunst am nächsten gekommen. Jean Améry, der das Buch (und seine im Roman mitgelieferte Entstehungsgeschichte, weshalb Andersch den englischen Übersetzungstitel *Efraim's Book* besonders mochte) in die Nähe von Frischs *Stiller* und Bellows *Herzog* rückt, spricht von der »klugen Skepsis«, mit der Andersch Thomas Manns »Zeitgebreite« so scheinbar mühelos und leserlich »in seine Fäden aufgelöst« und mit »reporterhafter« Beobachtungsschärfe neu geknüpft hat, daß der Überlebende des *holocaust* nicht an »Weltekel« und Selbstmitleid erstickt (ÜA, S. 123–127). Die Zeitkritik an den Problempunkten der »goldenen«, an freiheitlichem Ferment und bitteren Rückschlägen reichen 60er Jahre (im Spektrum von Kuba-Krise und Mauerbau bis hin zu einer neuen Entspannungspolitik nach Osten, von den transatlantischen Aufbrüchen der Jungen bis zu den politischen Morden an den Kennedys und Martin Luther King, integrativen Symbolfiguren der Reform) bleibt gültig, weil ihre historische Tiefenschärfe und ihre ironischen Brechungen nicht die des Autors sind, sondern seiner problematischen, dennoch sympathischen Figur; die auktoriale, schwebende Vogelperspektive wird auf eine Froschperspektive zurückgenommen, und die Sicht des heimatlos gewordenen Opfers, sehr subjektiv und von »unten«, gewinnt die Sympathie des Lesers, weil Efraim nicht rechthaberisch und selbstgerecht verurteilt; vielmehr motiviert Andersch den Leser geschickt, die deutlich ironisch gezeigte, bewußt beschränkte und amoralische »Zufallstheorie« als die zweite große Leerstelle in den vielfältigen Brechungen des Erzählten durch sein eigenes Urteil auszufüllen.

Die scheinbare höhere Unverbindlichkeit des bis in einzelne Handlungszüge an Thomas Manns *Zauberberg* angelehnten Verfahrens, dort von Hans Castorps intellektueller Enthaltsamkeit garantiert, hier durch die psychologische Urteilssperre als Überlebenshilfe motiviert, fordert die am schwersten durch resolute Aufklärung zu erreichende Instanz des Lesers heraus, sein Gewissen: er muß, will er die unbefriedigende Zufallstheorie Efraims nicht ebenso achselzuckend übernehmen, in die Perspektive eintreten, die jede Trauerarbeit an der deutschen Vergangenheit erst ermöglicht, die Sicht der Opfer der NS-Ideologie. Was Mitscherlich mit seinen Fallstudien in der *Unfähigkeit zu trauern* (1967) versucht hat, die verdrängten zwölf Jahre als beunruhigende Defizienz im Leben dreier Deutscher in ihrer individuellen wie kollektiven Ausformung sichtbar zu machen, möchte Andersch in noch eindringlicherer Subjektivität zeigen; in einer nachdenklichen »Notiz über *Efraim*« (1974, ÜA, S. 117–118) insistiert der Autor auf der Gefahr, das Individuum aus soziologischen, systemrationalen Erwägungen zu einem »bloßen Typus« herabzuwürdigen:

»Das Verbrechen besteht nicht darin, daß man Menschen in Massen umbringt oder krank macht, sondern daß jedes einzelne Partikel dieser Massen ein Mensch mit einem nur ihm gehörigen und in jedem einzelnen Fall höchst merkwürdigen und wertvollen inneren Leben war oder ist. Auf ganz andere Weise als die Psychologie als Wissenschaft – die ich hoch schätze – hat der Roman seit Jahrhunderten dieses innere Leben sichtbar gemacht, und die sogenannte Krise des Romans besteht in nichts anderem als in der Frage, ob dem Menschen noch psychische Realität zugestanden wird oder nicht« (ÜA, S. 117f.)

Der moralische Appell gelingt umso überzeugender als es durch den primären Handlungsstrang, die Dreiecksbeziehung Efraim – Keir – Meg und den Vorgang des Schreibens zwischen Rom, London und Berlin möglich wird, die Bewußtseinskrise des Überlebenden als Identitätskrise (und damit, im Zentrum des modernen Romans, als zeitkritisch) von innen zu zeigen, durch den *subplot* der spannungsreichen Suche nach einem Überlebenszeichen des 1938 verschollenen, 13jährigen Mädchens Esther, der unehelichen Tochter des englischen Chefredakteurs Keir Horne und der im KZ wie Efraims Eltern umgekommenen Marion Bloch, von außen. Mit dem keineswegs notwendigen Schicksal des Kindes gelingt der moralische Appell mit nachhaltiger Überzeugungskraft, denn Schuld wird nicht einseitig (und auf innerdeutsche Instanzen beschränkt) verteilt; sicher ist die deutsche Variante des Faschismus mit der seit 1938 zunehmenden Judenverfolgung bis hin zur »Endlösung« der herausragende Grund für den Verlust der Primärbindungen des Kindes, aber Andersch fügt es, daß auch der englische Vater, der mit seinen Kontakten die Rettung leicht hätte bewirken können, die individuelle Schuld am wahrscheinlichen Tod Esthers durch eine Unterlassungssünde teilt, und daß die mitverantwortlichen Erzieherinnen, katholische Schwestern (nach einem vergeblichen Appell an den Vater über die englische Botschaft) das Kind ebenfalls im Stich lassen. Die Mutter, der das Kind entlief, um sich zu retten, wird kurze Zeit darauf in einem Viehwaggon nach Auschwitz transportiert. Esther entschwindet unseren Blicken, wie denen ihrer Lehrerinnen, Mutter Klara und Mutter Ludmilla, in der eindringlich heraufbeschworenen Vision Efraims, nur von ihrem kleinen Hund begleitet, dem objektiven Korrelat der bei den Menschen nicht erfahrenen Fürsorge und Treue (Efraim wünscht sich an anderer Stelle einen Hund, weil dessen »Genie« in seiner »Loyalität« liegt):

»da haben Sie ihr nachgesehen, Sie und Mutter Klara, wie sie den Zaun entlangging, zusammen mit ihrem kleinen Hund. Sie hat sicher mit ihrem Hund gesprochen, sich darum gesorgt, daß er nicht auf die Fahrbahn hinauslief [...] Sie haben zugesehen, wie ein weinendes Kind, das Sie gut kannten, mit seinem Hund sprach!« (EF, S. 259)

Andersch, der seinen sonst so abgeklärt auf Zufälle bestehenden Efraim mit dieser Vision Mutter Ludmilla »foltern« läßt, dringt anhand der christlichen Einstellung der Katholiken zu den weltanschaulichen Kernfragen des Romans vor. Da die Schwestern dem Kind nicht sagen wollen, daß Gott es prüfe, da er »unmöglich so grausam« sein könne, bleibt ihnen nur die Erklärung, »die Menschen seien so schlecht geworden, daß der Teufel die Welt regiere«. Als Efraim einwendet, dies würde auch ein Eingeständnis der Machtlosigkeit Gottes bedeuten, rettet sich Ludmilla auf die Position der Kirche, »daß Gott allmächtig ist und daß er den Menschen den freien Willen verliehen hat« (EF. S. 253). Auf die moralische Sensibilisierung dieses Willens kommt es dem Autor, im Gegensatz zur Zufallstheorie seines resignierten Protagonisten an, wie die andere Kernszene, der Besuch Efraims bei dem jungen »ekmelischen« Komponisten Werner Hornbostel und seiner Verlobten Anna Krystek verdeutlicht. Hornbostel, der wie Andersch mit dem Montageverfahren komponiert und Efraim von allen Berlinern am sympathischsten ist, wird nur ein einziges Mal aggressiv (seine »arglos freundliche« und »zögernde Sachlichkeit« vergessend), als Efraim die Ermordung der Juden und seinen eigenen Faustschlag als Antwort auf die gedankenlos gebrauchte, häufige Floskel »bis zur Vergasung« (die er, der Emigrant, zum erstenmal hört) als Zufälle erklären will, weil er an das »Schicksal« nicht glaubt:

»»Sie müssen verrückt sein!‹ fuhr er mich an. ›Erst schlagen Sie einen Menschen, weil er gedankenlos von Vergasung redet, und dann kommen Sie mit einer Theorie, mit der Sie den erhaben Gleichgültigen spielen können! Wissen Sie nicht, daß es nur in Deutschland geschehen konnte, nirgends sonst, und genau zu dem Zeitpunkt, an dem es geschah? Es ist gewollt worden, verstehen Sie: gewollt!‹« (EF, S. 140–141)

Der unerwartete Ausbruch, im Vokabular und den Deutungsalternativen genau Anderschs Aufsatz zum Ersten Weltkrieg (»Aus Torheit?«, 1954) entsprechend, bringt selbst Efraims Schutzfassade zum momentanen Wanken: »Natürlich, das war die dritte Möglichkeit: wenn es sich weder um ein Schicksal, noch um den Zufall handelte, dann war das, was sich nicht mehr beschreiben ließ, die Wirkung eines Willens gewesen . . .« (S. 141) Nur dem Leser, der zum Verdrängen dieser Frage durch irgendwelche mehr oder weniger bequemen und plausiblen Theorien neigt, ist die Antwort aufgegeben, und sie wird ihm schwergemacht, indem Efraim Auschwitz für unerklärlich erklärt; um nicht nur an die logische Fakultät des Verstands, sondern an ein umfassendes humanes Selbstverständnis zu appellieren, verschärft Andersch die Szene Esthers mit dem Hund noch durch die Auschwitz-Dokumente der Zeugenaussagen: »Wir sahen ein riesiges Feuer [...] ›Um Gottes willen, Maruscha, der wirft ja einen lebenden Hund hinein.‹ Aber meine Begleiterin sagte: ›Das ist kein Hund, das ist ein Kind.‹« (S. 141) Efraims bitterster ironischer Satz bezeichnet Hornbostels Erklärung des historisch »Gewollten« als »kleine Kinderschreie des Protestes gegen das Unerklärliche«.

In dem Doppeldreieck der Haupthandlung, in deren Schnittpunkt Efraim steht, auf »Heil« und »Erlösung« wartend, während an den Dreiecksenden Keir Horne und Hornbostel (dessen Vater ein begeisterter NS-Mitläufer war) Schuld und Sühnearbeit der Generationen verkörpern, und Meg und Anna, zwischen den Männern stehend, für Efraim die nicht mehr mögliche und die noch nicht mögliche Erlösung durch Mitmenschen bedeuten, sind die Positionen durch sprechende Namen und mythische Motive verstärkt. Dem heimatlosen Efraim gibt Andersch Züge des »Ewigen Juden« und wandelt einen Erlösungsmythos ab, der auch in Heines Erzählung vom Fliegenden Holländer sowie in der eigenen Erzählung »Die Letzten vom Schwarzen Mann« Verwendung finden; über Roland, den im Krieg gefallenen Doppelgänger, heißt es dort: »In jenen alten Sagen, die Fälle wie den seinen behandelten, wurde ja behauptet, daß die reine Liebe eines Mädchens einen Geist, der nicht zur Ruhe kommen konnte, zu erlösen vermöchte« (GL, S. 42).

Anna kommt nicht nach Rom, bleibt Hornbostel treu, und kann Efraim nur durch ihr Beispiel (ähnlich wie Hornbostel) indirekt erlösen: er schreibt das Buch, veranlaßt durch das Kennenlernen der beiden und das Berlin-Erlebnis; Annas Bodenständigkeit und Werners Künstlertum sind rettende Gegenmotive zu seiner bindungslosen Unrast und dem Leiden an dem unhaltbar gewordenen Dreieck mit Meg und Keir. »Krystek« steht, bei aller marxistischen Dogmatik Annas, für ein mitmenschliches Christentum im Verhalten (und ganz im Ironiestil Thomas Manns läßt Andersch den Regisseur Lampe/Käutner Anna ausgerechnet eine »bezaubernde Christin« in dem auf Rom verweisenden Shaw-Stück *Androklus und der Löwe* spielen). Annas in den Hoffnungsfarben grünsilbern schillerndes Kleid, ihr vogelgleiches Wesen und das »aschblonde Haar« verbinden Freiheitssehnsucht mit Erlösungsmythos und der Hoffnung auf eine mitmenschliche Synthese zwischen den berühmten kontrapunktischen *Todesfuge*-Versen des Freundes Paul Celan: »Dein goldenes Haar, Margarethe/Dein aschenes Haar, Sulamith«.

Das andere Dreieck ist vom bösen Blick der wüsten alterslosen Bettlerin betroffen, von der beruflichen Beziehung Efraims zu dem zwielichtigen Keir Horne, den Livia Wittmann in einer genauen Analyse (S. 77f.) mit Peeperkorn vergleicht (die Namensähnlichkeit stützt die Übereinstimmungen in Figurenzeichnung und Konstellation, die problematische Rolle Gerhart Hauptmanns nach 1933 ist mitintendiert), und der Hörigkeitsbeziehung Keir – Meg, deren Fortdauer in seiner Ehe Efraim nicht mehr ertragen kann; das Dreieck erfährt, ähnlich wie jenes zwischen Hans Castorp, Madame Chauchat und Peeperkorn, eine Erstarrung, die auch dann nicht aufhört, wenn Keir anfängt, »abzufallen« (und seine Hände vom Suff aus schlechtem Gewissen zu zittern beginnen): für Efraim wird kein neuer Anfang möglich, ebensowenig wie für Castorp nach dem Tode Peeperkorns. An dem Horn des Bösen und dem Nebenmotiv des Gehörnten, bei Andersch keinesfalls aufdringlich ins Mythische gewendet, arbeitet (»bosselt«) Werner Hornbostel als Künstler, und rettet sich Efraim in die befreiende Selbstanalyse seines Buches. In Werners Werkstatt findet sich auch der soziologische Hinweis auf die Mord-Konstellation des Pogroms (»Esthers Mörder«); in den monumentalen Plastikresten Arno Brekers, dessen gefährliche Verbrämung des NS-Mythos mit Klassizität die Blockwartsfrau Wendt mit dem Schürhaken bewacht und dem Mitläufertum des Fabrikantenvaters und Breker-Freunds ist die unheilige Verbindung von Kleinbürgerapotheosen (Frau Wendts »große Zeit«) und Großbürgerverrat im NS-System angedeutet (EF, S. 138)

Die kontroverseste Frage der *Efraim*-Kritik, das Erfassen der jüdischen Mentalität in dem Roman, die eine Fehde zwischen dem sonst keineswegs auf Anderschs Seite stehenden Robert Neumann und Reich-Ranicki auslöste (Ranicki sprach dem Autor die »intellektuelle Sensibilität« ab), haben Erhard Schütz und Irène Heidelberger-Leonard versachlicht, indem sie zeigen, worin sich die ambivalente Kunstfigur Efraim von einem »verlogenen Philosemitismus« (der »erschütternde Leidensfiguren« bevorzugt, Schütz, S. 70) unterscheidet, ebenso wie von dem »revoltierenden Judentum« Jean Amérys in *Jenseits von Schuld und Sühne* (1966). Schütz legt die Betonung der Andersch-Konzeption nicht auf Jude, sondern auf Minderheit, ja sogar einer im Judentum selbst minoritären Haltung zur Vergangenheit, und in der Minderheit des Intellektuellen wiederum auf die minoritäre »Aussteiger«-Haltung (S. 73). Wo Andersch sonst Efraim in seinen subjektiven, nicht typusvertretenden Zügen verstanden sehen will, wertet er die Romanfigur doch gegenüber Améry als thematischen Beitrag zum »deutsch-jüdischen Intellektuellen«-Problem (»Anzeige einer Rückkehr des Geistes in Person«, 1971, BK, S. 140). Améry müßte aus seiner kämpferischen Position Efraims scheinbare »Versöhnungsbereitschaft« als »masochistische Konversion einer verdrängten *echten* Racheforderung« auffassen (*Schuld und Sühne*, S. 114, vgl. Heidelberger, S. 191). Als aktives Opfer zur offenen und permanenten Revolte übergehend, empfindet Améry Efraims Heimatlosigkeit als »Attitüde«, seinen Fluchtweg in Passivität als moralische Kapitulation; vor dem »Welturteil« der Judenverfolgung gilt es für ihn, nicht in »Innerlichkeit« zu fliehen, sondern sich »in der gegebenen gesellschaftlichen Wirklichkeit als revolutierender Jude« zu realisieren (*Schuld und Sühne*, S. 144). Efraims Widerstand besteht, bei einem stärkeren Überlebenswillen der Kunstfigur, als er in der Wirklichkeit Celan und Améry gelang, im Akt des Schreibens mit seiner zeitkritischen, nichts beschönigenden, bis in die Sprachanalyse reichenden, Darstellung (Heidelberger, S. 193).

Die verbleibende ästhetische Kritik an der mangelnden Distanzierung des Autors von seiner Figur, daß Andersch »nicht über seinen Erzähler hinausgelangen konnte« als entscheidendes künstlerisches Manko (Schütz, S. 77; Schütte, »Eine schöne Kunstfigur«, *Frankfurter Rundschau* 47, 28. 2. 1968), läßt sich auch als lohnendes Risiko entschärfen. Der Gewinn liegt, wie die Gefahr, in der Ich-Perspektive, die den Leser in eine kaum sonst so hautnahe Perspektive des jüdischen Dilemmas integriert. Wie die Kritik an den früheren Romanen (vor allem in der Erstrezeption) dem Autor als gebranntem Kind die andere, auktoriale Variante des Erzählens in der dritten Person als ebenso große Gefahr bewußt gemacht hat, belegt er selbst in der Titelgeschichte von *Mein Verschwinden in Providence*. Er kann es so oder so niemandem recht machen:

»Die Entscheidung über die Erzähl-Perspektive lasse ich T. noch hinausschieben. Mache ich ihn zum Ich des Romans oder zum erzählten Erzähler? Scheue ich den Vorwurf, ihn, wie ein Gott, erfunden zu haben und sich bewegen zu lassen, maskiere ich ihn also als *Ich*, oder greife ich ruhig nach *Ihm*, im Vertrauen darauf, daß meine Leser mich schon nicht mit göttlichen Attributen ausstatten werden, nur weil ich die dritte Person Singular verwende?« (VP, S. 271)

Am Ende von *Efraim* wendet Andersch dies Problem der Erzählperspektive in die Frage, ob das Ich »unter allen Masken, aus denen man wählen kann« nicht vielleicht die beste sei. Efraim, der doch nur »geschrieben worden ist«, verabschiedet sich, mit einem Augenzwinkern des Autors, von der Zufallstheorie, worauf er »das ganze Buch hindurch so ermüdend insistiert habe«; wie durch einen »Taschenspielertrick« läßt Andersch seine »demaskierte« Figur im römischen Abendlicht, die Spanische Treppe hinab, am klassischen Ort des rastlosen Reisenden und Dichters, im romantischen Hotel Byron verschwinden.

Wie haltbar das vielschichtige, panoramatische, den Leser schöpferisch einbeziehende Buch gemacht ist, zeigt sich in den ersten summarischen Analysen der Germanistik zur Literatur der 60er Jahre. Manfred Durzak urteilt (*Börsenblatt* 36, 28. 4. 82, S. 1067) in hohem Maße anerkennend, wenn er *Efraim* neben Canettis *Masse und Macht*, Hermann Lenz' *Spiegelhütte*, Hildesheimers *Tynset* und Nossacks *Der Fall d'Arthez* zu den entscheidenden Büchern des Jahrzehnts zählt, die jenseits ästhetischer Trends »in den Erfahrungskontext« jener Jahre »Schneisen der Erkenntnis gelegt haben«.

> »When the door shut for him, he had
> already written on this side of it that which
> every artist who also carries through life with
> him that one same foreknowledge and hatred
> of death, is hoping to do: I was here.«
>
> Faulkner über den Tod Camus' (*Essays, Spee-*
> *ches, and . . . Letters*, N. Y., 1965, S. 114)

Faulkner nannte als die drei wichtigsten Quellen seiner Erzählprosa Beobachtung, Erfahrung und Vorstellungskraft (»imagination«). Die ersten beiden als Gedächtnisdimension nehmend, als
»Rumpelkammer« seines Unbewußten (»lumber room of his sub-
conscious«, *Faulkner at West Point*, N. Y., 1964, S. 96), in dem er
das Notwendige für seine Kunst später wiederfand, hoffte er, das
Nicht-Referenzialisierbare sei das Transzendierende, den Tod
durch Kunst überwindende (und die menschliche Kraft des Leidens
und Durchhaltens bezeugende) dritte Element seiner aus der Erinnerung gewonnenen Literatur. Dieses letzte Element war für ihn das
entscheidende, weshalb sein Realismus keine Poetik der Widerspie-
gelung bedeutete; um die Wahrheit sagen zu können, sah er das
Vorrecht des Künstlers darin, die Fakten zu unterstreichen, zu
vergrößern und zu verzerren (*Faulkner in the University*, Charlot-
tesville, 1959, S. 282).

Andersch, dessen Bewunderung für Faulkner in den letzten Jahren noch zunahm, hat für seine sechs autobiographischen Franz-
Kien-Geschichten ein poetologisches Nachwort geschrieben, das,
als zugleich letztes Stück Prosa (entstanden nach dem *Vater eines*
Mörders Anfang 1980), eine *summa* seiner Erzählhaltung darstellt;
von »Testament« ist die Rede, und von Weiterwirken. Das wird
noch im Dementi aller Vorausblendetechnik und einer, selbst als
»strikt autobiographische Erinnerung« niemals abgeschlossenen,
vielmehr »offenen« Erzählung deutlich:

> »Ihr Erzähler hat an einem bestimmten Mai-Tag des Jahres 1928 nicht
> gewußt, was aus ihm, geschweige denn aus dem Rektor Himmler werden
> wird, und er hofft, daß auch seine Leser eine offene Geschichte einer ge-
> schlossenen vorziehen. Man soll Erzählungen nicht ablegen können wie
> Akten – wie einen Kaufvertrag oder ein Testament« (VM, S. 134).

Andersch macht sich über die erzählerische Freiheit, die ihm die
»Maske« eines *alter ego*, Franz Kien, erlaubt, skrupulöse Gedanken
als Realismus-Anhänger, der das auktoriale Prärogativ nie aufgeben
wollte. Das streckenweise wie ein Echo auf Max Frisch (den Genera-

tionsgenossen und Dorfnachbarn in Berzona) und die Rolle autobiographischer Erfahrung für alle Fiktionen anmutende Nachwort
macht es sich mit der Gewichtung von Psyche und Geschichte als
Determinanten schwer: wo Frisch (in *Gantenbein*, 1964, und noch
deutlicher in *Biographie: ein Spiel*, 1967) das erzählte Ich in allen
gedachten Rollen mit der klinischen Prägnanz und Emphase eines
Labor-Experiments an dem gleichen psychischen Gepäck der frühen Jahre scheitern läßt, schätzt Andersch Erziehung, Umweltfak-
toren, Geschichte als persönlichkeitsbildende Kräfte höher ein; im
»Nachwort für Leser« spricht er von »Szenen der Anpassung«, an
denen es im »Drama der deutschen autoritären Schule« nie gefehlt
habe (VM, S. 132) und stellt die Weichen für die wichtigsten Deutungsalternativen selbst:

»Mußte aus einem solchen Vater mit ›Naturnotwendigkeit‹, d.h. nach
sehr verständlichen psychologischen Regeln, nach den Gesetzen des Kampfes zwischen aufeinanderfolgenden Generationen und den paradoxen Folgen
der Familien-Tradition, ein solcher Sohn hervorgehen? Waren Beide, Vater
und Sohn, die Produkte eines Milieus und einer politischen Lage, oder,
gerade entgegengesetzt, die Opfer von Schicksal, welches bekanntlich unab-
wendbar ist – die bei uns Deutschen beliebteste aller Vorstellungen?« (VM,
S. 134–135)

Weil Andersch glaubt, daß Schicksal »so billig nicht zu haben ist«
(»Aus Torheit?«, 1954), andererseits jede geschlossene Form zu
allzu eindeutiger Interpretation verleitet, während doch der Leser
sich in genauer Lektüre, prüfend und abwägend, entscheiden soll,
sind dem Autor jene Figuren am liebsten, »die offen, geheimnisvoll
bleiben, auch nachdem ich mit dem Schreiben aufgehört habe«. Die
Form der Erzählung soll in der dritten Person, anders als »im
strengen Ich der absoluten Autobiographie« etwas »Ungelöstes«
behalten: »Die Form der Erzählung verhält sich gespannt zu dem
Geist der Lebensbeschreibung« (VM, S. 132). Solchen Geist im
wesentlichen in der Erinnerung erkennend, und doch mit der Er-
zählphantasie öffnend, findet sich Andersch mit seinem letzten
Nachwort in der Nähe Faulkners und seines Glaubens an die weiterwirkende Kraft künstlerischer Imagination.

Das Nachwort hat für den gesamten Franz-Kien-Zyklus Gültig-
keit. Die letzten beiden Erzählungen, »Lin aus den Baracken«
(1976) und die Schulgeschichte, gelten den Jahren 1928 und 1932,
während die zuerst geschriebene »Alte Peripherie« (1963) das Jahr
1930 zum Hintergrund hat; es geht um Münchner Schul- und Puber-
tätserinnerungen aus der Zeit der Weltwirtschaftskrise, die (wie der
allererste Text des Autors von 1941, »Skizze zu einem jungen
Mann«) den Vorabend des heraufdämmernden Faschismus be-

schwören. Der Kreis schließt sich. 1971 erscheinen dann die (im Juli 1968 entstandene) Beschreibung des US-Kriegsgefangenenlagers 1944/45, »Festschrift für Captain Fleischer«, die Momentaufnahme des vollzogenen Machtwechsels 1933 vor der Feldherrnhalle, »Die Inseln unter dem Winde«, und die scheinbar total private Wahrnehmung des Tags, an dem der Zweite Weltkrieg angezettelt wird, »Brüder« (zwei weitere Franz-Kien-Texte, »Der Redakteur, 1952«, 1969 und »Achtmal zehn Sätze«, 1973, sind zwar biographisch aufschlußreich, literarisch jedoch kaum von Bedeutung).

Da sämtliche Erzählungen bereits 1979 chronologisch geordnet in Gerd Haffmans' *Alfred Andersch Lesebuch* erschienen sind, zudem Andersch in seinem Nachwort auch die allererste Kien-Erzählung »Alte Peripherie« berücksichtigt, erscheint eine Interpretation des Gesamtzyklus in chronologischer Folge im Sinne des Autors. Bereits an den Daten erzählter Zeit – 1928, 1930, 1932, 1933, 1939 und 1945 – fällt auf, daß der Endphase der Weimarer Republik das Hauptgewicht gehört, und den betont »privaten«, genauen Alltagsbeobachtungen, die einer streng personalen Perspektive folgen, historische Makroereignisse gegenüberstehen, die zugleich Eckdaten des faschistischen Einbruchs markieren, Weltwirtschaftskrise, Machtübernahme, Beginn und Ende des Zweiten Weltkriegs. Die scheinbar nur privat bedeutsame, für den Schüler Andersch so folgenschwere Schulstunde in relativ stabiler Zeit trägt gerade durch den Kontrast im Titelimplikat (die Familienkonstellation Himmler) zu dem Gesamtbild bei, hier gehe es um einen Versuch, in den biographischen Alltagserfahrungen die historischen Makroereignisse indirekt miteinzubringen (umgekehrt trägt der 1. September 1939 den privatesten Titel, »Brüder«).

Für die meist langen Kurzgeschichten (bis hin zur Novellenlänge der letzten Schulgeschichte, die eine einzige Griechischstunde wiedergibt) ist damit ein Theoriehorizont gegeben, dem sich die Romanschriftsteller ebenso gewidmet haben, wie die neuere Literatursoziologie und Hermeneutik: die Schwierigkeit, Alltagszustände in der eigenen Erinnerung intakt wiederzubeleben und so dem Leser authentisch zu vermitteln. Wo Proust an den Zufall glaubt, der allein die von der Gegenwart getrennte, im Unbewußten abgelagerte Erinnerung wieder heraufruft, aber einen unteilbaren, individuellen Rest, ein *événement unique* zuläßt, sieht der Theoretiker der *mémoire collective* (Paris, 1950), Maurice Halbwachs, die Rekonstruktion über *cadres sociaux*, Gruppenwelten und kollektive Symbole in gegenwärtiger Relevanz; die Erinnerung an Umstände, stabiler als diejenige vergangener Zustände, erlaubt eine systematisierte Reproduktion durch die Vorstellungskraft, strukturiert durch etablierte

Relevanzen (etwa bei Andersch die Vorstellung von der Rolle des Schriftstellers im Staat, die auf die erinnerte Schulstunde durchschlägt). Andersch hat in seinen Erinnerungen das bewußt imaginierte Element bereits durch den Decknamen und die darin enthaltene erzählerische Freiheit angedeutet; und geschickt vermeidet er das Dilemma, »geschichtslosen« Alltag wiederzubeleben, in dem er den Raum seiner Erinnerungen mit kleinen Begebenheiten anfüllt, deren unerwarteter Ausgang (dem ursprünglichen etymologischen Sinn von Ereignis näher) der Historie in Mikroereignissen Kontur verleiht. Jedes unerwartete Alltagserlebnis wird durchsichtig auf die größeren geschichtlichen und psychosozialen Zusammenhänge hin. Die dabei erreichte Bedeutungskompression bei aller erzählerischen Lakonie (im ausgesparten Kommentar), die dennoch spürbare innere Beteiligung, wirkungsstark in den sinnlich prägnant wahrgenommenen Einzelheiten, und die alledem abgewonnene Spannung sind bewundernswert. In den Rezensionen war denn auch mehrfach von Meisterleistungen die Rede.

Die Voraussetzung für eine distanzierte Erzählkunst, in der das Psychologische an Raum gewinnt, ohne daß das Soziopolitische vergessen wird, ist ein Sichlösen aus den dezisionistischen Vorstellungen Sartres. Mit den 60er Jahren, mit dem Leben im deutsch-italienischen Südkanton der Schweiz, den Nordlandreisen, längeren Aufenthalten in Rom (wo er »Alte Peripherie« schrieb) und London kam der Übergang zum kontemplativeren, ruhigeren, der eigenen Kunst und Person sicheren Beobachten; vor dem Hintergrund einer pluralistischen Demokratie und weitgehender politischer Toleranz in Europa konnte ein moralisch plakatives *j'accuse* nicht mehr taugen; Marcuses *Eindimensionaler Mensch* (1964) ließ die neuen Bedrohungen individueller Phantasie (und das Offenhalten der Gesellschaft durch Utopien) in einer totalen Waren- und Reklamewelt erscheinen, wogegen es galt, die Komplexität und Sensibilität des Ich zu entdecken. Das Böse ließ sich nicht länger personalisieren; der Eichmann-Prozeß hatte in der deutschsprachigen Literatur die Entdeckung des Faschismus in seiner alltäglichen Dimension gefördert, in heikler aber offensichtlicher Nachbarschaft zu Tugenden des pflichttreuen Beamten und Familienvaters. Andersch wurde (wie Ingeborg Drewitz 1966 betonte) vom Ankläger menschlicher Unzulänglichkeiten – das Böse wollte ihm nur im Modus des Monströsen oder Automatenhaften gelingen – zum Verteidiger und Anwalt anderer und eigener Halbschatten. Hier liegt sicher auch ein Grund für das Erzählen der eigenen Vergangenheit in der dritten Person: das eigene Erlebnis-Ich ist für den Autor »unter den vielen Figuren, die er erzählend befragt, die zugleich bekannteste und unbekannteste« (Schirnding, 1981, S. 330). Die erst spät erlangte, doch so notwendige Distanz erreicht nun einen Erzählstil, bei dem sich die »Reflexion unmittelbar als Situation« darstellt und der »Demonstration durch die Fabel« nicht mehr bedarf (Drewitz, S. 674).

Franz Kien ist aber auch eine sprechende Maske, wie die Schulerzählung im Verhalten des Rektors und des eigenen Vaters zur Karl-May-Lektüre des Vierzehnjährigen belegt (Franz haßt den Vater dafür, daß er ihm das Buch »an der spannendsten Stelle« wegnimmt mit den Worten des »Rex«: »Karl May ist Gift«, VM, S. 92). Der Name des *alter ego* ist aus den zwei Hauptfiguren von Canettis Roman *Die Blendung* (1935) zusammengesetzt: Peter Kien ist ein weltfremder, ungeheuer belesener Sinologe; ein neunjähriger Junge, Franz Metzger, bittet Kien aus Wißbegierde, in dessen Bibliothek lesen zu dürfen. Franz liest gegen den Willen seines Vaters. Der Junge versucht, sich von seinem Elternhaus durch autodidaktisches Lernen (unter exotischen Umständen, die seine Neugier reizen) zu emanzipieren. Die Beziehung zu Anderschs Jugend, seiner Reaktion auf das repressive Milieu von väterlichem Konservativismus und schulisch elitärer, zugleich öder Drill-Pädagogik, ist evident (ob diese doch sehr versteckte *hommage* an eine der »Vaterfiguren« der deutschen Nachkriegsliteratur mit dem Literaturerneuerungskonzept von Andersch und der psychologischen Zäsur von 1945 zusammenhängt, läßt sich nur vermuten; sicher ist, daß Andersch meiner Konjektur von 1971, *Der Nullpunkt* S. 110, 179, nicht widersprach).

6.1. Der Vater eines Mörders

Schon in den ersten Schulerinnerungen von 1941, in der »Skizze zu einem jungen Mann«, klingen die Themen zeitbedingter schulischer Ödnis und eigener Lernmisere an, die in einer einzigen Griechisch-Stunde den auf Unterwerfung abzielenden Schuldirektor, auf die ungewöhnliche Auskunft hin, Franz wolle Schriftsteller werden, dem 14jährigen eine Art Berufsverbot erteilen lassen: der subversive Geist des Künstlers, der für den alles ordnend vereinnahmenden »Frei-Staat« – das hier gezeigte Gymnasium ist sein verkleinertes Modell – ein natürliches Ärgernis bedeuten muß, soll im Keim erstickt und seiner Startchancen beraubt werden, der »Rex« verstellt Franz den natürlichen Zugang zu Bildung. Aber (so der Autor im Nachwort) Franz Kien ist ein »störrischer Geselle«. Er wird zum Autodidakten aus Widerstand und Selbstverwirklichungsbedürfnis; im totalen Staat werden die Bücher dann zur Lebenshilfe, später zum Fundus für den eingeholten Berufstraum.

Auf die »schillernden Fische« im Schul-Aquarium, »die Echsen in der goldenen Flut«, projiziert der 27jährige seinen erinnerten Wunsch nach »vegetativem Leben«, den ihm die Schule verwehrte:

»Ich, der ich zu jener Zeit nicht die Fähigkeit besaß, den Sinn lernender Bemühung einzusehen, verbrachte die Jahre auf dem Pennal, wie wir es nannten, in einem Zustand der Unlust, ja manchmal in schweren Krisen, die sich dann einstellten, wenn zwischen meinen Leistungen und den gestellten Anforderungen ein Abgrund klaffte, der weder durch krampfhafte Anstrengungen meinerseits noch durch den seelischen Druck von Strafen zu schließen war. Der Geist jener Anstalt nährte sich wohl von der humanistischen Tradition; diese aber war in dem Bayern jener Tage überlagert von der Starre eines engen Verwaltungskonservativismus, der die natürliche Reaktion auf die ungezügelte Experimentierlust war, die sich sonst allüberall im deutschen Vaterlande regte; eine langsam in der Sättigung erstarrende Form von Katholizismus verband sich mit ihm. [...] Oberstudiendirektor Mächler, der die Anstalt leitete, verkörperte mehr die Prinzipien pedantischer Staatsautorität, der ›Einordnung über alles‹, statt unserem gesunden jugendlichen Individualismus einfühlende Führung zu geben; welch mephistophelischer Geist in dem stattlichen Mann mit den weißen Spitzbart und den hinter goldgeränderter Brille kühl blickenden Augen lebte, konnten wir damals noch garnicht erkennen [...]« (»Skizze zu einem jungen Mann«, s. Anhang)

Auf der gesellschaftskritischen Ebene liest sich die Erzählung als das Modell von Herrschaftsverhältnissen und des unheilvollen bürgerlichen Irrtums, man könne den Kampf nach oben (das »Gewörtel« des Rex mit Baron Greiff, der ihn mit frechem Macht- und Standesbewußtsein konfrontiert) mit humanistischen Argumenten führen, nach unten (gegen den schwachen Schüler und verarmten Offizierssohn) mit umso härterer Repression vorgehen, wo doch »der Opportunismus der kleinbürgerlichen Massen aus den Formeln der äußersten Konsequenz schon die Schlagworte der billigsten Lösung herausspürte« (KF, S. 24: vgl. Hitzer, S. 110).

Auf der biographischen Ebene des werdenden Schriftstellers geht es um den Irrtum der Lehrer, die bei Kien/Andersch aus der Eins in Deutsch und Geschichte und den schwachen Griechisch- und Mathematikleistungen auf einen Mangel an Lernwillen schließen: »Sie hätten besser daran getan, einzusehen, daß ich überhaupt nichts ›lernen‹ wollte; was ich wollte, war: schauen, fühlen und begreifen« (KF, S. 12). Hier muß die Drillmethode und das Auswendiglernen von Grammatikformeln versagen; einzig die Musikalität der griechischen Akzente im Wortklang bleibt hängen. Um die Wichtigkeit dieser Unterscheidung zwischen sinnlicher Anschaulichkeit und

Anpassungsverhalten als pädagogischer Weisheit des machtbewußten Direktors zu unterstreichen, stellt Andersch die klangvollen
Vokabeln an den Schluß der Erzählung, als das letzte, was der
einschlafende Kien erinnert.

Das hintergründigste Zitat für die Semantik der Schulerzählung in
ihrer »privaten« wie gesellschaftlichen Vorbedeutung entstammt der
Kreuzigungsszene. Franz Kien folgt der für ihn abgestandenen
Wunschvorstellung des Rex, man könne Sokrates' Stimme auf einer
Schallplatte hören; er traut dem alles andere als humanistisch handelnden Direktor sogar zu, sich anzuhören, »wie der Sokrates den
Schierlingssaft runtergurgelt« (S. 46) und gerät von dieser fatalen
Szene der Gesinnungsunterdrückung zu den letzten Worten von
Christus auf dem Ölberg: »Vater, Vater, warum hast du mich verlassen?« Das Zitat ist, unauffällig montiert, für den Sohn Kien/Andersch ebenso bedeutsam wie für den Sohn Himmler; beide verlassen die autoritären, konservativen Väter zugunsten radikal anderer
Ideale an den extremen Enden des politischen Spektrums. Weil
beide Söhne das Handeln der Väter mit ihren Idealen nicht zusammensehen können, weil der Humanist Himmler sich in »seiner«
Anstalt so heimtückisch verhält (dem Vater Andersch die Hoffnung
auf ein Weiterkommen beider Söhne mit einem Schlag zunichte
machend), fehlt die Vertrauensbasis für ein erzieherisches Weitergeben der Ideale. Der dunkelste Punkt des heraufziehenden Faschismus, der im Christus-Zitat mitaufgerufene Antisemitismus wird so
verdeutlicht als ein Versagen des Humanimus, der, wo er nur noch
Phrase ist, »vor garnichts schützt« (Nachwort, S. 136). Andersch
betritt mit deutlichen Sansibar-Sehnsüchten »den Boden des Kommunismus« wie einen »jungfräulichen Kontinent« (KF, S. 23) und
Kien empfindet aus seinem durch die Erzählperspektive bewußt
beschränkten Horizont heraus Sympathie für den jungen Himmler:

> »an einem Sohn, der vor diesem Vater, vor dieser alten, abgestandenen und
> verkratzten Sokrates-Platte stiften gegangen war, mußte ja etwas dran sein.
> Nur daß er zu diesem antisemitischen Herrn Hitler gelaufen war, als könne
> der ihm ein neuer Vater sein, gefiel Franz nicht« (VM, S. 71).

Es tut der Erzählkunst Anderschs keinen Abbruch (ist aber über
seine Entwicklung hinaus für die Kontinuitätsfragen der deutschen
Literatur angesichts der Epochenschwelle 1945, auch des Verhältnisses der Gruppe 47 zu den Emigranten, wichtig), wenn man seinen
letzten großen Text mit dem traditionshaltigen Untertitel »Eine
Schulgeschichte« von der Faszination des berühmten Schulkapitels
der *Buddenbrooks* mitbestimmt sieht (Elfter Teil, 2. Kapitel, Hanno und Kai Graf Mölln erleben die Wilhelminische Pädagogik in

einer Lateinstunde traumatisch). Schon 1973, in den kryptischen Anmerkungen zur eigenen Entwicklung in »Achtmal zehn Sätze« (SZ, 12./13. 5. 1973) versteckt Andersch die enge Beziehung zu Thomas Mann in dem letzten Abschnitt »Der Kilchberg-Effekt«; nachdem sich Kien mit dem jungen Freud (alles in Anspielungen), Spinoza und dem Erbauer der ältesten sardischen Kirche aus dem 5. Jh., San Giovanni in Sinis, dem »Berber Augustin« (»ein Brükkenkopf afrikanischen Christentums«, RW, S. 98) identifiziert hat, gibt er sich über das Todesdatum als Thomas-Mann-Nachfolger zu erkennen: »Am 12. August 1955 trat er dem anarchistischen Geheimbund RBI bei. Die ›Raunenden Beschwörer des Imperfekts‹ unterhöhlen die Grundlagen der Gesellschaft, indem sie sich weigern, an die Gegenwart oder Zukunft zu denken. Sie beschäftigen sich ausschließlich mit der Vergangenheit«.

Das romantheoretisch und für den aufklärenden Impetus der Trauerarbeit am Vergangenen bezeichnende Bekenntnis zu Thomas Mann wird vertieft, als Andersch im Juli 1975 den Literaturpreis der Bayerischen Akademie der Schönen Künste in Empfang nimmt. Die Rede (SZ, 12./13. 7. 1975) deutet im Titel, »Ich repräsentiere nichts«, die Gegenposition zur Selbstdarstellung des Zivilisationsliteraten an, und nimmt zugleich frühere Gedanken über den Staat auf (»Notiz über den Schriftsteller und den Staat«, *Merkur* 20, 1966, S. 389–400), der nach Anderschs Ideal nicht mehr das »Prinzip der Ordnung« gegenüber den Schriftstellern vertritt, die in einem »naturgegebenen Feindschaftsverhältnis« jenes der »Freiheit« verteidigen, sondern, in der Hoffnung auf eine »Metaphysik der Vernunft [...] repräsentiert der Staat garnichts mehr«: »Er ist zu einer Organisationsform der Gesellschaft geworden: eine gut erzogene Gesellschaft braucht so wenig Staat wie möglich, eine schlecht erzogene braucht den ›totalen‹ Staat« (S. 399). Die nicht unmittelbar zweckgebundenen Texte der Schriftsteller sind »freie Zeichen-Anordnungen mit variabler semantischer Funktion«, die möglichst zeitkritisch sein sollen, aber allein dadurch, daß sie »die Gesellschaft und ihre Zusammenhänge transzendieren« bereits ein »kritisierendes Ereignis« darstellen.

Wir sind beim Thema, der Schule der Nation. Bei der Preisverleihung spricht Andersch von seiner Verehrung für Thomas Manns Werk (man beging 1975 seinen 100. Geburtstag), den »hervorragenden Schriftsteller«, der aber darauf bestand, »die Sprache seines Landes und den humanistischen Geist der Weltliteratur zu vertreten«. Anderschs Dementi solcher Repräsentation ist eine einzige bittere Ironie, die in das Understatement mündet, er repräsentiere nichts als seinen »Schreibtisch«. Alle Gründe für eine solche Selbstzurücknahme liegen zwischen diesen Zeilen und in der deutschen Geschichte. So kann er, »in einer Art Spätantike« lebend zwischen »Dekadenz und Barbarei« (die Epoche ist ihm, man hört die Diktion Thomas Manns, »aus diesem Grunde tief unsympathisch«), den Preis der Akademie als einer Enklave der Literatur annehmen, den bayerischen Staat aber (»ein Freistaat sogar, also für mich etwas nur mit Vorsicht zu Genießendes«) dabei ausblenden. Hier, und in der neuerlich aufgenommenen, für den Autor »heute noch ihn spannenden Beziehung« zwischen »Liebe und Haß« zum heimatlichen München (zwischen Dachau, der Bekanntschaft des 19jährigen mit »Bayern von tief unten« und der »Stunde öffentlicher Ehrung« in der Akademie) liegen die Ansätze für die letzte Schulgeschichte.

Der Schriftsteller Andersch spielt auf die Tradition der eigenen Zunft in den Situationen der Auseinandersetzung mit dem »Drama der deutschen autoritären Schule« behutsam in der Erzählung selbst an, wenn er seine großen Vorgänger Schiller und Mann aufruft. Für Schiller und dessen abenteuerliche Schulerfahrungen auf dem Weg zu den *Räubern* in der »Militärischen Pflanz-Schule« des Herzogs Carl Eugen (die Eltern mußten in einem gefürchteten Dokument den Schüler der Anstalt überantworten, der Herzog ließ Schiller wegen der skurrilen Beschwerde eines Graubündners, der sein Land in den *Räubern* beleidigt sah, zu längerem Arrest und Schreibverbot verurteilen, so daß Schiller floh) steht die fiktive Wahl der brüderlichen Namen »Franz« und »Karl« – Andersch gab seinem Bruder in den Kien-Geschichten vier verschiedene Namen – und der Titel der Erzählung in der Nähe von *Kabale und Liebe* in Ferdinands Ausruf »Mörder und Mördervater!« Auf Thomas Mann verweist der Satz aus *Gladius Dei*, »München leuchtete« (S. 58), aber das bedeutet im Umfeld dieser Schulstunde mehr als nur die Lockung der Freiheit eines schönen Spätfrühlingstags; es liegt darin auch das Selbstbewußtsein des Jungen, der Schriftsteller werden will und des rückblickenden Andersch, der sein in manchem eingeholtes Vorbild versteckt zitiert.

Wesentlicher als das montierte Zitat ist die eher als literarisches Echo denn als Kontrafaktur gestaltete *reprise* der Schulnöte des schwachen Lateiners Hanno Buddenbrook und Kai Graf Möllns, des Sohns aus verarmtem Adel, der Schriftsteller werden will und in der Schulstunde heimlich Poe liest. Sämtliche Motive und gesellschaftskritischen Momente erscheinen bei Thomas Mann vorgeformt, wenn auch bei Andersch weit lakonischer und unauffälliger umgesetzt. Wenn Schirnding bemerkt, einen solchen »Rex« habe »wohl nur das bayerische humanistische Gymnasium zwischen [. . .] 1870 und 1933« gekannt (S. 331), so muß man hinzufügen, auch Preußen nach 1870, und die Figur des »furchtbaren Mannes« Direktor Wulicke nennen, dem Mann die Züge eines »alttestamentarischen Gottes« verleiht, dem man nur mit einer »wahnsinnigen Demut« begegnen darf (*Gesammelte Werke*, Frankfurt 1981, Bd. 1, S. 737). Das Zeitkritische wird unter ähnlichen Vorzeichen und mit derselben Sicht der Schule als verkleinertem Staatsmodell präsentiert:

> »Wo ehemals die klassische Bildung als ein heiterer Selbstzweck gegolten hatte, [...] da waren nun die Begriffe Autorität, Pflicht, Macht, Dienst, Karriere zu höchster Würde gelangt [...] Die Schule war ein Staat im Staate geworden, in dem preußische Dienststrammheit so gewaltig herrschte, daß nicht allein die Lehrer, sondern auch die Schüler sich als Beamte empfanden [...]« (Werke, 1, S. 734)

Wo Franz Kien und Baron Greiff bereits bei Schulschluß von den Mitschülern als ausgeschlossen gemieden werden – sie sind Statisten in der Choreographie autoritärer Ungerechtigkeit – geht es Hanno und Kai ähnlich; im Latein noch einmal davongekommen, während ein anderer Schüler zum Sitzenbleiben verdammt und mit Billigung der anderen gedemütigt wird, erlebt Hanno sein Fiasko durch den ebenfalls wie von Geisterhand eingelassenen Direktor: er wird durchfallen. Das Münchner Glockenspiel, dessen Mechanik den Rex wie von unsichtbarer Hand heraufbeschwört und abtreten läßt (es ist die Hand des Erzählers, vgl. Schirnding, S. 331), samt dem Konnotat des Reigens der Oberen (die Fürstenhochzeits Wilhelms V. 1568) dem die Unteren folgen (die Schäffler), findet sein Pendant im Glockenspiel Sankt Mariens, das Hannos gehetzten Schulweg begleitet, und dessen religiöses Dankesthema er als verlogen (»grundfalsch gespielt«) empfindet.

Der musikalische Rahmen, der die Künstler-Natur Hannos und Franz Kiens hervorhebt, strukturiert beide Texte; wo der Bruder Kiens abends mit seinem Klavier-»Geklimper« das »Geschepper« der Schule ablöst, und Franz dem griechischen Wortklang nachlauscht, endet Hannos Tag in einer langen Klavierphantasie, die noch einmal die Seelenangst des Schultags thematisiert (»Schreie der Furcht [...] verzweifelter Übermut [...] zerknirschter Choral«, S. 764). Der Wecker zu Beginn des Mann-Kapitels entspricht mit »Klappern« und »Klingeln«, »Schnappen« und »Rasseln« den Alliterationen des letzten Andersch-Absatzes. Wenn Mann auch viel deutlicher die Lehrer karikiert, die Themen konturiert und ausgestaltet, während Andersch seine Demonstration des Systems ganz in die Erzählung zurücknimmt, zeigen doch beide Autoren ebenso indirekt wie wirkungsvoll in den Übersetzungsaufgaben des Sprach-

unterrichts die verlorene Humanität von einst und das soziale Dilemma von jetzt: Anderschs »Es ist verdienstvoll, das Land zu
loben« tritt mit seinem Leitmotiv der verspäteten Nation neben
Manns Ovid-Passage vom Goldenen Zeitalter: »Strafe und Furcht
waren nicht vorhanden [...] Es wurden weder drohende Worte auf
angehefteter eherner Tafel gelesen, noch scheute die bittende Schar
das Antlitz ihres Richters« (Werke, 1, S. 745). Aus früher Verletzung und später Erzählmeisterschaft ist eine Schulgeschichte entstanden, die in eine Anthologie mit Thomas Mann und Hesse,
Musils *Törless* und Grass' *Katz und Maus* gehört, eine bittere deutsche Tradition von schwierigen Erfahrungen schöpferischer junger
Menschen.

6.2. Abgründige Momentaufnahmen und eine »Festschrift« auf die Menschlichkeit

Was am Prozeß der Umwandlung von Anderschs Schulerinnerungen in Fiktion sichtbar wurde, die Literarisierung und der Zeithintergrund des Erzählerstandorts in den späten 70er Jahren (die
privaten und gesellschaftlichen Relevanzrahmen von der »Tendenz-
wende« bis zum persönlichen Verhältnis zu Thomas Mann, aber
auch dem Gattungsvorbild Schulerzählung), zeigt sich auch dort,
wo auf den ersten Blick die aposteriorische Erzählperspektive hermetisch aus den Zustandsschilderungen des Alltags in Wirtschafts-
krise, NS-System und Kriegsgefangenschaft ausgeblendet erscheint.
In »Alte Peripherie« zeigt sich an der Edgar-Wallace-Lektüre und
dem Kinohinweis auf »*Unterwelt* mit Wallace Beery«, daß der 1963
mit *film noir* und Neorealismus stark beschäftigte Andersch den
American Dream (der sich in seinem Anarchismus und in seinen
sozialen Aufstiegshoffnungen nach 1929 als »falsches Bewußtsein«
erweist) auch auf die deutsche Situation zurückprojiziert – wohl
wissend, daß Viscontis *Ossessione* (1942, der erste neorealistische
Filmansatz) eine Verfilmung von James M. Cains hartgesottenem
Roman *The Postman Always Rings Twice* (1934) war.

Der junge Franz Kien will als reportierender Erzähler »aus Ne-
beln, Bierlachen und Messern etwas herauslesen, die Entstehung
eines Verbrechens, die gemessenen Zeichen eines sorgfältigen Mordes« (LH, S. 88); er verfolgt deshalb in Abschnitt 5 einen einsam
wartenden Mann, der sich täglich mit seiner Geliebten an der There-
sienwiese trifft, aber an diesem Tag von ihr den Laufpaß erhält. Statt
eines Verbrechens, das Kien zu beobachten hoffte, erlebt der Leser
eine hellsichtige Fixierung der Verlorenheit und Einsamkeit im Ge-

sicht des »gebildeten Arbeitslosen«, das nach außen hin unverändert scheint: »mager, traurig und klug« (S. 99). Wie ein Stück Dramaturgie des neorealistischen Kameraauges wirkt hier die Kunst des Indirekten, die Schilderung »tiefer Geistesabwesenheit« an den Indizien des Verhaltens (die trotz der Schwere nicht abgestellte Tasche, die Blindheit für den ihn »anstarrenden« Erzähler, die fast ohnmächtige Bewegungslosigkeit), die sich zu einer exemplarischen Studie der Einsamkeit addieren. Die Handlung mit ihrer Verfolgung eines Einsamen ist Poes *The Man of the Crowd* nachempfunden, aber nicht wie dort romantisiert, sondern wie bei Hemingway bitteres existentielles Grundthema (vgl. Durzak, S. 142). Das vergebliche Warten auf nicht eintretende Ereignisse, der Schwebezustand eigener, vorweggenommener Arbeitslosigkeit verleihen der Weltwirtschaftskrise private Tiefenschärfe. Die naive Vorfreude Franz Kiens auf die »Freiheit« ohne Arbeit berichtigt der behutsame aposteriorische Erzählerkommentar, der die Folgen der Massenarbeitslosigkeit mit einbezieht. Dreißig Jahre Krisenerfahrung, Faschismus, Kriegszerstörung und Wiederaufbau sind in einer einzigen Randbemerkung komprimiert:

»Vor dem Schund der Häuserfassaden, der Tafeln aus verschmierten Ziegelfronten eilten die Arbeitslosen hin und her. Ihre Bewegungen wurden vom Zufall gelenkt. Es war eine Zeit starker Leidenschaften und alter Trambahnen, regungsloser Kasernen und Anarchie, dazu bestimmt, in ein Schicksal zu münden. Nachdem es erfüllt worden ist, erheben sich neue Häuser, in denen nur noch schwache Leidenschaften glühen« (LH, S. 86).

»Lin in den Baracken«, die chronologisch folgende Studie des 18jährigen Flugblatt-Verfassers Kien im Kommunistischen Jugendverband, bezeugt mit der Konzentration auf das Psychologische, auf die Ahnung von der Gewalt erster Liebe und Eifersucht und die jugendbewegten Erlebnisse auf Wochenendfahrten an die Isar oder den Königssee ihre Entstehungszeit nach dem Umschlag der Studentenbewegung in Resignation und *backlash*. Der Erzähler markiert deutlicher die große zeitliche Distanz zu seinem damals noch durchaus jugendbewegten *alter ego* (in »Erste Ausfahrt« verbindet sich 1944 noch Zeltromantik mit Stifter-Gefühlen, vgl. Wehdeking, NR 1981, H. 4, S. 140 ff.), spricht von »jener Zeit in der Jugendbewegung«, als Jungen und Mädchen nicht nackt miteinander badeten (AL, S. 54) und ihm seine »bürgerliche Erziehung«, seine Gehemmtheit gegenüber der reiferen Lin zu schaffen machen. Die Liebe »war die ungeheuerste Sache, die es auf der Welt gab, wichtiger als alles andere. Er dachte aber nicht: wichtiger sogar als die Revolution. So konkret dachte er in diesen Augenblicken nicht«

(S. 53). Kiens Abneigung gegen das Aufwärmen »alter Gefühle« in Löns-Liedern am Lagerfeuer (sein Gegengift sind Charlie-Chaplin-Filme) wird in einem bemerkenswerten aposteriorischen Kommentar zum Anlaß, die eigene »bürgerliche Intellektuellen«-Rolle vom bruchlosen Umgang der jungen Arbeiter mit »Kitsch«-Liedern und Kapitalismustheorie (S. 52) abzugrenzen; die durch 44 Jahre getrennten Erzählebenen lassen den durch eine Absage an alles ideologisch Unentwegte aus leidvoller Erfahrung gekennzeichneten, späten Relevanzrahmen an Marx selbst schlaglichtartig hervortreten:

> »Auch Marx würde sich lieber bei einem Chaplin-Film von der Arbeit am ›Kapital‹ erholen, unvorstellbar war es, daß er Löns-Lieder sang. Damals wußte Franz noch nicht, daß Marx, wenn er mit seiner Frau und den Kindern am Sonntag aus der hampsteader Heide in die finstere Dean Street heimkehrte, deutsche Volkslieder sang, am liebsten ›Oh Strassburg, oh Strassburg, du wunderschöne Stadt!‹« (AL, S. 52).

Fast scheint es, als bedaure der rückblickende Schriftsteller die spröde analytische Intellektualität, mit der Franz Kien den erbosten, weil romantischen Mädchen altklug die Freude am Königssee-Panorama verdirbt, indem er (den eingeweihten Leser augenzwinkernd an Stifters abgründigen See im »Hochwald« erinnernd) von den in der großen Tiefe und Kälte »konservierten Leichen« erzählt. Der Künstler Andersch sitzt mit im Raum, wenn Kien, Gregors Tarasovka-Erlebnis wiederholend, den dürftigen Vortrag des Genossen über den Fünf-Jahres-Plan zu wenig motivierend findet, weiß, daß es jenem »nicht gelingen würde [...] seine Zuhörer ahnen zu lassen, wie über den Baumwollfeldern von Turkestan die weiße Hitze der Hoffnung eines Landes flimmerte, in dem es niemals Arbeitslose geben würde« (S. 55). Der hier seinem jugendlichen Konterfei und dessen schmerzvollen ersten Liebeserfahrungen (»fast weinend vor Enttäuschung trabte er durch die Nacht«) anteilnehmend über die Schulter blickt, ist nicht frei von schwermütiger Ironie, aber sicher weit entfernt von systemrationalen, das Psychologische ungeduldig übergehenden Gesellschaftstheorien; er weiß um die Nachwirkungen einer Erziehung in »bürgerlichen Häusern«, in die der junge Kien mißmutig aus den Baracken zurückkehrt.

Der 19jährige Kien der »Inseln unter dem Winde« reflektiert viel, kommentiert seine Reaktionen aber selten emotional; die Unmöglichkeit, sich im Herbst 1933 mit einem ehemaligen Freund aus dem Internationalen Sozialistischen Kampfbund weiter zu verständigen (weil dieser Jude ist und seine Enttäuschung über die erzwungene Emigration Franz spüren läßt) – ebensowenig gelingt dies gegenüber einem Vertreter der traditionsreichsten Demokratie, dem englischen

Kolonial-Gouverneur Sir Thomas Wilkins – färbt den sparsamen Dialog, eher ein Aneinandervorbeireden. Gegen Ende der Erzählung wird der Zeithorizont kurz auf den Versuch vorgeblendet, »nach dem Krieg« in London wieder mit dem (Kien »menschlich« sympathischen) Engländer ungeachtet dessen politischer Instinktlosigkeit Kontakt aufzunehmen, der aber inzwischen verstorben ist. Das Korrelat der mit ihm verblichenen kolonialen Glorie Großbritanniens läßt sich angesichts der Nähe von Sir Thomas zur faschismusfördernden Appeasement-Politik Chamberlains unschwer herauslesen (vgl. Durzak, S. 334). Ein weiterer Zeithorizont wird sehr knapp, aber auffällig, durch enzyklopädische Einschübe markiert (»man sagte damals noch Gelegenheit, nicht job«, VP, S. 217), um Authentizität zu verbürgen und zusätzlich Distanz zu schaffen, während die Nähe zum Leser, für den der Autor dies notiert, gesucht wird. Andersch schreibt über das deprimierend politikblinde Verhalten von Sir Thomas nach seinem zweiten großen Desillusionierungsschock angesichts der Rolle der USA in Vietnam, wie sich indirekt an der Enttäuschung beim Besuch des utopischen Fort Kearney 1970 zeigt, am Kontrast zur Situation der Jahre 1945 und 1776, dem er literarisch, als T. (asso), die private Annäherung an die Dorrances in »Mein Verschwinden in Providence« abgewinnt (die Sympathie fürs Neuenglische beibehaltend).

Die *short story* kulminiert in der Reaktion des welterfahrenen Engländers auf das NS-Ehrenmal an der Feldherrnhalle mit dem obligaten Hitler-Gruß. Kien, seit drei Jahren arbeitslos und ehemaliges KP-Mitglied mit Dachau-Erfahrungen, verschlägt es die Sprache, als der Engländer den vorgeschlagenen Umweg über die Viscardi-Gasse (»Drückebergergäßchen«) ausschlägt und, das totalitäre Emblem mit Folklore verwechselnd, den Gruß ohne Zögern entrichtet; er wolle andere Länder in ihren Sitten ehren. Das verständliche (in den weltpolitischen Dimensionen verhängnisvolle) Ausbleiben weiterer Verständigung zwischen innerem Widerstand und Faschismusbekämpfung von außen gibt der Erzählung die Qualität eines Seismogramms, festgemacht an einem »Mikro-Ereignis« im NS-Alltag, der, wie neue Studien zeigen, bis Kriegsbeginn erstaunlich durchlässig für Kontakte zum westlichen Ausland blieb. Das gespaltene Bewußtsein zwischen »artfremdem« aber geschätztem Swing, Hollywood-Filmen und US-Autoren neben völkischen Aufmärschen und der Suggestion des Volksempfängers bestätigt die Qualität der konnotatreichen Alltagschronik Anderschs. Auf der biographischen Ebene liest sich die Kurzgeschichte als Psychogramm der »kasernierten« Mentalität Kiens; erst in »Brüder« deutet sich die Befreiung aus der Kommunikationslosigkeit durch erste

Schreibversuche an. Nun trägt der Dialog die Erzählung, und histo-
risch öffnet der Kriegsbeginn die Situation; es ist der Anfang vom
Ende des Faschismus und Kien denkt sich fort von der Elbe ans
Themseufer, unterstützt von Joseph Conrads *Spiegel der See*.

Zunächst geht es aber mit »Liberty Ships« an den Hudson und
Mississippi in die Kriegsgefangenschaft. »Festschrift für Captain
Fleischer« (zuerst im Juli 1968 als halbstündiges Rundfunk-Feature
gesendet) beschreibt eine Episode im Lagerhospital des Anti-Nazi-
Compounds Ruston, Louisiana (wo Andersch im Winter 1944/45
als Helfer tätig war), und befreiende Bahnfahrten durch den »Neu-
en« Kontinent. Kien lernt einen jüdisch-amerikanischen Arzt, Captain Fleischer, kennen und schätzen, als dieser ohne jedes politische
Ressentiment einen fanatischen jungen Nazi-Soldaten (Frerks)
pflegt und in Schutz nimmt. Obwohl der schwierige und schweigsame Patient seine Uniform (und die Nazi-Embleme daran) nicht
ablegen will, versucht der Arzt, den von seinen Mitgefangenen
isolierten Deutschen als Freund anzusprechen und wieder in die
lebensnotwendige Gemeinschaft zurückzuführen. Franz Kien, der
den störrischen Kranken nicht so radikal verurteilt wie sein linksin-
tellektueller Gesprächspartner im Lager (Maxim Lederer), bewun-
dert den vergeblichen Versuch des Arztes, die ideologischen Vorur-
teile durch Nächstenliebe und Berufsethos zu durchbrechen; besonders Fleischers entscheidender Ausspruch am Bett des uneinsichti-
gen Patienten, »It's easy to hate, easier than to love«, stimmt Kien
nachdenklich. Manfred Durzak (S. 357) hat die Implikationen von
Anderschs Getty-Aufsatz subtil genützt und auf die Judenrolle
hingewiesen, in die die selbst nur zum Teil aus Überzeugung ins
Anti-Nazi-Lager geratenen Deutschen nun den zu seiner Überzeugung stehenden Frerks drängen (wie der Autor beobachtete, wech-
selten viele Landser während der Ardennen-Offensive zurück in die
Normallager, wiederum aus Opportunismus). Die paradoxe Ironie
der Erzählung bringt den jüdischen Arzt in die Lage, dem in die neue
Außenseiterrolle gedrängten Nazi vorbehaltlos zu helfen.

Franz Kien versteht Fleischers tätige Nächstenliebe (und Abneigung gegen Stacheldraht und politische Ressentiments), denn er teilt
mit dem Arzt die Überzeugung von der Nichtigkeit ideologischer
Einstellungen und Abgrenzungen, für ihn selbst hat jedoch der
freiheitsbeschränkende Stacheldrahtzaun des Lagers keine Bedeutung. Er denkt an »Krieg und Gewalt« und die kommunistische
»Revolution« »als an etwas Gleichgültiges« und stellt am Ende mit
geradezu provozierender Deutlichkeit fest, er habe »einen ruhigen
Herbst und Winter in Louisiana verbracht, in dem alten Sklavenland« (VP, S. 45). Besonders die Farbintensität in der »Festschrift«

zeugt für Kiens neue Freude am Dinglich-Wirklichen einer unideo-
logisch aber freiheitlich gesehenen, vielfach exotisch wirkenden
Umwelt der Südstaaten Amerikas. Andersch handhabt die Erzähltechnik des objektiven Korrelats in Verbindung mit psychologischer
Einfühlung so souverän, daß sich die 1968 entstandene Kurzgeschichte auf drei Ebenen lesen läßt: als lebendige, oft szenisch verdichtete Reisebeschreibung durch Amerika (in E. Plessens Deutung,
als Landschaft, die den Menschen bezeugt, vgl. *Fakten und Erfindungen*, 1971, S. 31–35); als Wiedergabe der Bewußtseinslage des
sich allmählich aus der Introversion lösenden dreißigjährigen Andersch im Porträt Franz Kiens; und, impliziert durch die Hand-
lungsweise Captain Fleischers, als Aussage des nun 55jährigen
Schriftstellers über die richtige Art des Engagements vor dem Zeithintergrund des Prager Frühlings, dessen Ende bereits abzusehen
war (aber auch des Pariser Mai und des sich formierenden Studentenprotests gegen den Vietnamkrieg hüben wie drüben).

Der Schluß faßt das zentrale Thema der Erzählung in zwei auf-
schlußreichen objektiven Korrelaten zusammen:

»Franz Kien überlegte manchmal, wo er, wo Maxim Lederer, wo Fleischer
und Frerks zwanzig Jahre später sein würden. Oder der Neger, der ihnen das
Eiswasser gebracht hatte, mittags, beim Baumwollpflücken. Wie würden sie
leben, jeder für sich, zwanzig Jahre später?
Er dachte niemals an die Revolution, sondern nur an die Länder. Amerika,
Tennessee, Gibraltar, Europa. An die Einsamkeit der Länder.
Er hatte einen ruhigen Herbst und Winter in Louisiana verbracht, in dem
alten Sklavenland.
Ein alter Neger, ein Streckenarbeiter, stand neben dem Gleis, als sie an
einem frühen Morgen auf einer Station in Tennessee hielten. Er trug ein
Hemd aus verschossenem Ziegelrot. Als Franz Kien ihn betrachtete, sah ihn
der Neger lang an, ohne sich zu bewegen, ohne zu lächeln.
Auf einem Holzhaus jenseits des Bahnhofs stand in abblätternder Schrift
Moses Playhouse Nice clean rooms Meals Cold drinks. In der Frühe waren alle
Fenster und Türen verschlossen. Hier wäre Franz Kien gerne ausgestiegen,
um ein Zimmer zu nehmen« (VP, S. 45).

Die vier abschließenden Abschnitte der »Festschrift« sind in Reflexion und Beobachtung geteilt; die Haltung der Einsamkeit und
Unverbindlichkeit bleibt ihnen gemeinsam. In dem eingeschobenen
»jeder für sich« steckt bereits die Antwort auf die Frage nach dem
Leben der Protagonisten »zwanzig Jahre später«. Mit diesem »jeder
für sich« ist auch ein Schlußstrich unter die Bemühungen des Arztes
Captain Fleischer gesetzt: wo Ideologien den Blick auf den Menschen verstellen, ist der solidarisch handelnde Einzelmensch zur
Einsamkeit verurteilt, auch wenn er (wie die Haltung des Arztes

zeigt) immer wieder versuchen muß, aus moralischen Impulsen Gemeinschaft herzustellen. Der im politisch so frustrierenden Jahr 1968 entstandene Text mit seinen Anspielungen auf den Niedergang der Kommunistischen Partei (Maxims bittere Erfahrung mit der Prager »Generallinie«, seine »hoffnungslose, unpersönliche Stimme, die mit jedem ihrer Sätze die Revolution liquidierte«, VP, S. 34) mündet in die »Einsamkeit der Länder«, eine Formel für das Unvermögen der Machtblöcke und Gruppierungen, einander mit echter Freundschaft zu begegnen. Dies gilt auch für die Beziehung zwischen den Rassen; der kriegsgefangene Weiße im tiefen Süden Amerikas lebt vielleicht ruhiger als ein längst befreiter Schwarzer im »alten Sklavenland«. Das Hemd des schwarzen Arbeiters mit seinem »verschossenen Ziegelrot« signalisiert die Herausforderung der Ideologie: als Vertreter einer sozial benachteiligten Rassenminorität tritt der Streckenarbeiter in der verblichenen Farbe der sozialistischen Revolution auf. Die Art, wie der Schwarze Kiens Blick erwidert (»ohne sich zu bewegen, ohne zu lächeln«), hält den fortdauernden Anspruch der Unterprivilegierten wie einen Vorwurf fest; weil er als einzelner so wenig bewirken kann, und die Revolution in Freiheit wiederholt als unmöglich erfahren hat, sehnt sich Kien/Andersch nach einem Akt der Brüderlichkeit, dem Wohnen im Haus eines Schwarzen.

Andersch hat sich geradezu auffällig über die Herausforderung des Vietnamkriegs an seinen sozialen Humanismus ausgeschwiegen (es lag ihm nicht, den Balken im Auge der anderen zu entdecken), aber es gibt einen indirekten Hinweis, der das Los der Afroamerikaner mitbeinhaltet; als er 1975 (dem Jahr des Kriegsendes) über Luigi Nonos »Zeichensysteme« in »Contrappunto dialettico alla Mente« schreibt, fällt ihm Nonos bewußtes Verformen von Balestrinis Naturlyrik auf, das den Text bis ins Unkenntliche mit Musik zudeckt, der Spott in Nonos Titel: »Die Gehirnlein singen ein Madrigal« (ÖB, S. 137). Dagegen setzt Nono den Text eines amerikanischen Flugblatts der schwarzen Untergrundbewegung »vom ersten bis zum letzten Wort klar verständlich« als Coda ein:

> »Der Onkel Sam
> will *dich*
> Nigger!
>
> Werde Mitglied des Heeres
> von schwarzen Söldnern
> mit dem höchsten Sold in der ganzen Welt!
>
> Kämpfe für die Freiheit – in Vietnam!
> . . . Du verursachst zu viele

Unannehmlichkeiten in
deinem Ghetto.

Onkel Sam will, daß du
in Vietnam stirbst.

. . . Bleibt hier und kämpft hier für
eure Menschenwürde!« (ÖB, S. 138)

Andersch zeigt seine Sympathie für Nonos Agitationsversuch,
aber er wünscht sich, der Komponist hätte die »Hoch-Literatur« der
Gedichte mit ihren humanen Konnotaten genauso hörbar gemacht.
Noch einmal also das Votum für die indirekt und langfristig wirksa-
men »Zeichensysteme« der Kunst. 1968 mußte für Andersch eine
Neuauflage von 1956 bedeuten, den Zwang, für einen der beiden
Blöcke zu votieren, weshalb er einem Protesttreffen deutscher und
Schweizer Schriftsteller (unter ihnen Frisch und Grass) im Basler
Stadttheater (am 8. 9. 1968) ostentativ fernblieb. Böll formulierte
das Dilemma von damals treffend:

»Der Prager Totentanz und der blutige Wahlkarneval in Chicago bedingen
einander [...] Die beiden Blöcke werden nach *Einheit* und Einigkeit innerhalb der Blöcke schreien, während sie sich doch untereinander *einig* sind
über das, was in der Tschechoslowakei und in Vietnam geschieht. Die jungen
Menschen, die in Chicago gegen den Krieg in Vietnam protestiert haben und
zusammengeschlagen worden sind, haben gleichzeitig *für* die Tschechoslowakei demonstriert« (*Tschechoslowakei 1968*, Die Arche, Zürich, 1968,
S. 9).

Worauf es dem Autor ankommt, impliziert das Holzhaus am
Schienenstrang, in dem Kien wohnen möchte: ein ärmliches Gast-
haus und Kino, das den auf farbige Baptisten deutenden Namen
»Moses« trägt, und in allen Attributen das Haus in Mestre und
Fabios Wohnen im Ghetto mitthematisiert. »Moses Playhouse«
bedeutet durch Kiens Wunsch, darin zu wohnen, eine Identifizie-
rung mit dem Los der Armen: er würde sich gern durch diese Geste
über Ideologie und Rassenvorurteile hinwegsetzen. Die verschlos-
senen Fenster und Türen implizieren eine von Kien/Andersch er-
sehnte, aber nicht erreichbare Geborgenheit und verraten manches
von den privaten Bedeutungen dieses Korrelats, in dem Kiens Bewußtseinslage zum symbolischen Gegenstand wird. »Moses Playhouse« weist auch auf den filmischen Stil des Schriftstellers Andersch und die befreienden Möglichkeiten der Kunst hin, die, dem
Propheten gleich, aus der Alltagswüste der Armut und der politischen Gewalten herausführt.

»Wer sich um der Freiheit seines Landes willen mit denen verbündete, die sich dem Terror
unserer Mißachtung der nationalen Freiheit
anderer Länder widersetzten, und in dieser
Sache sein eigenes Leben aufs Spiel zu setzen
bereit war, hätte Grund, den Dank seines Va-
terlandes zu erwarten. Bei einem politisch er-
fahreneren Volk hätte es durchaus geschehen
können, daß ein deutsches Emigrantenkorps
gegen die Armee einer Terrorherrschaft
kämpfte; es wäre das ein auf den internationalen Schauplatz verlegter Bürgerkrieg gewesen
– der deutsche Bürgerkrieg in dem seit den
Bauernkriegen wichtigsten historischen Augenblick [...] Man hat bis heute auch nicht
Hitler, weder in Wirklichkeit noch bildlich,
geköpft, wie es auch dieses deutsche Résistan-
ce-Armeekorps nicht gab.«
(Alexander Mitscherlich, *Die Unfähigkeit zu
trauern,* [13]1980, S. 66–67)

Die Zitate, zwischen die Andersch seine große, späte Reprise des
in den *Kirschen der Freiheit* angeschlagenen Themas stellt, haben es
in sich, geben exakt die Aporien seines historischen Romans zur
deutschen Frage im Konditional: hätten die deutschen Generäle es
vermocht, den Krieg früher als verloren aufzugeben, wäre es nicht
zu den wohl endgültigen Teilungsfolgen für die Nation gekommen,
sähe unser Geschichtsbild vor·den Augen der Welt anders aus. Weil
es Dincklage nicht gab, mußten er und sein Planspiel, ein kampfstar-
kes Bataillon (etwa 1200 Mann) an die Amerikaner kampflos zu
übergeben (im Oktober 1944 in den Ardennen, vor dem letzten
Aufbäumen Hitlers im Westen), vom Autor »erfunden« werden
(WI, S. 64).

Das Hemingway-Zitat bringt den Ort der Handlung atmosphärisch näher, wird der unwirklichen Ruhe vor dem Sturm gerecht,
zeigt die nicht geheuere deutsche Landschaft mit den Augen der
Amerikaner und ist zugleich dokumentarisch, Hemingways Kriegs-
Reportagen von der Ardennenfront entnommen, in denen auch der
Name von Dincklages Gegenspieler, Captain Kimbrough, auf-
taucht (»War in the Siegfried Line«, 1944; »The G. I. and the
General«, 1944). Dem entspricht das literarische Verfahren, durch
das Milieu, den Kriegsschauplatz, den Novellenkern des Romans so
sorgfältig wie möglich in immer neu ansetzenden Expositionen ein-

zubetten. Die »Schnee-Eifel, wo die Drachen hausten«, konnotiert auch das germanische Heldenepos und wird für Anderschs Thema wegen der fatalen Nibelungentreue brauchbar, weil das Gros der Deutschen im offensichtlichen Untergang nicht umkehren konnte und wollte. Der Autor erlebte die Ardennenoffensive im US-Lager, als viele angebliche Hitler-Gegner ins Lager der Mitläufer zurückwechselten.

Das Faulkner-Zitat ruft die Notwendigkeit herauf, sich der Vergangenheit in der Trauerarbeit zu stellen, um in der politischen Gegenwart nicht zu resignieren, sondern sie mit neuem Ferment zu erfüllen; der Leser soll das nicht tote Vergangene in seinen eigenen Reifeprozeß assimilieren, ob als miterlebte Geschichte unter utopischem Blickwinkel, oder als immer neu zu begreifendes Erbe an die Jüngeren. *Winterspelt* ist nicht so sehr die Geschichte eines Übergabeplans, sondern »Reflexion auf das Durchspielen des Verhaltens mehrerer (aus unterschiedlichen geographischen und soziokulturellen Milieus stammenden) Personen, die mit unterschiedlichen Motivationen und Intentionen an diesem Plan beteiligt sind« (Schütz, S. 119–120). Die überreich montierten Dokumente und empirischen Partikel wollen, in Spannung zu der Fiktion gesetzt, und den Leser auf die Reaktionen der Beteiligten spannend, sein Urteil herausfordern, das Vergangene aktualisieren. So ist Dincklage nach dem Verhalten Rundstedts modelliert, der, 1944 bereits pensioniert (bei Hitler in Ungnade gefallen), nach der verlorenen Panzerschlacht von Falaise an das Oberkommando der Wehrmacht telegraphiert: »Macht Frieden, Ihr Narren!« (vgl. Andersch-Gespräch Heißenbüttel und Lehner, ÜA, S. 228 und WI, S. 590); zwei Monate später übernimmt er das Oberkommando der Ardennenoffensive. Andersch gibt dies »Rätsel Dincklage« dem Leser auf (ÜA, S. 228) und hält die historische Problematik offen. Eine eindeutige Figur kann hier, auch im Blick auf den 20. Juli, nicht dienen.

Damit deutlich bleibt, daß es mit der so bewältigten, durchgearbeiteten Vergangenheit nicht nur um die prekäre, aber moralisch unabdingbare Bewußtseinslage der »Sühnedeutschen« geht, meint das Faulkner-Zitat auch die handfesten historischen Folgen unbelehrbarer Kriegsführung – das »nichteinmal« vergangene Teilungsleid der Deutschen, im Mauerbau zementiert. Wie sehr Andersch, der über die Mauer wenig Direktes sagte, doch diesen Zustand beklagte, belegt nicht nur das Gedicht »Die Farbe von Ostberlin« (1961) mit dem Hegel-Bezug auf den allzu späten Eulenflug der Einsicht in der Dämmerung der Geschichte (dieses Dilemma konnotiert Hainstocks Waldkauz, der in der Nähe des Weisheitssymbols nur noch Verletzung und Flucht verkörpern kann, zuletzt Freiheit),

sondern auch die höchst subtile Strukturwiedergabe der Mauer in
»Gespaltenes Gedicht«:

»abgetrennt	und	geschieden
von den kiefern-ebenen	und	von den provinzen des rauchs
von dem großen stechlin-see	und	von jenem tübinger turm
verbringen wir unsere tage	und	leben wir eigentümlich dahin
von dem großen stechlin-see	und	von jenem tübinger turm
von den kiefern-ebenen	und	von den provinzen des rauchs
geschieden	und	abgetrennt«

Schon im Titel auf die schizophrenen Bewußtseinsfolgen zielend,
ruft das bald nach 1961 entstandene Bildgedicht (wie die bewegen-
den Kinderverse zur Topographie Mecklenburgs im »Liebhaber des
Halbschattens« und die Fontane-Zitate zur Brandenburger Landschaft, LH, S. 19) das Alterswerk Fontanes auf, um es, zusammen
mit Hölderlins romantischem Hoffen auf ein jakobinisches
Deutschland, durch die Bewußtseins-Wasserscheide von 1945 »un-
wiederbringlich« abgespalten zu zeigen. Ebenso wie die gebrochene
Geschichtskontinuität trennen die »Provinzen des Rauchs« (Lüfte,
in denen die Juden »nicht eng« lagen; Dincklage denkt immer wieder
an die KZs im Emsland) die Mark Fontanes von Tübingen durch die
im Zeilenbild sichtbar gemachte Mauer. Das Bewußtsein bleibt in
der Ringstruktur der Verse wie in einem ausweglosen Kreislauf
festgehalten.

Das Alterswerk Anderschs macht einen anderen Gang der Geschichte in einem utopischen, »abstrakten«, exemplarischen Wider-
standsakt vorstellbar. Dem scheint im historischen Roman – auch
Geschichte läßt sich, mit Hermann Lübbe, weil perspektivenbe-
dingt und nicht handlungsrational ablaufend, nur in »Geschichten«
wiedergeben, subjektiv und erzählend – das empirische Moment
entgegenzustehen, das die Fiktion in den Lauf der Geschichte plausibel integriert, die Frage der Referenzialisierbarkeit. Andersch
nimmt sie in einem weiteren (nicht als solches gekennzeichneten)
Zitat auf, am Ende der dokumentarischen Exposition zur »Feindla-
ge«: »Sandkasten/Geschichte berichtet, wie es gewesen / Erzählung
spielt eine Möglichkeit durch«. Das Zitat entstammt der berühmten
Vorrede Leopold von Rankes zu den *Geschichten der romanischen
und germanischen Völker von 1494 bis 1514* (1824), wo sich, in
ehrgeiziger Bescheidenheit, die Historie, statt »die Vergangenheit
zu richten, die Mitwelt zum Nutzen zukünftiger Jahre zu belehren«,
auf den »Versuch« beschränkt, »bloß« zu zeigen, »wie es eigentlich
gewesen«. Hans Herzfeld, der während der NS-Jahre Anderschs
geistiger Mentor war (und, zusammen mit Bernhard Hoeft, *Neue*

Briefe Rankes, Hamburg 1949, herausgab), hatte dem angehenden Stilisten Rankes *Reformationsgeschichte* empfohlen (KF, S. 50), und das Zitat taucht 1947 bei Andersch zum erstenmal auf (*Frankfurter Hefte* 2, Dezember 1947, »Hans Habes Bumerang«). Zweifellos gehört Ranke zu den Prosavorbildern in jener Zeit introvertierten, intensiven Lesens neben Stendhal, Conrad, Stifter und Thomas Mann, und zweifellos hat Andersch auch den von Ranke in Abrede gestellten Ehrgeiz, der in der gleichen Vorrede am Ende weit deutlicher wird: »ein erhabenes Ideal . . .«, der »Begebenheit selbst in ihrer menschlichen Faßlichkeit, ihrer Einheit, ihrer Fülle [. . .] beizukommen«, dem »Leben des Einzelnen, der Geschlechter, der Völker«, zuweilen der »Hand Gottes über ihnen«. Mit der christlich-existentiellen Andersch-Formel »Gott oder das Nichts« aus den *Kirschen* vertraut, wird der Leser an der zentralen Stelle des Romans, in Käthes Reflexion über Paul Klees »Polyphon umgrenztes Weiß« (1930; das Bild aus der Berner Paul-Klee-Stiftung ist *Polyphon gefasstes Weiß* betitelt) die transzendentale Formel mit einer an Kafkas *Gesetz* erinnernden Eindringlichkeit wiederfinden: »Die Transparenz, das durchfallende Licht, nahm nach der Mitte hin zu, bis es in dem weißen Rechteck aufgehoben wurde, das vielleicht eine höchste Lichtquelle war, vielleicht aber auch bloß etwas Weißes, ein Nichts« (WI, S. 271).

Romancier und Historiker finden in *Winterspelt* zu einer glaubhaften Synthese des »als ob« zusammen, und der Historiker läßt es nicht zu, daß das Gute wie in einem »Western« siegt; der Roman muß, dem geschichtlichen Ausgang angemessen, tragisch enden (WI, S. 63). Die Andersch-Tugenden der Montage von Dokumenten, früh im Medium des Features entwickelt, und dort wie hier in »Phasen des Umschlags in Fiktion« meisterhaft gehandhabt, verbinden sich mit der fiktionalen Kernhandlung, dem Dreieck Dincklage-Käthe Lenk-Hainstock und dem fatalen Ende Schefolds zwischen Dincklage und Kimbrough, zu einem vielfach aufgebrochenen, von auszuschraffierenden Leerstellen durchsetzten, Panorama der gespenstischen, letzten Pause vor dem Schlußakt des Zweiten Weltkriegs. Damit die dem Leser aufgegebene Entscheidung über Dincklages »Sandkastenspiel« nicht allzu schematisch soziologisierend und systemrational ausfällt, läßt der Autor auf das wichtige Marx-Zitat von der bestimmenden Kraft »gesellschaftlichen Seins« für das »Bewußtsein« der Menschen (WI, S. 260) Sartre antworten. Dincklages »Zerfallenheit« mit seiner Aufgabe und seiner Revolte, dokumentiert in einem letzten Brief an Kimbrough (und gespiegelt in den Konnotaten von Käthes Beobachtung zu »Wallensteins Lager«, von Hainstocks Begriff »Trick-Künstler«, WI, S. 76, 79), steht so zwischen menschlicher Bestimmung (»destiny«, nicht »fate«, WI, S. 493), sozialer Determiniertheit und existentieller Entscheidungsfreiheit Sartres: »Der Mensch ist zuerst ein Entwurf, der sich subjektiv lebt« (WI, S. 494). Dincklage behält doch »die Wahl zwischen Gut und Böse, das Gewissen«, bei allem Rückzug auf eine »Minimal-Position« zwischen Determiniertheit und Zufall, »Abstammung, Milieu, Erziehung, Konstitution und von vornherein in ihm angelegten psychischen Komplexen [...], inmitten des Chaos und angesichts der Ungeheuer ethische Entscheidungen« (WI, S. 55–56). Auf der Strecke bleibt bei allem Zögern, bei Offiziersgehabe und Standesbewußtsein, schließlich dem verletzten Stolz, als die Amerikaner Dincklage einen »Verräter« nennen, der sensible Kunsthistoriker und Idealist Schefold. Aber, wie des Autors erfundene »Kunstfigur«, lebt er fort und erscheint – die Ironie der Darstellung, das Selbstbewußtsein der Kunst wollen es – dem Marxisten Hainstock am Ende in seiner romantischsten Form, als »Wiedergänger«. Andersch läßt keinen Zweifel an der Konsequenz, die Dincklage für sich zieht: er wird sich erschießen.

Das letzte, formrelevante Zitat des Romans, die Überlegungen des jungen Paul Klee gegen Ende des Ersten Weltkriegs zur Aufhebung der Zeitlichkeit in der Musik durch eine »zum Bewußtsein durchdringende Rückwärtsbewegung«, durch im Malprozeß eher mögliche »Gleichzeitigkeit« und polyphone Dynamik statt »einfacher Bewegung« (WI, S. 272) ist, in Verbindung mit dem von Schefold geretteten Klee-Bild, ebensosehr Schlüssel für die Mikrostruktur des Romans, wie für das gesamte leserbezogen dialektische Verfahren zwischen Dokument und Fiktion. Denn die gigantische Collage von *Winterspelt*, die Andersch selbst (im »Seesack«) als »pointillistische« Kompositionsorgie bezeichnete, lebt aus der die Chronologie suspendierenden Erzähltechnik simultaner Figurenführung; die atypischen, weil bei allem Milieu in sich gebrochenen, »Biogramme« entsprechen in den langen Rückblenden Klees Rückwärtsbewegungen, während der in Klees Bildern um 1930 (vor allem »Polyphonie« und »Frühlingsbild«) angewendete Divisionismus aus »Punktsaat und Uniflächen« (vgl. Christian Geelhaar, *Paul Klee und das Bauhaus*, Köln 1972, S. 140–142) dem geschichtsphilosophischen Grundkonzept Anderschs in den unvermischt in Spannung nebeneinander belassenen, kontrapunktischen Ordnungen korrespondiert. Das literarische Verfahren zeigt dem Leser in den montierten Dokumenten die historische Großwetterlage, den »anonymen und entfremdeten politischen Raum« (Bekes, S. 57), auf den etwa Dincklage »schizothym« reagiert, mit *déjà-vu*-Schüben und der Erfahrung gesteigerter Unwirklichkeit. Doch zentral bleibt für

136

Andersch, daß die noch so unbedeutende Entscheidung des einzelnen die Geschichte mit beeinflußt; dies demonstriert seine Figurengruppe, und er macht die Historiographie der Phänomene (etwa der Klassentheorie oder Max Webers sozialer Prozesse in »Typen des Ablaufs von Handeln«) wieder subjektiv und moralisch verfügbar in der beharrlichen Frage nach Täter und Opfer.

Literarisch geschieht dies in der die Einzelexistenz einsehbar machenden, auktorialen Perspektive des reflektierenden inneren Monologs aller Figuren (in *Winterspelt* episch distanzierter, als erlebte Rede), des episch »offen« plädierenden Autorenkommentars und der psychologisch plausibleren personalen Sicht in Rückblenden und szenischen Dialogeinschüben. Mit Paul Klees Maltechnik verglichen, die nichts mit Seurats impressionistischem Aufspalten der Farbe in ihre Komponenten zu tun hat (so mißverstand dies etwa Rolf Michaelis in einer ungenauen, nur am Stil festgemachten Kritik in der *Zeit*, 4. 10. 1974, als er Anderschs Pointillismus-Verfahren als »wenig zutreffend« abtat), ist der kontrapunktische, simultane Effekt von Punktnetz und Farbgrund (Individuum und Geschichtskräften) entscheidend. Hier muß man sich vor der Versuchung zu endloser Exegese hüten, wie Max Walter Schulz in seinem glänzend formulierten Essay (»Mehr als ›polyphon umgrenztes Weiß‹«, *Sinn und Form* 6, 1976) in ein plastisches Bild faßte:

> »In Anderschs Romanen zu lesen gleicht im Entfernten dem Fahren in einem Doppelstockbus. Man kann sich unten oder oben hinsetzen. Da wie dort fährt man die gleiche Route über dieselben Straßen. Nur die Sicht ist etwas verschieden. Unten sitzend könnte es sein, daß einer sagt, er sähe die Straße vor lauter Straßenschildern nicht. Oben sitzend könnte es sein, daß einer in das Straßenbild zuviel hineingeheimnist. Tatsächlich befindet man sich in einem sit-in, das distributive Aufmerksamkeit erheischt. Weltbild ist für Andersch die Praxis der Dialektik seines Erzählens.« (S. 1325)

Vom Andersch-Text etwas zurücktretend, bleibt, vor dem Hintergrund einer neuerlichen Annäherung von Narrativik und Geschichtsforschung in den 70er Jahren (*Geschichte – Ereignis und Erzählung*, hg. v. R. Koselleck, München 1973), in einem größeren Zeithorizont die Einsicht, daß die unmittelbaren Vorläufer Rankes, Goethe und Sir Walter Scott, von der Nähe der Arbeit des Historikers zu der des Dichters überzeugt waren. Es war die Geburtsstunde des realistischen Romans.

7.1. Das veränderte Amerikabild Winterspelts im Zeithorizont der Niederschrift

Es blieb nicht ohne Folgen für die Konturierung der amerikanischen Rolle in dieser »Gegen-Geschichte« einer verpaßten Möglichkeit vergangener Wirklichkeit (W. Schütte, *Frankfurter Rundschau*, 12. 10. 1974), daß Andersch nach seiner Goethe-Institut-Reise in die USA 1970 mit einer durch die Universitätsdebatten noch geschärften Aufmerksamkeit die Entwicklung in Vietnam, im Watergate-Debakel und in den Enthüllungen zur Rolle der USA in Chile nach Allendes Tod 1973 verfolgte. In der vom Diogenes-Verlag im August 1974 verteilten Materialiensammlung Anderschs zu *Winterspelt* befand sich die Fotografie des größten Gemäldes der Welt, einer Schlachtdarstellung von Atlanta, Georgia 1864 (ironisch aufgenommen in der Kapitelüberschrift mit dem Songtitel »Georgia on my mind«, WI, S. 21) und »der lebensnahe Schnappschuß zweier feindlicher Generäle, Hasso von Manteuffel und Bruce C. Clarke, geknipst zwanzig Jahre nach den Ereignissen von Winterspelt, [...] in der Schnee-Eifel und, natürlich, einig und kameradschaftlich versöhnt« (W. Koeppen, »Die Leute von Winterspelt«, ÜA, S. 155). Die darin bereits bildlich ausgedrückte These, die Amerikaner seien in diesem Krieg nicht so sehr, um den Hitler-Faschismus zu vernichten, sondern, als die Römer des 20. Jahrhunderts, um einen »Limes gegen die Russen« zu errichten (WI, S. 31), also aus imperialen Erwägungen, findet im »Krieg der Offiziere« im Roman seine Bestätigung. Die Amerikaner wollen in Dincklage einen »Verräter« sehen, weil sein Plan nicht in ihre Interessenlage paßt; sie hätten kampflos 1200 deutsche Gegner zu Gefangenen machen können um den Preis, das bequeme Kollektivschuld-Denken aufzugeben.

Wie Andersch 1977 (im »Seesack«) feststellt, war es viel leichter für die Amerikaner, den Krieg als »Schicksal« zu betrachten, den deutschen Soldaten eine ähnliche Haltung zu unterstellen, und die mehr als schwierige Lage antifaschistischer Landser zu ignorieren. Der posthum erschienene Text von 1944, »Amerikaner – erster Eindruck« macht deutlich, welchen Lernprozeß Andersch seither, seit der mit Thomas Mann geteilten Roosevelt-Begeisterung, über die amerikanischen Kriegsziele durchmachen mußte. So erscheint die These nicht allzu gewagt, daß *Winterspelt* in dieser Form, als Scheitern eines Widerstandsplans an der von den Amerikanern mitverantworteten Blindheit für den deutschen Widerstandswillen erst nach der Vietnam- und Chile-Rolle der USA geschrieben werden konnte.

Dies erklärt auch, warum Kimbrough, der Südstaaten-Isolationist, »bereit war, für Dincklages Vorhaben einiges zu riskieren, während die ihm vorgesetzten Offiziere, Militärs, die für Roosevelts Kriegsziele wahrscheinlich das größte Verständnis aufbrachten, den Plan des Majors glatt ablehnten« (WI, S. 34). Kimbrough hat, wie die Romanfiguren Faulkners, die Geschichtserfahrung der Südstaaten internalisiert, wie auf Lincolns zögernden Versuch, zunächst das agrarische Eigeninteresse der Südstaaten in der Sklavenfrage zu achten, nach dem unvermeidlichen Bürgerkrieg ein Racheregiment der Yankees (»Carpet-beggar«-Phase) errichtet wird. Die nicht mit der Nation übereinstimmende Sonderposition des amerikanischen Südens läßt ihn Verständnis für Dincklages Separatfrieden finden. Der erste kurze Traum Dincklages macht das komplexe Rollengeflecht der beiden Nationen deutlicher. Dem deutschen Major geht es um ein intaktes Geschichtsbild; er fühlt sich von den Fachwerkhäusern einer »schönen mittelalterlichen Stadt« wie magisch angezogen (WI, S. 57). Doch das »dunkelbraune« Haus, das sich gegen ein »weißes« lehnt, die braune Bewegung, macht den Zugang zu einem auch an dem Jahrmarkt kenntlichen, Nürnberg Richard Wagners unmöglich: »Soldaten in Uniformen einer modernen, aber ihm unbekannten Armee, mit gefällten Gewehren« verweigern ihm den Zutritt und drängen ihn zu »Marionetten und Flitter« ab, zur Schmierenkomödie und Statistenrolle. Die Nürnberger Prozesse 1946, bei denen entgegen Internationalem Recht exterritorial mit Prinzipien einer fremden Macht gerichtet wird (wie die Yankees nach dem Bürgerkrieg den Süden behandelten), sind hier das visionär erlebte Endstadium der Stadt der Meistersinger und der braunen Reichsparteitage. In der Schilderung des freiheitlichen Armeelebens der Amerikaner und in den nostalgischen Pubertätsabenteuern Kimbroughs mit seinem Vater (an Nick Adams und Dr. Hemingway erinnernd) gelingt es Andersch, trotz eines deutlichen Abschieds von der Vaterfigur Amerikas, noch in der politischen Absage die Liebe zu den amerikanischen Menschen hervortreten zu lassen, den Nachfahren der revolutionären Gründerväter.

8. Die Gedichte: Rückblick und Synthese

Beim Wiederlesen des Bands *Empört euch der Himmel ist blau, Gedichte und Nachdichtungen 1946–1977* wird vom Tod des Schriftstellers her unübersehbar, wieviele Bilder der späten Gedichte und Übersetzungen als eine Annäherung, ein Vertrautwerden mit Gedanken an den Tod erscheinen. Andersch hätte vielleicht gesagt, als »Nachrichten von der Grenze« (*Hohe Breitengrade*). Wie sich Andersch im Kreis der kongenialen Weggenossen die todvertrauten Gedichte zur Übersetzung wählt, hat eine stoische Komponente; in diesen Versen ist aber auch eine Summe seiner Grundanliegen enthalten, ein engagiert-kritisches, zur Mitteilung und Weitergabe aufrufendes Vermächtnis, an dem die Kritik viel zu lange vorbeigegangen ist. Nur Heißenbüttel und Bernd Jentzsch haben in wenigen, gedrängten Anmerkungen zur formalen Weitgespanntheit und gedanklichen Durchsichtigkeit der Gedichte den Stellenwert im Werk erkannt; Heißenbüttel nannte den Lyrikband ein »vorgezogenes Testament«, einen »Nachlaß bei Lebzeiten« (Text und Kritik 61/62, 1979, S. 108). Der Titel des Gedichtbands hat auf den ersten Blick eine unverkennbare Nähe zu Brechts »An die Nachgeborenen«; Max Frisch wies in seiner *Laudatio* zum 65. Geburtstag des Autors auf das problematisch gewordene »Gespräch über Bäume« hin, »weil es ein Schweigen über so viele Untaten einschließt«. Jedoch hat Andersch in dem darauf bezogenen Gedicht »Andererseits« den zugespitzten Gegensatz von Empörung und blauem Himmel auch im positiven Bezug beider Pole aufeinander verstanden wissen wollen:

> »zwar schreibe ich jetzt nicht mehr
> nur noch
> für mich
>
> andererseits schreibe ich nur was
> mir
> spaß macht
>
> ausgeschlossen
> sagen viele moral und
> vergnügen
> schließen sich aus
>
> ich aber schreib's in
> eine
> zeile
>
> empört euch der himmel ist blau« (EB, S. 108)

Andersch wollte eben immer beides, mit Brecht das gestische Sprechen von Belangen der Arbeit (»Zwölf strophen über die arbeitslosigkeit«, S. 115), mit Verlaine die atmosphärische Dichte der *poésie pure*, so wie er als Erzähler Sartre liebte und doch nicht von Hemingway ließ, Faulkner liebte und doch Ernst Jüngers *Marmorklippen* »zwischen zwei Kontinenten hin und her« schleppte (»Seesack«, AL, S. 83). Wem es schwer wird, sich zwischen diesen oft allzu disparaten Traditionen hindurchzufinden, wem die Dialektik Politik *und* Kunst oft zu abstrakt erscheint, dem ist vielleicht mit einer Vignette geholfen, die den zornigen jungen Andersch in Aktion zeigt. Hans Werner Richter hat in einer lebendigen Skizze geschildert, wie beide das Redaktionsgebäude des *Ruf* für immer verlassen, um sich der massiven amerikanischen Zensur nicht beugen zu müssen:

»Wir gehen hinaus, ohne Handschlag, ohne Gruß. Andersch voran, ein gekränkter, empörter, selbstbewußter junger Mann, der seine Verachtung denen hinterläßt, die zurückbleiben. Wir gehen schweigend den Korridor hinunter. Es ist ein Spätnachmittag, April 1947, ein halbsonniger Tag [...] Andersch sieht mich an und hinter seinen Brillengläsern bemerke ich ein spöttisches Lächeln. Er sagt: ›Laß die doch machen was sie wollen. Wir stehen auf unseren Federn‹.« (Sendung Bayerischer Rundfunk, 12. 10. 74)

Also war auch an diesem Tag »blauer Himmel« zu sehen, aber worauf es ankam, beschreibt der psychologisch einfühlsame Richter als ein imaginäres Pincenez: »Noch aber weiß ich, welchen Eindruck du damals auf mich gemacht hast. In meinen Erinnerungen trugst Du einen Kneifer, ein Pincenez, kein bürgerliches Pincenez, sondern ein revolutionäres« (*Merkur* 33, 1979, H. 2). Im Festhalten an der Schönheit spätimpressionistischer Landschaften ließ der Künstler Andersch doch keine Zweifel an der Qualität seiner politischen Brille:

Marx

ihr sagt   er war
hochmütig
unduldsam
rechthaberisch

ja   er besaß
hohen mut
keine geduld
hatte recht (EB, S. 76)

Der Untertitel der Gedichtsammlung mit den Werkdaten 1946 bis 1977 verrät einiges vom Selbstverständnis des mit dem ersten Nachkriegsjahr als resolutem Neuanfang verbundenen Schriftstellers; denn keinesfalls decken sich die zwanzig Jahre eigener Lyrik (von der die frühesten Naturgedichte auf Nordlandreisemotive der Jahre 1956 bis 1961 zurückgehen, veröffentlicht im *Merkur* ab 1959) mit der unmittelbaren Nachkriegsperiode. Am ehesten trifft die Zeit der ersten Steinbeck-Übersetzung, »Tularecitos Herkunft« (*Frankfurter Hefte* 2, 1947), und der Begeisterung für »Die neuen Dichter Amerikas« (*Der Ruf*, USA, 15. 6. 1945) thematisch mit den übersetzten Gedichten Hemingways zusammen, besonders dem militant formulierten Engagement in »Mitragliatrice« (1921). Der Bezug auf die illusionslose, »verschliffene Rauheit« in Prosa und Lyrik der Lost Generation, ebenso deutlich in der Aufnahme von Hemingways »Big Two-Hearted River« (1933), der vielleicht exemplarischsten Nick-Adams-Story, in sein *Lehrbuch der Beschreibungen* (1978), wie in der Übersetzung von »Along with Youth« (dessen Allusion auf das Mansion House in Seney, Michigan die Nick-Adams-Erzählung aufnimmt), unterstreicht die Verpflichtetheit an eine ikonoklastische Protestlyrik und -haltung, die bis zu Richard Brautigan und dem Vater der Beat-Lyrik, William Carlos Williams, derselben antiakademischen Tradition zugehört, dem empirischen Understatement und der pazifistischen Ernüchterung.

Ein gewisses Gegengewicht bilden die, bei Michael Hamburger (»Oxford«) und Bullock gefundenen Verse zu Kunst und Leben, sowie zu einer naturmagischen Melancholie, die sich auch in der Mehrzahl der italienischen Hermetiker des Nachkriegs findet. Leopardi ist ein zeitlich ebenso herausfallender Vorgänger dieser Tradition, wie die Verbeugung an Shelleys »The Cloud« (1822) im *Lehrbuch*, und die Verwendung von Swinburnes »A Forsaken Garden« für Untertitel von »Noch schöner wohnen« (1971) den Horizont solcher unverbrüchlichen Liebe zur Kunst, verbunden mit einiger Schwermut, bis tief in die Romantik ausdehnt. All dies verstärkt den Eindruck, daß der Lyrikband in seinem Hauptgewicht in die späteren Jahre der »Wiedergefundenen Zeit« fällt. Swinburnes entgrenzendes Todesmotiv im alten Garten am Meer ist eine aristokratische Versuchung, die Andersch kannte, und der er sich, Bewunderer von Valérys »Cimetière marin« (*Lehrbuch*, S. 14) doch resolut zugunsten eines Anti-Parnaß des Inhalts und der sozialen Veränderung entzog. Das die Übersetzungen anführende Ungaretti-Fragment endet im nicht wiedergegebenen Original mit einer deutlichen Abschiedsgeste (in Politzers Übersetzung): »nun da es Nacht ist / da mein Leben sich auftut / wie eine Blütenkrone / von Schatten«.

8.1. Rings um meinen winzigen Tod

Andersch hat sich nicht gescheut, zum Tode des bewunderten »man of letters« Edmund Wilson die gedrängte Form des Gedichts zu wählen. »In Edmund Wilsons Haus« (erschienen 1975) muß der Amerikareisende mit paradox anmutendem Erstaunen feststellen: »es ist nicht wahr, daß er noch hier ist / er ist fort / ich bin zu spät gekommen«. Den Wunsch, hier im Hause des Verstorbenen sei vielleicht noch manches gegenwärtig, muß der engagierte Schriftsteller als Illusion erkennen, um so erst recht die Belange von Wilsons Gesellschaftskritik hervorzuheben, wie sie in den Texten als das eigentlich Unverlierbare fortleben. Was Andersch an Wilson so anzieht, haben beide bei Proust gelernt: sehr persönlich und psychologisch sensibel zu erinnern; beide bleiben aber auch den sozialen Fragen der Zeit kritisch und unüberhörbar verbunden. Wilson

> »liebte proust nannte die wiedergefundene zeit
> the heartbreak house of capitalist culture
>
> wünschte aber
> selbst keine literatur-muschel zu sein
> abgesondert von einer geduldigen molluske
>
> sondern beschrieb die schriftrollen vom toten meer
> die ankunft lenins am finnländischen bahnhof
> das verhalten der irokesen
> beim stahlskelettbau
>
> [. . .]
> kehrte heim und
> las die zeichen des bürgerkriegs aus einer
> patriotischen blutlache« (EB, S. 63–64)

Für diesen dauerhaften Teil von Wilsons Wirken, wie für seine aus dem Vergangenen das Relevante erkennende Sicht, gilt ein Faulkner-Zitat, das Andersch seinem *Winterspelt*-Roman voranstellt: »Das Vergangene ist nie tot; es ist nicht einmal vergangen.« Dagegen wird dem zu spät Gekommenen gerade im intimsten Umfeld des Toten, in jenem »großen alten haus aus weißgestrichenem holz« als unwiederbringlicher Verlust jäh spürbar, was Adolf Muschg in seiner Keller-Biographie (1977) treffend umreißt: »der konkrete Mensch als das jüngste Gericht über alle Abstraktionen, denen wir ihn unterwerfen können«.

Ganz indirekt, aus einer Vielzahl sehr genau bezeichneter Gegenstände des Hauses, Aussprüchen des Toten und psychologischen Eigenheiten gewinnt das Gedicht seine emotionale Wirkung, tritt der konkrete Edmund Wilson nun doch lebendig vor uns:

> »er konnte kartenkunststücke
> umgeben von aristoteles cicero saint-simon goethe melville poe
>
> spielte er für kinder
> kasperletheater

das licht im haus ist blaugrau
[...]
missis o'connor sagt
he was a ladies' man
[...]
er verlangte hohe honorare
weigerte sich steuern zu zahlen
und starb arm
[...]
wenn es nacht wird
lies etwas das leuchtet
schrieb er

auf seinem grabstein
drüben in wellfleet
jenseits des heringflusses
steht
sei stark und guten muts« (EB, S. 63–65)

Wie Andersch aus der spröden Konkretheit der Gegenstände ein bewegendes Portrait entstehen läßt, ist eine stilistische Errungenschaft, die er den bewunderten amerikanischen Schriftstellern mit ihrem objektiven Korrelat und der Kunst des Indirekten verdankt. So klingt es fast wie ein poetologisches Rezept, wenn Andersch über Wilsons Sprache in der dreifachen Formel gipfelt:

>»die bärenpranke seiner sätze
zart mächtig wärmend dunkelbraun

vollkommen gebildet
vollkommen naiv
vollkommen amerikanisch« (EB, S. 64)

Für den Leser wird durchaus lebendig, was der zu spät Gekommene des Gedichts vergeblich zu suchen meint. Der gelungene Nachruf auf Edmund Wilson besitzt die Faszination und positive Strahlkraft einer Epopöe: »wenn es nacht wird / lies etwas das leuchtet«.

In vielen der Übersetzungen, besonders der italienischen Lyriker (Quasimodo, Fortini, Leopardi, Sinisgalli, Sereni), tauchen Bilder auf, die sich mit einem hörbar zunehmenden Schweigen, der Nähe des Meers, dem abendlichen Licht einer armen, kleinen Hafenstadt unter wortkargen Weinbauern und Fischern, letztlich mit der Zurücknahme des Ich an den Rand der Landschaften befreunden: »grenzenlose räume menschenleeres schweigen / abgründe der ruhe wo eine zeit lang / das herz keine angst hat / [...] der augenblick lebt / in solcher unermeßlichkeit / in der mein gedanke untergeht /

und was ich mir wünsche ist schiffbruch auf diesem meer.« (Nach Leopardi, »L'infinito«)

Ein wenig handelt es sich in solchen Momenten um den Träumer von Hans Blumenbergs paradigmatischer Metapher »Schiffbruch mit Zuschauer« als den Regisseur seines eigenen Untergangs. Mehr noch wird jedoch in den späten Gedichten der Wunsch spürbar, in einer existentiellen Variante von Pantheismus mit der Natur eins zu werden, mit Landschaften wie aus einem neoveristischen Film, »das einzig wirkliche [...] die stoffliche / sinnlich wahrnehmbare / welt« (»Die Materialisten«).

Ein ebenso gelöster wie dichter Text solch einer Anverwandlung an die Landschaft unter Auflösung des eigenen Bewußtseins ist das Gedicht »Schwimmen im Moosehead Lake, Maine«:

>»eigentlich darfst du
> nicht schwimmen
> sondern mußt dich bloß
> treiben lassen
> bewegungslos
> damit du die spiegelung
> der wälder und wolken
> nicht zerstörst
>
> im september
> wenn es still ist
> liest das wasser
> von den tafeln der berge im norden
> die gerüchte von einem kontinent ab der
> noch nie einen schritt gehört hat
> ehe es sich
> eine tiefere farbe
> wie ein schweigen einschminkt
>
> leg dich auf den rücken
> paddle nur sacht mit den füßen
> es ist abend
> der himmel ist still
> der see ist still
> die wälder sind rauchblau
> gleich wird es regnen« (EB, S. 67)

Hier ist meisterhaft die anachronistische Sehnsucht nach dem ursprünglichen »American dream« der ersten puritanischen Siedler Neuenglands eingefangen. In Anderschs Seesack befanden sich 1945, statt der damals lebenswichtigen Konserven aus Übersee, die amerikanischen Autoren, darunter für die neuenglische Kolonialzeit so prägende Bücher wie Emersons *Essays* und Thoreaus *Walden* (»Der Seesack«, AL, S. 83). Ihre hohen Erwartungen an den »Neuen Kontinent« vermischt mit religiöser Intensität und einsamem naturnahen Leben setzt Anderschs Gedicht in eine fast metaphernfreie, erstaunlich konzentrierte Stille um. Umso bedeutsamer ist das vielschichtige Bild der Mittelstrophe, wo der Schminkvorgang mit der noch als »Gerücht« vorhandenen Unschuld kontrastiert, zugleich die Reinheit des Wassers (das von den Bergen kommt) und der alttestamentarische Anklang der »Tafeln« etwas von einer Taufe suggerieren. Der jeden Augenblick erwartete Regen macht das nur einen winzigen Moment lang einlösbare, vollkommene Ganzheitsgefühl plastisch spürbar, wie eine Todesahnung, eine »tiefere Farbe«.

Mit dem allerletzten Gedicht des Bandes, einer Nachdichtung von Vittorio Serenis »Le Sei del mattino« / »Sechs Uhr morgens« tritt der Tod nun unverhüllt ins Zentrum einer surrealistischen Vision:

> »alle siegel man weiß es bricht der tod
> und wirklich   als ich zurückkehrte war
> die türe schlecht geschlossen
> nur angelehnt ihre flügel
> mich selbst fand ich eilig ausgelöscht   wirklich
> verwest in wenigen stunden
> doch sah ich auch was die abgeschiedenen
> gewöhnlich nicht sehen
> das haus   und wie es mein frischer tod
> nur ein wenig verwirrt hatte
> warm noch von mir den es nicht mehr gab
> zerbrochen die schranke
> nutzlos der riegel
> und gewaltig einströmend die luft   die volkreiche
> rings um meinen winzigen tod
> die straßen wachten auf eine nach der anderen
> die straßen von mailand das in seinem wind
> schwoiend vor anker lag« (EB, S. 226)

Es lohnt sich, dem surrealen, aber auch futuristischen Gedicht nachzudenken. Für die deutsche Tradition einer solchen Todeserfahrung bei überdeutlich alles wahrnehmendem Bewußtsein ist der Text eine Seltenheit, denn bei uns gerät die Totenperspektive meist ins Groteske oder allzu Innerliche. Das Genazzano der Kaschnitz ist nicht von ungefähr ein abgelegenes Bergdorf (»hier wusch ich mein Brauthemd / hier wusch ich mein Totenhemd«). Andersch wählt in seiner Nachdichtung die urbane, sozial bewußte Tradition des *poète engagé*, der noch in der Todesvision die brüderliche Nähe der Mitmenschen fühlt, »volkreich« lagern sie sich um den »winzigen tod« des einzelnen, der Hoffnung bedeutende Anker hält eine ganze Metropole in tänzerischer, kreisender Bewegung unter Wind. Es ist der Wind der Geschichte. Die »gewaltig« zunehmende Drift gegen Gedichtende, umso wirkungsstärker weil vollkommen unerwartet nach den intimen, fast zarten Bildern der Rückkehr ans eigene, noch wie schlafwarme Totenbett, ist atemberaubend. Die Faszination der »großen Städte« gelingt nur Brecht und Hermlin im deutschen Gedicht, es ist die Tradition von Baudelaire, Apollinaire und den italienischen Futuristen. Daß Andersch ein so wenig beschönigendes Gedicht (»wirklich / verwest in wenigen stunden«) über den Tod und seine hautnahe Heimsuchung, gerade in der Koppelung mit erwachendem, prall gefülltem Großstadtleben als seinen letzten Text wählt, unterstreicht, wie kaum sonst etwas, seinen unverbrüchlichen Glauben an die weiterwirkende Kraft mitmenschlicher Solidarität.

8.2. Atlantische Kultur

Das späte Gedicht »Aus Rauch und Delphinen« führt den Zyklus der Auswahl eigener Gedichte von Andersch an. Es stellt eine Synthese seiner Gedanken zum existentiellen Humanismus und zu einer »Atlantischen Kultur« dar, deren Begriff er 1948 von André Malraux entlehnte, deren geographische Reichweite Amerika und Europa einschließen sollte; diesem Traum hing Andersch gewiß nicht im Sinne der Nato an, wohl aber als Vermächtnis des bei Kriegsende am 12. April 1945 verstorbenen Präsidenten Roosevelt, an dessen *four freedoms* und »weltweiten New Deal«, wie auch die Prinzipien der Atlantik Charta, Andersch große Hoffnungen knüpfte. Aus den ersten Zeilen läßt sich auf eine Entstehungszeit des Gedichts in der Nähe von 1977 schließen, dem »Tagebuchherbst«, einer Erzählhaltung, die der autobiographischen Skizze »Der Seesack« (1977, AL, S. 99) entspricht, einem Kramen in »Erinnerungen, Memoiren und [...] Zetteln aus einem Tagebuch«:

Aus Rauch und Delphinen

in winterspelt
im tagebuchherbst
mitten im
krieg
schürte auf dem hang gegenüber
der mann das kartoffelfeuer

das verbrannte kraut zog als rauch um ihn
als wolke um ihn   der klein und schwarz
mit einem stecken im feuer stocherte
würde er hinter den schwaden verschwinden

er trat immer wieder hervor

die delphine werden vom phosphoreszieren der heckwelle angelockt
sagte der matrose auf der »samuel moody«
während der überfahrt
von boston nach le havre
in einer novembernacht
als der krieg vorbei war

die delphine spielten
mit den atlantischen tränen
silberner hoffnungskehricht

auf dem deck
des unruhigen wanderns
vom bug zum stern
und wohin (EB, S. 9–10)

In der nachdenklich zurückblickenden Skizze »Der Seesack« sagt
Andersch von *Winterspelt*, seinem Kriegsroman um die Ardennenschlacht, es sei

»ein Liebesroman, umgeben von dem Sandkastenspiel eines Krieges, der
jeder Krieg sein könnte«, gewidmet seiner Frau Gisela, die im »innersten
Kern der Schlacht« wohnen bleiben mußte. »Aus einem ihrer frühen Bilder
ist mein Buch entstanden: Regenwolken über einem Land, das in Wogenzü-
gen, endlos, nach Westen läuft, unter ihnen das Dorf, wie begraben [...]
Literatur gräbt aus, eine Archäologie der Seele.« (AL, S. 91–92)

Beide außerordentlich dichten, schönen Texte gehören zusammen; das Gedicht und die Beschreibung Winterspelts aus einem Bild
von Gisela Andersch ergänzen einander. Der über sein Leben zu-
rückblickende Schriftsteller sieht Winterspelt in der ersten Gedichthälfte wie auf dem beschriebenen Bild seiner Frau, statisch zwischen
den genannten, sich überlagernden Zeitphasen Ardennenschlacht
und eigener Tagebuchherbst. »Der frühling lügt / [...] es ist der
herbst / der rote tod / der im essigbaum hockt / der herbst ist es /
der die Wahrheit sagt« (»Glaubwürdige Jahreszeit«, EB, S. 20).
Als Andersch im November 1945 nach eineinhalb Jahren ohne
Nachricht von Gisela nach Winterspelt fährt, bangt er, ob sie »mitten im Krieg«, im Kern der Schlacht überlebt hat: »Die Drohung
war konkret, nicht etwas ungenau Finsteres.« »Wenn ich G. nicht
wiederfand, würde es mir leicht fallen, so schnell wie möglich wieder aus Deutschland zu verschwinden.« (AL, S. 85)
Diese Stimmung erklärt das »wohin« der letzten Gedichtzeile
zunächst biographisch, ebenso die bange Frage, ob die Figur des
Mannes, jetzt dargestellt als etwas »ungenau Finsteres«, hinter den
Schwaden verschwinden wird. Zu der zweiten Gedichthälfte, beide
im Bild einander zugeordnet in der Extreme umgreifenden Synthese

von schwarzen Feuerschwaden und silbern schimmerndem Meer, gibt es ebenfalls ein biographisches Indiz für die zugrunde liegende Stimmung des »Hoffnungskehrichts«. Als Andersch 1970 die Staaten zum zweiten Mal in seinem Leben besucht, fiebert er in hochgestimmter Erwartung seinem »alten Lager« in Rhode Island entgegen:

> »Ich ging zum Ufer hinab. Ich blickte, nach 25 Jahren, wieder auf: den weißen Leuchtturm in der Mitte des Fahrwassers, die niedrigen Hügel der Conanicut-Insel gegenüber, die Öffnung der Bucht zum Meer. Ich empfand nichts [...] Ich fuhr noch bis Point Judith und blickte von dort aus auf den offenen Ozean. Dabei fielen mir die mondhellen Nächte auf dem Truppentransporter »Samuel Moody« ein. ›Die Delphine werden vom Phosphoreszieren der Burgwelle angelockt‹, erklärte mir ein Matrose, als ich mich über den Stern beugte, während der Überfahrt von Boston nach Le Havre, in einer Novembernacht, als der Krieg vorbei war.« (VP, S. 241)

Um zu verstehen, warum Andersch von »Tränen« des Atlantik spricht, oder beim Anblick seines alten Lagers nichts empfindet, muß man der Hoffnung, um die es geht im Gedicht »Erinnerung an eine Utopie« nachspüren, das die freiheitliche Aufbruchsstimmung damals, September 1945, plausibel macht:

> »die bucht   der wind   das gras
> im freien hören die gefangenen
> die lehre von der gewalten-trennung
>
> [...]
> im osten die toten
> hier der neue plan aus den ahorn-wäldern
> die ära des großen gelähmten
>
> oktober-nostalgie
> nach der charta des bilderbuch-meeres
> dem leuchtturm so weiß von narragansett« (EB, S. 16)

Der »große Gelähmte« ist Roosevelt, mit dem »Bilderbuch-Meer« sind die rückblickend naiven Ideale der Atlantik Charta gemeint. Von 1970 her gesehen, kann Andersch, der nie versucht hat, »den Balken im Auge der anderen« Nation zu suchen (»Artikel 3,3«), dennoch kaum umhin, auf dem Höhepunkt des Vietnam-Krieges die Scherben seiner »Atlantischen Kultur« vor sich zu sehen, als er auf den offenen Ozean blickt. 1948 formulierte er, von Napalm nichts ahnend: »Das Wesen dieser Kultur ist Geöffnetheit, steter innerer Zwang zur Wandlung, zur ständigen kritischen Besinnung auf die menschliche Existenz und ihre Verpflichtung auf die Liebe, diesen dynamischen Kern des Christentums.« Der über Malraux' Begriff hinausgehende Aphorismus verknüpft Kernwerte der französischen *résistance* mit Roosevelts Idealen, Sartres »Existenz«, als größtmögliche Freiheit aller, mit Camus' repressionsfreier Welt der Brüderlichkeit, dies alles in globaler Verständigung.

Im Lichte dieser Werte erhält das keineswegs didaktische Gedicht »Aus Rauch und Delphinen« doch die Bedeutung einer Botschaft, gestützt auf die stimmigen Bilder des bedrohten Menschen, der in den wahrhaft finsteren Rauchschwaden des *holocaust* und der Materialschlacht sein Ende finden könnte. Dagegen steht die atlantische Hoffnungsdrift der Delphine, die der alte Schklowskij in seinen Erinnerungen als »stark und fröhlich« beschreibt: »An Schnelligkeit übertrafen diese glücklichen Wesen noch die Schiffe. Vielleicht hüteten sie auf den Weiden am Meeresgrund, einander zupfeifend, Rudel von Fischen [...] Vielleicht sind Delphine musikalisch« (*Ungleichheit . . . in der Kunst*, S. 180).

Aus der Negativfolie des Kehrichts und der Tränen macht Andersch sichtbar, welche Hoffnungen da im schimmernden Atlantik locken. Damit die Vision dauert, bemüht er die Extreme des ruhelosen Wegs, Bug und Heck, Hoffnungsstern und Leuchten aus der Wassertiefe des kollektiven Unbewußten, fröhlichen Delphin und finsteren Köhler, Schwarz und Silber, Angst und Hoffnung. In »Hohe Breitengrade« schreibt er 1969: »Ich mag das Wort Engagement nicht mehr, während das Wort Humanität für mich nichts von seinem Wert verloren hat.« Der erste Aufsatz Sartres, den Andersch nach dem Kriege las, hieß »L'existialisme est un humanisme«. »Würde er hinter den schwaden verschwinden / er trat immer wieder hervor.«

Der immer wieder hervortretende Mensch mit seiner oft verlassenen, vereinzelten, existentiell bedingten Perspektive subjektiven Erleidens und Liebens (in den Veränderungen der Historie und den Wandlungen seiner Gruppenzugehörigkeit) bleibt im Zentrum. Die »Reduktionsformen der Subjektivität« (Wolfgang Iser über Faulkners *The Sound and the Fury*) haben Andersch nicht wie sein großes Romanvorbild beschäftigt. Wenn man ihn »konservativ« nennen will, dann in diesem personalen, ungebrochenen Erzählerstandort eines Realismus, der auktorial ist und zeitkritisch zugleich, in den Grenzen des Redlichen und Authentischen.

Wo Alfred Andersch jetzt liegt, auf dem kleinen Bergfriedhof von Berzona, eher einer über dem tief eingeschnittenen Tal ins Licht gehobenen Hochfläche, nur wenige Schritte vom alten Steinhaus und Atelier entfernt, wo Gisela Andersch weiter ihre strengen, klaren Bilder malt (nach den Relationen von Descartes' Gottesbeweis und der Polyphonie Paul Klees), scheint nichts ferner als der Gedanke, die Katharer könnten recht behalten. Auf der schlichten

Tafel eines Freskos an der Stirnseite des Friedhofs ruft, aus verwaschenem Blau, die Posaune eine sehr nackte, im Schreck des Erwachens gezeigte Gruppe von Auferstehenden, die sich, Schutz suchend, an den Händen fassen, ihre ausgesetzte *condition humaine* zuletzt doch brüderlich begreifend.

9. Auswahlbibliographie

9.1. Abkürzungsverzeichnis

9.1.1. Andersch-Studienausgabe. Zürich: Diogenes (detebe), I, 1–14

KF	Die Kirschen der Freiheit. Frankfurt 1952. Zürich 1968
SG	Sansibar oder der letzte Grund. Olten 1957. Zürich 1970
HÖ	Hörspiele. München 1965. Zürich 1973
GL	Geister und Leute. Olten 1958. Zürich 1974
DR	Die Rote. Olten 1960. Zürich 1974
LH	Ein Liebhaber des Halbschattens. Olten 1963. Zürich 1974
EF	Efraim. Zürich 1967, 1976
VP	Mein Verschwinden in Providence. Zürich 1971, 1979
WI	Winterspelt. Zürich 1974, 1977
RW	Aus einem römischen Winter. Olten 1966. Zürich 1979
BK	Die Blindheit des Kunstwerks. Frankfurt/M. 1965. Zürich 1979
SK	Ein neuer Scheiterhaufen für alte Ketzer. Zürich 1972, 1979
ÖB	Öffentlicher Brief an einen sowjetischen Schriftsteller. Zürich 1977
NH	Neue Hörspiele. Zürich 1979

9.1.2. Weitere Andersch-Buchausgaben

WN	Wanderungen im Norden. Olten 1962
HB	Hohe Breitengrade. Zürich 1969
EB	Empört auch der himmel ist blau. Zürich 1977
EZ	Einige Zeichnungen. Zürich 1977
ML	Mein Lesebuch oder Lehrbuch der Beschreibungen. Frankfurt/M. 1978
AL	Das Alfred Andersch Lesebuch. Hg. Gerd Haffmans. Zürich 1979
VM	Der Vater eines Mörders. Zürich 1980
FE	Flucht in Etrurien. Zürich 1981
ÜA	Über Alfred Andersch. Hg. Gerd Haffmans. Zürich 1980

9.1.3. Bibliographie der posthum erschienenen (oder aus dem Nachlaß im Diogenes-Archiv veröffentlichten) Andersch-Texte bis 1945

Alfred Andersch. »Skizze zu einem jungen Mann«. Typoskript, Hamburg 1941, s. Anhang

Alfred Andersch. »Terassen-Morgen oder Variationen über eine zerbrochene Schallplatte«. Undatiertes Typoskript, ca. 1943/1944, Die Horen 125, 1982, S. 127–130

Alfred Andersch. »Sechzehnjähriger allein«. Undatiertes Typoskript, mit einigen Kürzungen gedruckt unter dem Titel »Erste Ausfahrt«. Kölnische

Zeitung, 25. 4. 1944; Wiedergabe in Auszügen in: Volker Wehdeking. »Erste Ausfahrt‹ – Überraschendes vom jungen Andersch«. Neue Rundschau 92, 1981, 4, S. 129–144

Alfred Andersch. »Jahre in Zügen. Ein Bericht«. Der Ruf 1, 1946, 2, S. 9–12. Laut Andersch in der Nullnummer der »Verlorenen Generation« (in: Jérôme Vaillant. Der Ruf. München 1978, S. 222) bereits 1943 begonnen und im POW-Lager fertiggeschrieben.

Alfred Andersch. »Amerikaner – Erster Eindruck«. In Flucht in Etrurien. Zürich 1981, S. 171–199. Auf dem zensurgestempelten Typoskript vermerkt Andersch handschriftlich auf dem Rückendeckel: »Geschrieben im Herbst 1944 in Louisiana«.

Alfred Andersch. »Fräulein Christine«. In: Volker C. Wehdeking. Der Nullpunkt. Suttgart 1971, S. 201–203; Der Ruf, USA, 15. 6. 1945, S. 6

Alfred Andersch. »Böse Träume« und »Gedichte aus dem Nachlaß«. Tintenfaß 2, 1981, S. 43–78

Alfred Andersch. »Philosophisches Märchen«. Tintenfaß 4, 1981, S. 99–101

Alfred Andersch. »Interview von Peter Dahl und Rüdiger Kremer«. Konkret, 1980, 5, S. 38 ff.

Die umfassendste Bibliographie zur Primärliteratur ist enthalten in: Über Alfred Andersch. Hg. Gerd Haffmans. Zürich 1980. Die darin nicht enthaltenen, unselbständig erschienenen Andersch-Texte erscheinen hier in der Auswahlbibliographie zu den einzelnen Kapiteln.

9.2. Sekundärliteratur (selbständig erschienen)

Alfred Andersch. Text und Kritik 61/62, Hg. Heinz Ludwig Arnold, München, Januar 1979

Alfons Bühlmann. In der Faszination der Freiheit. Eine Untersuchung zur Struktur der Grundthematik im Werk von Alfred Andersch. Berlin 1973

Stephen Mühlethaler. Alfred Anderschs »Winterspelt«. Der Mensch zwischen Bedrohung und Rettung. Diss., Zürich 1979

Hrair Pischdovdjian. Menschenbild und Erzähltechnik in Alfred Anderschs Werken. Diss., Zürich 1978

Thomas Scheuffelen. »Texte und Zeichen«. Für Alfred Andersch. Marbacher Magazin 17, 1980

Erhard Schütz. Alfred Andersch. München 1980

Werner Weber. Über Alfred Andersch. Eine Rede. Zürich 1968

Volker Christian Wehdeking. Der Nullpunkt. Über die Konstituierung der deutschen Nachkriegsliteratur (1945–1948) in den amerikanischen Kriegsgefangenenlagern. Stuttgart 1971

Livia Z. Wittmann. Alfred Andersch. Stuttgart 1971

Ausführliche Bibliographien der Sekundärliteratur sind enthalten in: Über Alfred Andersch. Hg. Gerd Haffmans. Zürich 1980; und in: *Ulrich Fries,*

Günter Peters. »Auswahlbibliographie zu Alfred Andersch«. In: Alfred Andersch. Text und Kritik 61/62, München, Januar 1979, S. 110–123

9.3. Literatur zu den einzelnen Kapiteln

Einleitung

Alfred Andersch. »Der Plan«, in: Friedrich Hitzer. »Fragmente zu einem großen Plan«. Kürbiskern 1, 1981, S. 112.

Jean-Paul Sartre. Was ist Literatur? Paris 1947, Reinbek 1981

Erhard Schütz. Alfred Andersch. München 1980, S. 85–87; und Walter Heist. »Flucht in die Arktis«. Merkur 24, 1970, S. 456 ff.

Klaus Wagenbach, Michael Krüger. »Sieben Thesen zur heutigen deutschen Literatur«. Freibeuter 4, 1980, S. 1.

Elisabeth Plessen. »Katzenjammer«. In: Zu machen, daß ein gebraten Huhn aus der Schüssel laufe. Zürich, Köln 1981, S. 72–80.

Willy Michel. »Vom Engagement des Autors zur Rollendistanz des Erzählers: Alfred Andersch«. In: Die Rolle des Autors. Analysen und Gespräche. Hg. Irmela Schneider. Stuttgart 1981 (LGW 56), S. 71–83

Kapitel 1

Joachim C. Fest. »Betrachtung über einen Unpolitischen. Thomas Mann und die Politik«. Merkur 56, 1981, 8, S. 805–821

Hans Egon Holthusen in einem Brief an Hans Dieter Schäfer vom 12. 9. 1975, zitiert nach: Hans Dieter Schäfer. Das gespaltene Bewußtsein. Deutsche Kultur und Lebenswirklichkeit 1933–1945. München 1981, S. 11

Adolf Muschg. Besprechungen 1961–1979. Stuttgart, Basel 1980, S. 82–85

Martin Walser. Selbstbewußtsein und Ironie. Frankfurt/M. 1981, S. 79–109

Kapitel 2

Alfred Andersch. »Getty oder Die Umerziehung in der Retorte«. Frankfurter Hefte 2, 1947, S. 1089–1096

Thomas Bremer. »Den Menschen neu schaffen. Kriegserfahrung und Sozialproblematik im neorealistischen Roman«. Text und Kritik 63, Italienischer Neorealismus, Juli 1979, S. 3–18

Wolfgang Eitel. »Neorealismus-Rezeption«. Text und Kritik 63, 1979, S. 47–58

Gerhard Hay. »Frankreich und die junge Generation«. Arcadia, 1978, Sonderheft, S. 80–90

Jürgen Kocka. »Restauration oder Neubeginn? Deutschland 1945–1949«. L'76 11, 1979, S. 112–136

Howard Mumford Jones. An Autobiography. Madison, London 1979

Howard Mumford Jones. »Poe, ›The Raven‹, and the Anonymous Young Man«. In: History and the contemporary. Madison 1964, S. 145–160

Wolfgang Koeppen. »Die Beschwörung der Liebe«. In: Die elenden Skribenten. Frankfurt/M. 1981, S. 110–118

Friedhelm Kröll. Gruppe 47. Stuttgart 1979 (Sammlung Metzler 181)

Ernst Loewy. »Die Differenzen des Exils – Am Beispiel der Exilliteratur«. Neue Rundschau 93, 1982 1, S. 166–181

Raymond S. Nelson. Hemingway: Expressionist Artist. Ames 1979

Peter Horst Neumann. Die Rettung der Poesie im Unsinn. Der Anarchist Günter Eich. Stuttgart 1981

Cesare Pavese. »Rückkehr zum Menschen«. Unità, 20. 5. 1945. Zitiert nach: Text und Kritik 63, Italienischer Neorealismus, 1979, S. 1–2

Marcel Reich-Ranicki. Deutsche Literatur in West und Ost. Prosa seit 1945. München 1963

Hans Werner Richter. »Der Ruf. Sein Entstehen und sein Untergang«. In: Hans Werner Richter und die Gruppe 47. Hg. Hans A. Neunzig, S. 43–95

Denis de Rougemont. »Die ›Vier Freiheiten‹«. Le Littéraire, 30. 3. 1946. Dt. in: Der Ruf 1, 1946, 3, S. 2

Jérôme Vaillant. Der Ruf. Unabhängige Blätter der jungen Generation (1945–1949). Eine Zeitschrift zwischen Illusion und Anpassung. München 1978.

Volker Wehdeking. »Eine deutsche Lost Generation? Die 47er zwischen Kriegsende und Währungsreform«. Rowohlt Literaturmagazin 7, 1977 Nachkriegsliteratur, S. 145–166

Kapitel 3

Alfred Andersch. »Die Stunde Gottfried Benns. Die Gedichte«. Frankfurter Hefte 5, 1950, S. 553–554

Alfred Andersch. »Gedichte in strömendem Wasser. Karl Krolow: ›Zeichen der Welt‹«. Frankfurter Hefte 7, 1952, S. 553–554

Alfred Andersch. »Der Außenseiter im Mittelpunkt. Ein Hinweis auf Arno Schmidt«. Erstsendung Hessischer Rundfunk 1953. Undatiertes Typoskript, 25 S., Diogenes-Archiv

Das andere Gesicht des Krieges – Deutsche Feldpostbriefe 1939–1945. Hg. Ortwin Buchbender, Reinhold Sterz. München 1982

Horst Bienek. »Alfred Andersch«. In: Werkstattgespräche mit Schriftstellern. München: Hanser 1962, DTV 1965, S. 137–151

Hans Geulen. »Alfred Andersch. Probleme der dargestellten Erfahrung des ›deutschen Irrtums‹«. In: Gegenwartsliteratur und Drittes Reich. Hg. Klaus Wagener. Stuttgart 1977, S. 205–221

Alfred Grosser. Geschichte Deutschlands seit 1945. Eine Bilanz. München: Hanser 1974, DTV 1979

Henning Krauss. Die Praxis der »littérature engagée« im Werk Jean-Paul Sartres 1938–1948. Heidelberg 1970

Traugott König. »Sartres Begriff des Engagements. Zur vollständigen Neuausgabe von ›Was ist Literatur?‹«. Neue Rundschau 91, 1980, 4, S. 39–62

Hans Mayer. Thomas Mann. Berlin (Ost) 1950, Frankfurt/M. 1980
Hans Mayer. Zur deutschen Literatur der Zeit. Reinbek 1967
Alexander und Margarete Mitscherlich. Die Unfähigkeit zu trauern. München 1967, 1977 (Serie Piper 168)

Kapitel 4

Theodor W. Adorno. »Engagement«. In: Noten zur Literatur 3. Frankfurt/M. 1965, S. 109–135.
A. F. Bance. »›Der Tod in Rom‹ and ›Die Rote‹. Two Italian Episodes«. Forum for Modern Language Studies 3, 1967, S. 126–134
Christoph Burgauner. »Alfred Andersch und seine Kritiker«. Neue Rundschau 84, 1973, S. 188–192
Christoph Burgauner. »Zur Romankunst Alfred Andersch«. In: Alfred Andersch. Bericht, Roman, Erzählungen. Olten 1965, S. 419–445
Carmine Chiellino. »Der neorealistische Film«. Text und Kritik 63, 1979, Italienischer Neorealismus, S. 19–31
Peter Demetz. »Alfred Andersch oder die Krise des Engagements. Der Essayist«. Merkur 20, 1966, S. 675–679
Ingeborg Drewitz. »Alfred Andersch oder die Krise des Engagements. Der Erzähler«. Merkur 20, 1966, S. 669–675
Manfred Durzak. Die deutsche Kurzgeschichte der Gegenwart. Autorenporträts, Werkstattgespräche, Interpretationen. Stuttgart 1980
Elisabeth Endres. Die Literatur der Adenauerzeit. München 1980
Ernst Fischer. Dichtung und Deutung. Wien 1953
Kay Hoff. »Desertion in die Schönheit«. Rheinische Post, 2. 11. 1957
Walter Jens. Deutsche Literatur der Gegenwart. Themen, Stile, Tendenzen. München 1961
Manfred Koch. »Der westdeutsche Roman der fünfziger und frühen sechziger Jahre«. In: Deutsche Gegenwartsliteratur. Ausgangspositionen und aktuelle Entwicklungen. Hg. Manfred Durzak. Stuttgart 1981, S. 204–233
Thomas Koebner. »Alfred Andersch«. In: Lexikon der deutschsprachigen Gegenwartsliteratur. Hg. Hermann Kunisch, Herbert Wiesner. München 1981, S. 20–22.
Marcel Reich-Ranicki. »Alfred Andersch, ein geschlagener Revolutionär«. In: Deutsche Literatur in West und Ost. Prosa seit 1945. München 1963, S. 101–119
Heinz Schwitzke. »Alfred Andersch«. In: Reclams Höspielführer. Stuttgart 1969, S. 36–39

Kapitel 5

Irène Heidelberger-Leonard. »Schein und Sein in ›Efraim‹. Eine Auseinandersetzung von Alfred Andersch mit Jean Améry«. Etudes germaniques 36, 1981, 2, S. 188–197
Elisabeth Plessen. »Alfred Andersch: ›Cori‹ oder Fiktion als Extrapolation

der Innenwelt«. In: Fakten und Erfindungen. Zeitgenössische Epik im Grenzgebiet von ›fiction‹ und ›nonfiction‹«. München 1971, S. 31–35

Kapitel 6

Ingeborg Drewitz. »Alfred Andersch oder die Krise des Engagements. Der Erzähler«. Merkur 20, 1966, S. 669–675

Manfred Durzak. »Alfred Andersch: Die Inseln unter dem Winde«. In: Die deutsche Kurzgeschichte der Gegenwart. Stuttgart 1980, S. 331–335

Manfred Durzak. »Alfred Andersch: Festschrift für Captain Fleischer«. In: Die deutsche Kurzgeschichte, S. 357–359

Friedrich Hitzer. »Fragmente zu einem großen Plan«. Kürbiskern 1, 1981, S. 99–114

Albert von Schirnding. »Es lohnt sich, Franz Kien zu loben«. Merkur 35, 1981, S. 329–334

Kapitel 7

Peter Bekes. »Wie man sich verweigert. Gedanken zum Verhältnis von Ideologie, Geschichte und Ästhetik in Anderschs ›Winterspelt‹«. Text und Kritik 61/62, 1979, Alfred Andersch, S. 54–62

Max Walter Schulz. »Mehr als ›Polyphon umgrenztes Weiß‹«. Sinn und Form 6, 1976, S. 1319–1327

Arno Borst. »Das historische ›Ereignis‹«. In: Geschichte – Ereignis und Erzählung. Hg. R. Koselleck, W. D. Stempel. Poetik und Hermeneutik V. München 1973, S. 536–539

Hermann Lübbe. »Was heißt: ›Das kann man nur historisch erklären‹?«. In: Geschichte – Ereignis und Erzählung, S. 542–553

Kapitel 8

Helmut Heißenbüttel. »Andererseits schreibe ich nur was mir Spaß macht. Der Lyriker Alfred Andersch und das politische Gedicht«. Text und Kritik 61/62, 1979, Alfred Andersch, S. 105–109

Wolfgang Iser. »Wahrnehmung, Zeitlichkeit und Handlung als Modalitäten der Subjektivität. William Faulkner. ›The Sound and the Fury‹«. In: Der implizite Leser, München 1972, S. 214–236

Bernd Jentzsch. »Gelenke des Geistes. Alfred Andersch: ›Gedichte und Nachdichtungen 1946–1977‹«. Die Zeit, 25. 11. 1977. In: ÜA, S. 187–199

Hanjo Kesting. »Radikalität und konservative Ironie. Überlegungen zum Spätwerk von Alfred Andersch«. In: Dichter ohne Vaterland, Bonn, Berlin 1982, S. 127–136

1914	Alfred Andersch wird am 4. Februar in München als zweiter Sohn geboren. Der fünf Jahre ältere Bruder Rudolf, in den Nachkriegsjahren Journalist (und Mitarbeiter der *Frankfurter Hefte*), starb 1981, der noch lebende, jüngere Bruder Otto, geboren 1922, ging während der Hamburger Jahre der Familie, ab 1937, auf die Kunstschule, um Typograph und Graphiker zu werden. Der Vater, im 1. Weltkrieg Hauptmann, entstammte einer nach Ostpreußen ausgewanderten Hugenottenfamilie. Er lebte als Kaufmann, aufgrund einer schweren Kriegsverletzung nur bis 1930. Die Mutter Hedwig, geb. Watzek, war österreichisch-tschechischer Herkunft, geboren 1884.
1920–1928	Volksschule und Wittelsbacher Gymnasium in München. Sein Schuldirektor ist der Vater Heinrich Himmlers. Er muß wegen schwacher Griechisch- und Mathematikleistungen trotz einer Eins in Deutsch und Geschichte die Schule verlassen.
1928–1930	Buchhandelslehre bei dem Verleger Lehmann, wie Anderschs Vater in der ultrakonservativen Thule-Gesellschaft.
1931–1933	Arbeitslosigkeit. Politische Aktivität im Kommunistischen Jugendverband (KJV), ab 1932 dessen Organisationsleiter für Südbayern.
1933	Nach dem Reichstagsbrand (27. 2. 1933) Häftling im KZ Dachau, im Mai entlassen, im Herbst noch einmal verhaftet, danach unter Gestapo-Aufsicht, Bücherbeschlagnahme.
1933–1940	Büroangestellter in München, ab 1937 in Hamburg, in der Werbeabteilung einer Fotopapierfabrik.
1940	Als Bausoldat in die Armee eingezogen, Dienst als Besatzungssoldat in Frankreich, danach
1941	vorübergehend aus der Armee entlassen, bis 1943 Büroangestellter in Frankfurt/M.
1943	Die Hamburger Wohnung der Mutter wird total ausgebombt (27./28. 7. 1943), wobei Anderschs Briefe und Bücher vernichtet werden (s. Bücherliste ANHANG). Am 15. 9. 1943 erneut gemustert und zu einer Infanterie-Pionier-Ausbildung (Ersatzkompanie) in Siegen, Westfalen abgestellt. Aus Gesundheitsgründen zeitlich untauglich geschrieben, setzt die 1939 in Hamburg begonnenen Schreibversuche fort, übergibt im Dezember 1943 Otto Brues in Köln den Text »Erste Ausfahrt«, der am 25. 4. 1944 in der Kölnischen Zeitung erscheint. Suhrkamp, Berlin, lehnt drei Texte, »Erinnerte Gestalten«, ab, schreibt aber anerkennend.
1944	Am 3. 4. 1944 als Obergrenadier nach Dänemark abgestellt, im Mai nach Etrurien, am 6. Juni 1944 Desertion zu den Amerikanern, ab Oktober Sanitäter im Lagerhospital Ru-

	ston, Louisiana, einem Antifa-Compound, nach der Überfahrt im August in einem »Liberty«-Schiff.
1945	15. 4.–15. 8. Mitarbeit am US-*Ruf* in Fort Kearney. 15. 9.–15. 11. 1945 Verwaltungslehrgang in Fort Getty, R. I., Überfahrt von Boston nach Le Havre, in Darmstadt entlassen und
1945–1946	ab Ende 1945 Redaktionsassistent Kästners bei der *Neuen Zeitung*, München, bis zur *Ruf*-Gründung am 15. 8. 1946.
1946–1947	Zusammen mit Hans Werner Richter Herausgeber der Zeitschrift ›Der Ruf‹, die nach 16 Nummern von der amerikanischen Militärregierung in Bayern entschärft wird.
1947	Teilnahme an den ersten Tagungen der ›Gruppe 47‹.
1948	*Deutsche Literatur in der Entscheidung. Ein Beitrag zur Analyse der literarischen Situation*, erste Buchpublikation.
1948–1950	Gründer und Leiter des ›Abendstudios‹ im Sender Frankfurt, einem der ersten Beispiele von Sendungen in der Art des ›3. Programms‹ in Deutschland.
1951	Beginn der Niederschrift des autobiographischen Berichts *Die Kirschen der Freiheit*.
1952	*Die Kirschen der Freiheit* erscheinen nach Ablehnung durch Rowohlt in Eugen Kogons Frankfurter Verlagsanstalt.
1951–1953	Leiter der gemeinsamen Feature-Redaktion der Sender Hamburg und Frankfurt. Herausgeber der Buchreihe ›studio frankfurt‹, in der u. a. Werke von Ingeborg Bachmann, Heinrich Böll, Werner Helwig, Wolfgang Hildesheimer, Arno Schmidt, Ernst Schnabel und Wolfgang Weyrauch erscheinen.
1955	Beginn der Niederschrift des Romans *Sansibar oder der letzte Grund*.
1955–1957	Herausgeber der literarischen Zeitschrift ›Texte und Zeichen‹, von der 16 Hefte erscheinen.
1957	*Sansibar oder der letzte Grund* erscheint. Beginn der Niederschrift des Romans *Die Rote*.
1955–1958	Gründer und Leiter der Redaktion ›radio-essay‹ des Senders Stuttgart; Assistent wird Hans Magnus Enzensberger; Nachfolger, zunächst als Assistent, dann als Leiter: Helmut Heißenbüttel.
1958	Niederlegung aller öffentlichen Ämter. Übersiedlung als freier Schriftsteller in die Schweiz, nach Berzona im Tessin; Nachbarn werden Max Frisch und Golo Mann. Deutscher Kritikerpreis für *Sansibar oder der letzte Grund*. Die Geschichtensammlung *Geister und Leute* erscheint.
1962	*Die Rote* wird von Helmut Käutner verfilmt. Der Reisebericht *Wanderungen im Norden* erscheint mit Fotos von Gisela Andersch.
1962–1963	Aufenthalt in Rom (10 Monate).
1963	Die Geschichtensammlung *Ein Liebhaber des Halbschattens* erscheint. Beginn der Niederschrift des Romans *Efraim*.

1964	Drei Monate Aufenthalt in Berlin.
1965	Leitung einer Film-Expedition des Deutschen Fernsehens nach Spitzbergen und in die Arktis. Die erste Hörspielsammlung erscheint unter dem Titel *Fahrerflucht*. Die erste Essaysammlung erscheint unter dem Titel *Die Blindheit des Kunstwerks*.
1966	Die Reiseessays *Aus einem römischen Winter* erscheinen.
1967	*Efraim* erscheint nach Ablehnung durch den S. Fischer-Verlag bei Diogenes.
1968	Nelly-Sachs-Preis der Stadt Dortmund für das Gesamtwerk. Prix Charles Veillon für *Efraim*.
1969	Der Reisebericht *Hohe Breitengrade oder Nachrichten von der Grenze* erscheint mit Fotos von Gisela Andersch.
1971	Die Geschichtensammlung *Mein Verschwinden in Providence* erscheint. Beginn der Arbeit am Roman *Winterspelt*.
1972	Reise nach Mexiko. *Die Rote* erscheint in neuer Fassung. Verleihung der Schweizer Staatsbürgerschaft.
1974	*Winterspelt* erscheint.
1975	Reise nach Spanien und Portugal.
1976	Das Gedicht *artikel 3 (3)* über die Berufsverbote löst eine bundesweite Diskussion aus.
1977	*Öffentlicher Brief an einen sowjetischen Schriftsteller, das Überholte betreffend* und andere Aufsätze und Reportagen erscheinen. *Einige Zeichnungen*, Graphische Thesen am Beispiel der Malerin Gisela Andersch, erscheinen. Die gesammelten Gedichte und Nachdichtungen erscheinen unter dem Titel *empört euch der himmel ist blau*. (Leicht veränderte) Taschenbuchfassung von *Winterspelt*, alle bei Diogenes, Zürich. Andersch erkrankt schwer, Nierentransplantation.
1978	*Winterspelt* wird von Eberhard Fechner verfilmt.
1979	Zum 65. Geburtstag von Alfred Andersch erscheint eine Studienausgabe seiner Werke in 15 Bänden, darunter erstmals ein Band mit neuen Hörspielen. – Andauer der Krankheit.
1980	Alfred Andersch stirbt in der Nacht vom 20. auf den 21. Februar an Nierenversagen in Berzona. Im Herbst erscheint die Arno Schmidt gewidmete, kurz vorher vollendete Erzählung *Der Vater eines Mörders*.

Kommentierte Lektüre-Liste des jungen Andersch

Im Nachlaß (Deutsches Literaturarchiv, Marbach) findet sich eine »*Aufstellung der in Verlust geratenen Gegenstände zum Antrag Alfred Andersch*, Frankfurt/M., Bürgerstr. 16/IV infolge Bombenschaden 27./28. Juli 1943 in Hamburg«, bei der neben Skisachen, einem »Schachspiel mit handgeschnitzten Figuren«, »Fotostativ«, »Piperdruck« und »1 Fl. engl. Whisky« eine *Sonder-Aufstellung Bücher* (»ca. 600 Bücher im Gesamtwert von RM 5000.–«) aufgrund der totalen Ausbombung der Familienwohnung in Hamburg geltend gemacht wurden. Das Verzeichnis ist auch dann noch von hohem Informationswert für Anderschs Lese- und Stilbildung der 30er Jahre, wenn man berücksichtigt, daß manches darin aus dem Besitz der Eltern stammt (immerhin merkt Andersch an, die Titel »aus dem Gedächtnis ermittelt« zu haben), die Liste nur 240 der etwa 600 Bände verzeichnet, auf die NS-Zensur abgestimmt wurde, und die bei einer Gestapo-Haussuchung 1933 beschlagnahmten Münchner Bücher nicht enthält (vgl. Wehdeking, *Der Nullpunkt*, S. 86–87 und Anm. S. 171; KF, S. 23ff.). Zu den fehlenden Titeln gehören die Werke von Marx, Lenin, Bucharin, Upton Sinclair, die Reihe *Bauhaus-Bücher* (Klee, *Pädagogisches Skizzenbuch*, München 1925, Feininger, Schlemmer, Albers, Marcks, Kandinsky, Mies van der Rohe, Gropius), der gesprächsweise erwähnte Rowohlt-Band, Hemingways *Fiesta* (The Sun Also Rises, 1926; dt. 1928), Steinbecks *Die Früchte des Zorns* (1939; dt. Berlin: Vorwerk, 1943) und Ernst Jüngers *Marmorklippen*, sowie Conrads *Spiegel der See*.

Vieles aus den Lektüreerfahrungen der 30er Jahre, auf das sich Andersch in seinen Essays oft sehr viel später bezieht, Stendhal und Stifter etwa, ist hier aufgeführt und bestätigt den Eindruck der »abgemilderten Moderne« in den ersten eigenen Schreibversuchen, klassizistischer Rückwärtsgewandtheit, wie sie der Besitz einiger Jahrgänge der deutsch-schweizerischen Zeitschrift *Corona* (Bremen, München, 1930–1943, hg. M. Bodmer, H. Steiner, Aufl. 800–1300, Hauptstützen Borchardt, R. A. Schröder, Voßler, Nadler; Hofmannsthal-Vorliebe) bestätigt. Noch 1978 erinnert sich der Autor (*Mein Lesebuch*, S. 12) zu dem Stilumschlag nach 1945, von Hemingway »mehr gelernt« zu haben, »als von Rudolf Alexander Schröder oder Hans Carossa«. Auf eine solche Entwicklung weisen die stark vertretenen Realisten des 19. Jahrhunderts und einige

»Klassiker« der Moderne, Joyce' *Ulysses*, D. H. Lawrence, Sinclair Lewis, Thomas Wolfe, Proust und Baudelaire voraus.

Gerade wegen der stark vertretenen historischen Realisten, besonders der Franzosen (Balzac, Stendhal, Flaubert) und Russen (Gogol, Dostojewski, Turgenew, Lesskow), fällt das Fehlen Zolas und Tolstois, Gontscharows und der Engländer (Scott, Dickens, Thackeray) auf, bei den deutschen bürgerlichen Realisten nach der fast lückenlosen Romantik und ihren Epigonen neben Keller, Stifter und Strom das Fehlen Fontanes, bei den Dramatikern nach Kleist das Fehlen Hebbels, Strindbergs, Ibsens, Hauptmanns. Vor allem der Zensur ist das Fehlen der gesellschaftskritischen Autoren im 20. Jahrhundert, der Brüder Mann, Musil, Broch, Kafka, Stefan und Arnold Zweig, Döblin und Brecht zuzuschreiben, von denen Andersch in seiner *Deutschen Literatur in der Entscheidung* Ende 1947 spricht.

Im 20. Jahrhundert ist das Epigonale, dem Zeitgeschmack entsprechend, unübersehbar, der Nachimpressionismus, Klassizismus, die Neu- und Nachromantik, der Nachsymbolismus, inhaltlich der nicht-urbane Zug zu Landleben, Bauernidylle, Dorfromantik (Timmermans, Hamsun, de Coster, Jammes und das Interesse an Bruegel), das Gemisch aus konfessionellem Rückhalt und nachromantischem Pantheismus (Jacobsen, Giono, Guérin, Huch, die in der *Carona* bevorzugten Schriftsteller der »Inneren Emigration«: Carossa, Grimm, Hesse, Hofmannsthal, Lagerlöf, Mell, Rilke, R. A. Schröder, die kleinen klassizistischen Dramen von Wilder, die Prosa Bindings, Borchardts, Croces, Hofmillers, Kassners, Nadlers, Valérys, Vosslers). Ein Beispiel für die bei Andersch nachwirkende Brücke zur Nachromantik ist Rilkes im *Corona*-Jahrgang 1938 (S. 26) enthaltene Übertragung von Leopardis »L'Infinito«, das Andersch für seine Gedichtsammlung *Empört euch* (1977) neu, in sehr viel schlichterem, sachlichem Prosastil, übersetzte; ein anderes Beispiel ist die Aufnahme der Rilke- und R. A. Schröder-Bilder (»Septemberode«, *Corona*, 1938, S. 45) in die erste Veröffentlichung »Erste Ausfahrt« (1944). Die *Corona* half auch das Interesse am Biedermeier (Max Mells Stifter-Aufsatz) verstärken, an Jüngers *Marmorklippen* und Hesses *Glasperlenspiel* (die beide dort vorabgedruckt wurden), und die auch in der Bücher-Liste auffallende Neigung zu Geschichts-Essay und Kunstgeschichte, besonders des Barock und des romanischen Südens (Ranke, Huizinga, Burckhardt, Taillandier, Read, Ernst). Für eine Verbindung von Literatur und Malerei im Interessenhorizont des jungen Andersch sprechen die Studien zu Malerei und Zeichnung bei Goethe und Stifter und die gut vertretene ästhetische Literatur.

Homer, Ilias (Dieterich-Dünndruck)
Homer, Odyssee (Dieterich-Dünndruck)
Sophokles, Tragödien (Insel-Dünndruck)
Platon, Sämtl. Werke, 3 Bände (Lamb. Schneider)
Dante, Göttl, Komödie (Insel-Dünndruck)
Boccaccio, Dekamerone, 3 Bde. (Insel-Erstausgabe)
Italien. Novellen, 3 Bde. (Lamb. Schneider)
Das Buch deutscher Dichtung, 3 Bde. (Insel)
Goethe, Werke, 15 Bände
Kleist, Erzählungen, 3 Bde.
Hölderlin, Werke, 3 Bde.
Novalis, Werke
Eichendorff, Werke, 2 Bde. (Insel-Dünndruck)
Brentano, Die italien. Märchen/Rheinmärchen, 2 Bde.
Gottfr. Keller, Werke, 4 Bde. (Insel-Dünndruck)
Storm, Werke, 3 Bde. (Insel-Dünndruck)
Mörike, Werke, 2 Bde.
Rilke, Werke, 7 Bde. (Insel)
Stendhal, Werke, 15 Bde. (Georg Müller)
Baudelaire, Werke, 3 Bde. (Georg Müller)
Gogol, Werke, 2 Bde. (Albert Langen)
Jacobsen, Werke, (Insel-Dünndruck)
Kalewala, 2 Bde. (Lamb. Schneider)
Goethe, Gespräche mit Eckermann
Goethe-Schiller, Briefwechsel, 2 Bde.
Stifter, Werke, 7 Bde.
Stilling, Heinrich Stillings Jugend
Jünger, Geheimnisse der Sprache
Jünger, Blätter und Steine
Jünger, Gärten und Straßen
Jünger, In Stahlgewittern
de Coster, Till Uilenspiegel
de Coster, Herr Halewijn
Teirlinck, Johann Doxa
Timmermanns, Aus dem schönen Lier
Timmermanns, Das Tryptichon
Timmermanns, Kleine Leute
Hamsun, Gedämpftes Saitenspiel
Hamsun, Unter Herbststernen
Joyce, Ulysses, 2 Bde.
Lawrence, Die Frau die davon ritt
Lewis, Sam Dodsworth
Shaw, Der Kaiser von Amerika
Th. Wolfe, Schau heimwärts Engel
Balzac, Das unbekannte Meisterwerk
Balzac, Eugenie Grandet
Flaubert, Bouvard und Pecouchet
Flaubert, November

Giono, Der Berg der Stummen
Giraudoux, Bella
Guerin, Der Kentaur
Jammes, Almaide
Maupassant, Novellen
Maurois, Im Kreis der Familie
Prevost, Manon Lescaut
Proust, Werke, 5 Bände
Rimbaud, Leben und Werk
Saint-Exupery, Wind Sand Sterne
Sivle, Schloss Dampard
Dostojewski, Aus einem toten Hause
Dostojewski-Brevier
Gorki, Landstreicher
Ljesskow, Der Alexandrit
Turgenjeff, Väter und Söhne
The Albatross-Book of Living Verse
Borchardt, Englische Dichter
Dichtungen der Naturvölker
Dichter d. Mittelalters
Dichter d. Barock
Von Gottes und Liebfrauenminne
Deutsche Lande im Gedicht
Lyrik, 15 verschiedene Bände
Roellinghoff, Russlands Lyrik
Vossler, Romanische Dichter
Gumppenberg, Das teutsche Dichterross
Deutsche Chansons
Bethge, Deutsche Lyrik
Britting, der irdische Tag
Hoffmannsthal, Gesamm. Gedichte
Hoffmannthal, Nachlese der Gedichte
Morgenstern, Alle Galgenlieder
Rilke, Neue Gedichte
Turgenjeff, Gedichte in Prosa
Villon, Dichtungen
Christiansen, Die kleine Prosaschule
Eppelsheimer, Handbuch der Weltliteratur
Ernst, Völker und Zeiten
Hoffmannsthal, Schrifttum als geistiger Raum
Hofmiller, Umgang mit Büchern
Hofmiller, Franzosen
Huch, Die Romantik, 2 Bde.
Nadler, Literaturgeschichte, Bd. IV.
Burckhardt, Richelieu
Burckhardt, Gestalten und Mächte
Hennig, Geopolitik
Ranke, Dt. Gesch. i. Zeitalter d. Reform., 5 Bde.
Ranke, Franz. Geschichte

Ranke, Geschichte Wallensteins
Read, Die Tudors
Taillandier, Heinrich IV.
Burckhardt, Kultur d. Renaiss. i. Italien
Huizinga, Herbst d. Mittelalters
Kurth, Mode i. Wandel der Zeiten
Möller v. d. Bruck, Das theatre francais
Monnier, Venedig im 18. Jahrhundert
Scheffer, Die Kultur der Griechen
Schuler, Fragmente u. Vorträge
Ramann, Kunstgeschichte
Peterich, Kl. italien. Kunstgeschichte
Stählin, Russ. Kunst
Müseler, Renaissance
Hokusai, Fujijama
Seydlitz, Der japan. Farbenholzschnitt
Karlinger, Alt-Bayern
Schultz, Die Kirche von Doberan
Graul, Alt-Flandern
Mauclair, Florenz
Förster, Alt-Hamburg heute
Sidorow, Moskau
Hartig, Mittelalterl. Kirchen Münchens
Schürer, Prag
Zimmermann, Die Kirchen Roms
Guyer, Siena
Gerstfeld, Umbrische Städte
Wehnemann, Utrecht
Schnell, Die Wies
Pütterer, Zürich
Brueghel, Landschaften
Cezanne-Monographie
Wölfflin, Dürrer-Zeichnungen
Gebetbuch Kaiser Maximilians
Goethe, Handzeichnungen
Koch, ABC-Büchlein
Matisse, Bildband
Grimm, Das Leben Michelangelos
Novotny, Ad. Stifter als Maler
Griechenmünzen Siziliens
Huysmanns, Geheimnisse der Gotik
Müller, Meister gotischer Plastik
Feulner, Münchner Barockskulptur
Heimerans Namensbüchlein
Knaurs Lexikon
Weismantel, Schattenspielbuch
Weinert, Vormenschenfunde
Westphal, Physik
Zeitschrift Corona, 3 Jahrgänge

I

Weiße, unbeschriebene Blätter. Sonntag. Draußen, vor dem Fenster, lagert das tote Schweigen des Fabrikhofes, umstanden von länglichen Gebäuden, die sich in die Tiefe erstrecken, am Ende ein Schornstein, nicht sehr groß.

Nun ist es Zeit, an eine sehr stille Münchener Vorortstraße mit ihrem Bestand an größeren und kleinen Villen zu denken, die fast alle jenen grauen oder graubraunen sandsteinähnlichen Kalkbewurf tragen, wie er in München üblich ist. Manche zeigen auch etwas lebhaftere Farben, etwa ein dunkles Ocker oder ein blasses Grün. Nicht sehr neu, aber verlässig gebaut, verstecken sie ihre unaufdringliche, ein wenig charakterlose Architektur – eine Neigung zum Abrunden der Ecken ist spürbar oder sie zeigen glatte, etwas vertieft liegende Lisenen und Gesimse – hinter dem wuchernden Grün der Vorgärten, die schon solange leben, daß hohe Bäume in ihnen stehen und dichtes Gebüsch sich breit macht. Im Jahre 1909, als Bernhard Reber zur Welt kam, standen diese Häuser noch nicht, aber kurz danach, in den allerletzten guten Friedensjahren, wurden sie gebaut und er verlebte in einem von ihnen seine Kindheit und Jugend. Der Herbst weckt in mir stets die Erinnerung an diese Straße auf, die mit einer großen Zahl ihr ähnlicher Schwestern das gleichmäßige Muster des Vororts bildet. Ein tiefer, grauer Himmel steht dann in dem trapezförmigen Ausschnitt an ihrem Ende, die Gehsteige und die mit kleinen, schieferfarbenen Steinen in immer sich wiederholenden Bögen gepflasterte Fahrbahn ist mit Blättern besät, manchmal raschelt der Fuß darin, aber die Gärten tragen doch noch eine gewisse Fülle, noch sind die Bäume nicht zu Skeletten erstarrt.

Es ist nicht schwer, Aufschluß über die Menschen zu geben, die hier wohnen: Kaufleute, Beamte in gehobenen Diensten, Professoren, Techniker, die ihr reiches Können in leitenden Stellungen verwerten konnten. Sie sind natürlich älter geworden und sie sind nicht mehr ganz dieselben geblieben, wie zu jener Zeit, in der sie in die Häuser einzogen. Damals hatte die Möglichkeit eines sich in Arbeit und Familie erschöpfenden Lebens und das unbestimmte Streben, zugleich mit ihren Buen Retiros Burgen einer stillen, unangefochtenen Anerkennung aufzurichten, noch nicht die Form völliger Illusionen angenommen, wie sich dies nach dem, alle gültigen Wertbegriffe auflösenden Zusammenbruch ergab. In den Besten vo ihnen war wohl das Bewußtsein lebendig gewesen, all dies könnte vergeblich sein, aber diese waren es auch, die ihre Posten nicht verließen und schließlich ihren Kindern jene Güter vermachten, die sie selbst mit den Worten Kultur und Menschlichkeit niemals bezeichnet hätten. Die meisten jedoch standen das, was sie Leben nannten, all die Jahre durch, bis an einen Abend, den sie mit Liebhabereien und Langeweile füllen und in den nur manchmal die Fackel geschichtlichen Geschehens einen Abglanz von Sinn wirft.

Es bleibt noch zu sagen, daß diese Leute meist keinen eigentlichen Reichtum aufweisen. Heute von ihren Pensionen und den Zinsen ihrer Ersparnisse lebend, hatten sie früher regelmäßige Einkünfte aus ihren gesicherten Anstellungen gehabt, Einkünfte, die ausreichten, jene Ersparnisse anzulegen. Die Inflation richtete große Verheerungen an, aber sie hatten richtig gerechnet in der Annahme, daß der Besitz des Hauses sie vor dem völligen Untergang retten würde. Nach einigen Jahren zähen Kampfes und immerwährender Bangnis hatten die gierigen Wogen der Ereignisse von diesen Mauern abgelassen und sie waren zurückgeblieben, ein wenig zerzaust zwar und mit großen Verlusten, aber immerhin in ihrem Kern unversehrt. Später, in den Jahren 1929–1933, hatte dann alles nocheinmal und noch schlimmer begonnen, denn da war es nicht um Geld sondern um die Sicherheit der Arbeit, auf der sie gründeten, gegangen.

Bernhards Vater hatte alle Stürme gut überstanden. In ihm lebten – eine seltene Erscheinung in dieser Umgebung – Züge, die man gemeinhin einer Spielernatur zuschreibt. Er selbst würde einen solchen Vergleich selbstverständlich zurückgewiesen haben. Aber er besaß einen sicheren Instinkt für Entwicklungen und eine verhältnismäßige Freiheit von den Vorurteilen, die man im Allgemeinen bei Angehörigen seiner Gesellschaftsschicht findet. Was ihn vielleicht grundsätzlich von jenen unterschied, war seine tiefe Liebe zum Gelde oder vielmehr die Fähigkeit, sich diese Zuneigung selbst einzugestehen. Eine Liebe übrigens, die ihm vergolten wurde. Aus einer Familie stammend, die über »Beziehungen« verfügte, war er sehr schnell in die leitende Schicht eines weitverzweigten industriellen Unternehmens aufgerückt und dort, wenn er auch niemals Eingang in die geheime Spitzengruppe gefunden hatte, doch seiner hervorragenden sachlichen Kenntnisse und seines angeborenen Sinnes für geschäftliche Möglichkeiten (oder mögliche Geschäfte) wegen, unentbehrlich geworden. Er besaß gerade soviel Kultur – wenn wir darunter Gefühl für Bücher, Bilder und Musik verstehen – um Geschmacklosigkeiten zu vermeiden und im übrigen seiner Frau diesen Teil der Pflege seines Hauses und der Erziehung seiner Kinder zu überlassen. Deren Wissen darum ging freilich nicht über die Grenzen hinaus, die eine sogenannte gute Erziehung ihr gezogen hatte. In späteren Jahren wurde sie zur überzeugten Anhängerin

einer nationalen Sekte, die ihre Unfähigkeit zu exakten Formulie-
rungen hinter unklaren Begriffen, wie »geheime Mächte« usw. ver-
barg. Von da war es nur noch ein Schritt zur Astrologie.

Wenn ich hier Bernhards Kindheit zu schildern versuche, dann
sehe ich wohl ein, daß ich mir alles darüber aus seinen eigenen
späteren Schilderungen zurechtreimen muß, denn ich habe ihn damals noch nicht gekannt, bin ich doch einige Jahre später zur Welt
gekommen. Und Schilderungen ist ein großes Wort für die wenigen
spärlichen Andeutungen, die er mir gab. Aber ich will trotzdem
versuchen, aus diesen kleinen Steinen ein lückenhaftes Mosaik zu-
sammenzutragen, liegt doch schon alles, was nachher den fertigen
Menschen ausmacht – und werden wir je fertig? – in der Kindheit
begündet und gewisse jugendliche Eindrücke, Vorlieben und Untu-
genden sind uns unverlierbare Begleiter.

Da war zum Beispiel der große Kanal, der den Villenort in zwei
Teile zerlegte, sozusagen seine Achse bildete und der, von sanft
geschwungenen Brücken überquert und stetig begleitet von Alleen
auf beiden Seiten, Alleen alter riesiger Bäume, auf das am Abschluß
der Perspektive weiß strahlende, von dem Halbrund der Kavalier-
häuser umgebene Schloß zuführte. Es muß für ihn eine Lust gewesen sein, aus der Tiefe jener Straßen, die ständig eine etwas qualmige
Sonntagnachmittags-Melancholie nährten, in den freien, schwin-
genden Rhytmus dieser Alleen hineinzulaufen oder gar auf dem
Fahrrad in ihnen auf und ab zu rasen. Möglich, daß er hier das
Feudale seines Bewegungsstils erlernte, jenes harmonische, unmerklich eckige Tempo in den federnden Bewegungen seiner Arme
und Beine, das die Frauen später so sehr an ihm liebten. – Und dann
die Prozession, die alljährlich am Fronleichnamstage singend und
psalmodierend unter dem zarten Grün, das aus den Frühlingsbäu-
men auf sie herabrieselte, an den Ufern des Kanals entlangzog! Die
farbigen Gewänder der Priester und Ministranten, die weißen Klei-
der der Kommunikantinnen, die Woge des Weihrauchs im Gefolge
des Baldachins, die Sonne, die über all dem lagerte und noch den
Staub in eine goldene Wolke verwandelte! Vielleicht mag es ja daher
kommen, daß er später Gesprächen über Glaubensdinge geflissent-
lich aus dem Wege ging, daß ihm der Katholizismus eingeboren war,
wenn man ihn auch nie in der Kirche sah. Gab es denn überhaupt
sogenannte Gespräche mit ihm? Er diskutierte nie, das überließ er
anderen, aber irgendein Eindruck, ein bestimmter Blick, das eigene
Leben eines Gegenstandes konnte ihn hinreissen und bestimmen.
Doch ich eile der Zeit voran!

Natürlich war seine Jugend nicht nur von der unbewußten Aufnahme solcher, fast imaginärer Erscheinungen erfüllt. Da waren ja

auch die Spiele, diese ernsthaften Realitäten kindlichen Lebens, die überall stattfanden, zuhause oder unter freiem Himmel, wobei diese Unterscheidung allerdings von wesenhafter Bedeutung ist. Im Hause seiner Eltern spielte Bernhard meist allein, selten, daß sein älterer Bruder sich zu einer Beteiligung herabließ, auch war das dann nicht immer erfreulich. Dies Alleinsein bedingte eine höhere geistige Durchdringung des Spiels und damit ergab sich ganz von selbst die schnelle Aneigung technischer Gedankengänge, für die Bernhard sowieso gut veranlagt war. Deshalb wurden, wie bei den meisten Kindern unserer Zeit, jene Baukästen mit Begeisterung aufgenommen, deren Metallschienen, Träger und Scheiben man mittels allerlei Schrauben zu Maschinenmodellen zusammensetzen kann; auch eine elektrisch betriebene Eisenbahn mit Bahnhof, Signalanlagen, Schranken, fehlte nicht. Wenn es aber ins Freie ging, dann regierte die Eingebung und schuf sich Spiele, welche den fantastischen Erlebnisdrang einer Schar von Kindern mit der Wirklichkeit des Krieges verbanden. Denn der Krieg lagerte ja allgegenwärtig über Bernhards Kinderjahren. Sehr gerne wurden zu diesen Spielen die etwa eine Stunde von dem Vorort entfernten Waldungen benutzt, die nur duch eine dünne und unordentliche Nabelschnur kleiner Häuser und Schrebergärten mit der Stadt verbunden waren. Am Grunde des Reizes, in jenen Wäldern zu spielen, lag die Gefahr, von den Eltern gescholten zu werden, wenn man zu spät, übermüdet und erhitzt nach Hause kam und wahrscheinlich liebte Bernhard diese ausschweifenden Spiele, die seinen Körper zu gleichmäßiger, kräftiger Entwicklung brachten, gerade darum so sehr. Er gab sich ihnen umso lieber hin, als sein Vater ihn nicht an die Regel sonntäglicher Wanderungen gebunden hatte, wie überhaupt die Eltern den Heranwachsenden nicht eigentlich »erzogen«, da sie fraglos davon überzeugt waren, ihre Söhne würden, genau wie sie selbst, in allen Angelegenheiten stets das Nützliche tun. Diese Art des Gewährenlassens kam der Natur des Knaben entgegen: er lernte schon früh, unter Verzicht auf alle umständlichen und zeitraubenden Vorbereitungen stets nach dem Wesentlichen einer Sache zu greifen. – Je mehr wir verstehen, es mit einem schnellen Ruck aus seiner Umhüllung zu reißen, statt es lange planend und ordnend zu umkreisen, umso sicherer wird es unser sein.

II

Das Gymnasium, in dem ich Bernhard zum erstenmal, wenn auch nur flüchtig und ohne mit ihm bekannt zu werden, erblickte, lag an der Südseite eines großen Platzes, dessen längliches Rechteck von einer dichten grünen Anlage gefüllt war. Man pflanzt in München gerne Ahornbäume, aus solchen bestand auch der grüne Teppich, den wir aus den Fenstern der oberen Stockwerke des Gymnasiums erblickten; ich habe diese gezähmten Ahorne, die eigentlich nur aus einem runden, glatten, pfahlartigen Stamm und einem daraufsitzenden Büschel klebrig sich anfühlenden Blätter bestehen, noch gut in der Erinnerung. Gegenüber lag die lange und langweilige Backsteinfassade der Kriegsschule, in jenen Jahren nach dem Weltkrieg fast völlig verödet, während dem Bau des Gymnasiums sich der ungefüge Steinkasten einer Gewerbeschule anschloß. Es gehörte, wie man sich denken kann, zu der Eigenart dieses Platzes, daß er nur zu bestimmten Zeiten, wenn die Unterrichtszeit der Schulen begann oder endete, von Leben erfüllt war; sonst lastete auf ihm die Stille völliger Verzauberung, die sich nur verstärkte, wenn irgendein verspäteter Schüler über das sonnenbeschienene Grau des Asphalts in den Schatten des Schultors huschte. Drinnen empfing ihn das Schweigen der langen Korridore, auf die manchmal Gesang oder gemeinsames Sprechen lateinischer Vokabeln drang. Im Flur des Erdgeschosses standen die Aquarien und Terrarien, Reflexe und Spektralfarben auf den Boden zeichnend, wenn sie von Sonnenlicht umspielt wurden. Dann sonnten sich die Echsen in der goldenen Flut und die Fische schwammen schillernd ihre stumme Bahn.

Solch vegetatives Leben war uns freilich nicht vergönnt. Ich, der ich zu jener Zeit nicht die Fähigkeit besaß, den Sinn lernender Bemühung einzusehen, verbrachte die Jahre auf dem Pennal, wie wir es nannten, in einem Zustand der Unlust, ja manchmal in schweren Krisen, die sich dann einstellten, wenn zwischen meinen Leistungen und den gestellten Forderungen ein Abgrund klaffte, der weder durch krampfhafte Anstrengungen meinerseits noch durch den seelischen Druck von Strafen zu schließen war. Der Geist jener Anstalt nährte sich wohl von der humanistischen Tradition; diese aber war in dem Bayern jener Tage überlagert von der Starre eines engen Verwaltungskonservativismus, der die natürliche Reaktion auf die ungezügelte Experimentierlust war, die sich sonst allüberall im deutschen Vaterlande regte: eine langsam in der Sättigung erstarrende Form von Katholizismus verband sich mit ihm.

Ohne, daß wir damals schon in der Lage gewesen wären, all diese Ingredienzien, aus denen sich die Atmosphäre des Gymnasiums mischte, zu erkennen, betrachteten wir sie unklar als feindlich, bildete sie doch das gegebene Element für eine Anzahl von Lehrern, die wir aus tiefster Seele haßten. Schon Oberstudiendirektor Maechler, der die Anstalt leitete, verkörperte mehr die Prinzipien pedantischer Staatsautorität, der »Einordnung über alles«, statt unserem gesunden jugendlichen Individualismus einfühlende Führung zu geben; welch mephistophelischer Geist in dem stattlichen Mann mit dem weißen Spitzbart und den hinter goldgeränderter Brille kühl blickenden Augen lebte, konnten wir damals noch gar nicht erkennen, schwebte er doch, für uns meist unsichtbar, in der Wolke der oberen Klassen. Konrektor Wagenschmidt verkörperte für mich den Geist der Mathematik, oder vielmehr dessen, was ich damals für Mathematik hielt. Jedenfalls war diese Anschauung auf das Engste verknüpft mit der Gestalt Wagenschmidts, einer kleinen, eckigbreiten Gestalt, die bar jeder inneren Schönheit war. Über das knochige Gesicht spannte sich eine Haut, deren Farbe zwischen Oliv und einem dunklen Lederton lag; der Ansatz zur Straffheit, der sich darin ausdrückte, wurde aufgehoben durch die leere, sterile Fläche der Stirne und das braungraue Haar, das dünn und regelmäßig der ebenen Schädeldecke auflag. Die schmalen, höhnischen Lippen, über denen ein Bart wie in die Haut eingeklebt wirkte, bewegten sich nur beim Vortrag, den er ausschließlich für die in seinem Fach Begabten zu halten schien, den Rest, der gerade mitkam, überging er, während schlechte Schüler mit kalter Feindschaft bedacht wurden. So konnte uns die schwerelose Schönheit jener Wissenschaft der Zahlen, die geheime Magie der abstrakten Formeln, Zeichen und Gesetze nicht leuchten; wie sehr wir nocheinmal um die heitere Bewußtheit, die uns die Mathematik schenkt, ringen würden, ahnten wir zu dieser Zeit noch nicht.

Natürlich gab es auch andere Lehrer, aber sie waren in der Minderzahl. Wenn ich an sie denke, steht mir vor allem die Gestalt Professor Fuhrmanns, der Naturkunde lehrte, lebendig vor Augen. Rothaarig, mit rotem Bart, unendlich scharfen Gläsern vor den kurzsichtigen, wasserblauen Augen und einer hellen, sehr empfindlichen Haut, war er der Typus eines Mannes, der sein Fach über alles liebt und sich dennoch, ohne dabei eigentlich erzieherische Fähigkeiten aufzuweisen, ein lebendiges Herz für die Jugend bewahrt hat. Er war ein stiller, sorgsamer Beobachter, der uns eine Zuneigung schenkte, die oft genug nicht vergolten wurde, zumeist, weil der noch ungebrochene Instinkt der jungen Menschen den letzten Rest von Unsicherheit witterte, die im Wesen Fuhrmanns manchmal mitschwang und die ihre Ursache ebensosehr in Fuhrmanns Charakter, wie in den Besonderheiten seines Fachs hatte, dessen Lebensimpuls ja darin besteht, alles Erworbene immer wieder in Frage zu stellen. Kein Wunder, wenn sich in manchen Fällen die abwartende Haltung der Jugendlichen in angreiferischen Spott verwandelte, schnell zurechtgewiesen allerdings von einer Anzahl der Besten unter uns, die mit dem geheimen Wert des Mannes innerlich verbündet waren.

Für Bernhard Reber – um nun wieder von ihm zu sprechen – gab es allerdings kein eigentliches Schulproblem. Er war um die Zeit, in der ich mich noch in Obertertia abmühte, bereits in Obersekunda, bewegte sich also in einer für mich im Rahmen des Schülerzeremoniells unerreichbaren Höhe. Lediglich durch meinen älteren Bruder, der gleichfalls Obersekunda besuchte und mit Bernhard bekannt, wenn nicht befreundet war, hatte ich ein wenig Einblick in das Leben jener Elite, die sich, kaum noch eines Strauchelns gewärtig, mit Riesenschritten dem Vollzug der Aufgabe näherte, die als Schatten und Traum über uns allen schwebte, der Reifeprüfung. Bernhard hat die Schule stets als notwendiges Übel betrachtet, wobei er den Hauptakzent freilich auf das Wort »notwendig« legte. Es lag in seiner Natur, eine Selbstverständlichkeit wie die Schule widerspruchslos hinzunehmen und sie, ohne daß sie ihn zu sehr belastete, in sein Leben einzubauen. Solche Voraussetzungslosigkeit mit hoher Intelligenz vereinend, lernte er mühelos, ohne daß er dabei je zum Lieblingsschüler seiner Lehrer geworden wäre; dazu stand ihm die innere Unbeteiligtheit seines Wesens zu deutlich auf der Stirn geschrieben. Mit sicherem Instinkt hatte er sich nach Beendigung der drei Grundklassen dem Realgymnasium zugewandt, sich für die englische, statt für die griechische Sprache entschieden; nicht nur seine Vorliebe für die lebenden Sprachen trieb ihn dazu, sondern auch die Erkenntnis, daß seine Entwicklungsrichtung eher auf eine bewegte Weltläufigkeit hinzielte als auf eine versponnene Geistigkeit humaner Prägung. Auch die damals schon hoch entwickelte Selbstständigkeit seines Charakters trieb ihn dazu; da seine Eltern mit ihren eigenen Angelegenheiten sehr beschäftigt waren, lernte Bernhard verhältnismäßig früh den Reiz der Einsamkeit kennen, der immer größer wird, je mehr er uns in das Bewußtsein eingeht. So trieb er im Strom der Schule, eine gut proportionierte, schlanke Gestalt, die es verstand, die Wogen zu teilen und einen Raum der Achtung um sich zu schaffen, einer Achtung, die fast neidlos erwiesen wurde, da seine Stärke niemals auf Anmaßung beruhte, sondern ihre Quellen im ruhigen Bewußtsein der eigenen Kraft hatte. Er verfügte stets über Geld, das ihm seine Eltern fast achtlos überließen; das erhöhte die Anerkennung rings um ihn. Zu seiner Ehre sei gesagt, daß er es fast ausschließlich für den Ankauf von Radioteilen und Behelfsmitteln verwendete, eine Liebhaberei, die er lange Zeit hindurch eifrig betrieb.

Die Sommerferien verbrachte er in Gesellschaft seiner Mutter und seiner beiden Brüder in dem seenreichen Hügelland zwischen Mün-

chen und dem Gebirge. Dies waren die Intervalle, in denen er wieder
– besonders in den ersten Jahren seiner Gymnasialzeit – ganz zum
Knaben wurde, animalisch und vielleicht zum letztenmal beschäftigt
mit den Geheimnissen der Wiesen, der Gesträuche und Bäche,
innerlich jauchzend über die Möglichkeiten, die er in einem Steinbruch entdeckte oder in einer Sonnenhalde, die aus nichts bestand
als aus den braunen, rissigen Stümpfen alter Bäume, aus Gräsern,
Haselnußbüschen, unwirtlichem Dickicht der Himbeersträucher
und den grünen, saftigen Blättern der Erdbeeren daunter. Mit den
Jahren immer häufiger aber geschah es, daß er den Kopf erhob, um
hinter den hohen Schierlingsdolden einer Wiese die bläulich schim-
mernde Kette der Berge zu erblicken, oder daß ihn, schweifend
durchs Tannendickicht, die weiße Gestalt einer Kirche auf grünem
Plan wie eine Erscheinung berührte.

III

Zu der Zeit, als ich ihn kennenlernte, hatte er schon lange die
Schule und das Haus seiner Eltern verlassen und bewohnte ein
Dachzimmer in einer jener Straßen rund um die Kunstakademie, die
zumeist nicht nur die Namen fürstlicher Persönlichkeiten, sondern
auch ihre faltenwurfartige vornehme Ruhe tragen. So darf man sich
sein Zimmer nicht etwa als eine Dachkammer in Spitzwegs poeti-
scher Manier vorstellen; der gut, aber sparsam ausgestattete Raum
umschloß den Besucher mit vorsichtiger Intimität, die sich steigerte,
wenn man einen Blick aus dem zwischen schrägen Wandteilen ein
wenig hoch angebrachten Fenster auf die im Gegenlicht bläulich
schimmernden Häuserblocks des tieferen Schwabing warf. Durch
das wild wuchernde Grün irgendeines Parks oder Gartens in wohl-
abgewogenen Abstand gerückt und durch das eigentümlich diffuse
Licht nur schwach konturiert, wirkten sie wie vom Pinsel eines
Malers lose gegliedert und mit dem Himmel darüber zu einer Komposition zusammengefügt. Man mußte unwillkürlich an Guardis
venezianische Veduten denken. Die Gestalt Bernhards fügte sich gut
zu diesem Hintergrund. Er bewegte sich in der barocken und bie-
dermeierlichen Atmosphäre Münchens wie dazugehörig, wie eine
Figur, die mit etwas feurigeren Farben die dichtgesponnene Melodie
eines Gobelins belebt. Dies München! Flanierend ließ er sich von
dem Rhytmus der ununterbrochen aufeinanderfolgenden Platzanlagen tragen, vom Promenadeplatz, dieser münchnerisch-akademi-
schen Piazza Navona über den brunnendurchrauschten Maximi-
liansplatz, aus dessen Grün die Trakte der Hotels ragen, vorbei an

den Adelspalästen der Wittelsbacher zu jener vielstimmigen Theaterdekoration, die von den Arkaden des Hofgartens, der florentinischen Loggia und der üppigen Maskerade der Theatinerkirche gebildet wird. Aber er liebte nicht nur die gesellschaftliche Öffentlichkeit jener Plätze, denen die Eleganz der Schaufenster eine diskrete Begleitmusik lieferte, sondern er verstand es ebensosehr, die Kirchen aufzufinden, die immer wieder das Gewirr der Stadt akzentuierten, indem sie einen Raum kostbarer Stille um sich schufen, oder die da und dort verstreuten, ganz kleinen Plätze, die in der Mittagssonne schliefen und den Innenraum, der den geöffneten Fenstern der Gebäude ringsum entströmte, in sich anhäuften. Helle, heitere Farben Münchens, aber doch Farben des Abends, samt und sonders gemischt mit einem duffen Rott, das aus verflackernder Leidenschaft und Müdigkeit seltsam zusammengesetzt war! Bisweilen besuchte er auch das kleine Theater, in welchem ein zauberischer Magier der Bühne eine merkwürdig verdichtete Welt aus den Brunnen der Phantasie hob, und alle Elemente seines Daseins flossen ihm, wenn das Licht erlosch und die Schauspieler ihre Gebärden vollführten, zu einem tiefen, angstvollen Lebensgefühl zusammen.

Er war übrigens nicht empfindsam, wie er auch keine literarische Ambition besaß. Er bot eben nur einen befriedigenden Anblick, wenn man ihm begegnete oder man ihn besuchte, eine Wirkung, deren er sich ganz bewußt war, die er aber nicht eigentlich betrieb. Er liebte es nur, sich mit schönen Dingen zu umgeben und sich in diesem Rahmen ohne eine Spur von Selbstgefälligkeit, aber mit beneidenswerter Vollkommenheit zu bewegen. Seine weitgeschnittenen, braunen Tweedsachen, seine Krawatten waren tadellos; er streifte gern in den Antiquitätengeschäften umher und kaufte da und dort etwas, mit einer gewissen Leidenschaft – sofern dieser Ausdruck überhaupt zu seinen Denkkategorien gehört – sammelte er Barockmöbel, die er dann irgendwo für spätere Zeiten aufstapelte. Die wenigen Bücher, die er besaß, verkörperten nicht etwa Pole seines Wesens, sondern sie umschlossen lediglich einzelne Gebiete, die er mit der Wärme der Liebhaberei pflegte, so die Beiträge Chledowskis zur italienischen Kulturgeschichte, oder Gefühlsbezirke, die ihn mit einer letzten geheimen Befriedigung erfüllten, wie die damals eben erschienenen Gedichte, die ihre Erzeuger mit dem Schlagwort »Gebrauchslyrik« belegten. Dazwischen aber war nichts. Seine Vorliebe für England und die Engländer veranlaßte ihn zu eingehenden Sprachstudien – zweifellos wäre er in Oxford keine auffallende Gestalt gewesen, wozu auch seine selbstverständliche Neigung zum Sport beigetragen hätte. Er schwamm vorzüglich und verschwand in jedem Winter für einige Tage spurlos, um ganz allein seinem Hang zum Skisport zu frönen, zurückkehrend mit jenem Bronzeton, den man in diesem Bereich der Götter erhält.

War er ein Snob, ein Dandy? Zweifellos besitzt der Snobismus eine europäische Tradition, die in der neueren Zeit von den Weltleuten des ausgehenden Barock, den venezianischen Kaffeehausbesuchern Gozzis und Goldonis über Stendhal und die Figuren Manets bis in die jüngsten Jahre reicht, zur Lebenshaltung des jungen England, zur stoischen Erneuerung des italienischen Futurismus, zur gelassenen Einzelgängerschaft des Schauspielers Gründgens. Das Anziehende an Bernhard bestand vielleicht darin, daß ihn eine Witterung jener liebenswerten und bedrohten Lebensführung umgab, ohne daß er sich ihrer bewußt war, was uns, die Beobachter, verhinderte, jenen Ekel zu empfinden, der einen ergreift, wenn eine schöne Sache nicht um ihrer selbst, sondern um einer Wirkung willen oder aus dem Zwang, auf dem einmal beschrittenen Weg weiterzugehen, betrieben wird. Unwissend und fast ohne mit dem Herzen dabei zu sein, vollzog er die Gebärden eines freieren und erlauchteren Lebens, als es uns gemeinhin erlaubt ist.

Seine berufliche Tüchtigkeit und sein Ehrgeiz standen außer Frage – trotz der Protektion, die ihm sein Vater angedeihen lassen konnte. Er strebte danach, in eine der Auslandsfilialen des weltumspannenden Unternehmens zu kommen, in dem er angestellt war, und zweifellos war dies eine jener Angelegenheiten, die ihm wirklich am Herzen lagen. Wenn er trotzdem mit seinen Eltern nicht im besten Einvernehmen lebte und sich schließlich sogar zu einer räumlichen Trennung von ihnen entschlossen hatte, so gab es dafür zwei Gründe: einmal hatte er das unklare Gefühl, daß ein junger Mann seines Alters sich nicht immerzu im elterlichen Hause verwöhnen lassen dürfe – obwohl er dort in Wirklichkeit niemals verwöhnt worden war, sondern eine Selbstständigkeit genossen hatte, um die man ihn heftig beneidete – zum anderen um eines Mädchens willen, das den Vorstellungen seiner Erzeuger, insbesondere den Vorurteilen seiner Mutter nicht genügen konnte.

Wenn man ihn mit Julie Schrenck, die er zärtlich Sascha nannte, zusammen sah, dann konnte man sich nicht des Gefühls erwehren, daß die Beiden wundervoll zusammen paßten, daß sie sozusagen eine künstlerische Einheit bildeten. Sie ausgewählt zu haben, war ein Meisterstück Bernhards. Schmal und nicht sehr groß, mit schwarzem, fast glatt anliegendem Haar über dem blassen, festen Gesicht, dessen beinahe gemmenhafter Schnitt durch die etwas vertieft liegenden blauen Augen einen Akzent von Wärme und stiller Beobachtung erhielt, wirkte sie kostbar. Sie war Modistin, nahm eine Vertrauensstellung und sorgsam beratende Funktion in einem abge-

schiedenen Salon für Hüte und Handschuhe ein, der in dem Adels-
reservat lag, das noch zu dem München jener Tage gehörte. Wie es
überhaupt zu einer Bekanntschaft zwischen ihr und Bernhard gekommen war, bleibt dunkel; man kann sich dieses Phänomen nur
erklären, wenn man an die wunderlichen Gänge und Beziehungen
denkt, welche Bernhard durch die ganze Stadt führten. Dabei hatte
er sie wohl gefunden und herausgehoben, wie er manchmal in den
Trödlerläden eine seltsam geschnitzte Schachfigur auf seine Handfläche stellte, um ihre Konturen in dem durch die Fensterscheiben
gefilterten Licht aufleuchten zu lassen. Sie war ein selbständiges
Wesen, was soviel heißen will, als daß sie neben ihm noch ein
zweites Leben führte, das Beruf und Pflege ihrer Eltern hieß und in
das er keinen Einblick hatte, höchstens eine Ahnung davon, aber
wenn sie bei ihm war, verkörperte sie ausschließlich seine Begleiterin, eine unaufdringliche, schweigsame Freundin, deren Liebkosun-
gen umso vollkommener waren, je unbewußter sie aus der Tiefe
ihrer Zurückhaltung quollen, nur getragen von Verlangen nach
seiner Umarmung. Dann verspürte er in ihrer Nacktheit die tieferen
Lebenskräfte, vor deren Berührung sich sorgsam zu hüten sonst sein
Lebenszweck war, aber ihre finstere und zerstörende Maske war
dann gefallen, träge blinzelnd lagen sie am Grunde seiner Kraft und
erleichtert spürte er die Harmonie seines Körpers, auch dann noch,
wenn sich Julie von ihm löste, um wieder das zu sein, was er zu
seinem Leben brauchte: eine gut angezogene, vorteilhaft und ein
wenig geheimnisvoll aussehende junge Frau, die seinem Wunsch
nach Repräsentation und Stil völlig entsprach.

Manchmal mußte er ihr den Schmerz zufügen, sie um einer anderen Frau willen oft für Monate zu verlassen. So erinnere ich mich,
daß man ihn eine Zeit lang im Gefolge einer damals sehr bekannten
Schauspielerin sah, die ihr Höchstes in der Darstellung quecksilbri-
gen Elfenwesens erreichte, wie es etwa von der Figur Ariels im
»Sturm« verlangt wird. Auch ein sehr sportliches und intellektuelles
Geschöpf, das aus großer Belesenheit und erotischem Draufgänger-
tum zusammengesetzt war, interessierte ihn kurze Zeit; er brachte es
zur vorübergehenden Erkenntnis von Grenze und Abgrund. Die
Frauen, die er im Tennisclub, bei seinen Freunden oder auf seinen
Reisen kennen lernte, besuchten ihn gerne, denn, ohne ein Frauen-
verführer zu sein, besaß er all das, was die Frauen lieben: einen
schlanken, gepflegten und straffen Körper, ruhige und dennoch im
richtigen Augenblick forschend auf sie gerichtete Augen, die apolli-
nisch umrissene Knochigkeit von Stirne, Wangenpaar und Kinn, alle
drei sorgfältig ausgewogen und verteilt durch die schmale, betonte
Nase und den waagerechten, unmerklich spöttischen und wissenden

Mund, der in etwas schleppendem Sprechen die Liebenswürdigkeit des süddeutschen Tonfalls ganz leise anklingen ließ. Dennoch war er kein sogenannter schöner junger Mann; davor bewahrte ihn sein Geschmack und ein letzter Hauch von Herbheit. Er entfaltete vielmehr mit der sicheren Behutsamkeit seiner Hände die Gabe des Improvisierens, wenn er etwa den Raum mit dem Geist eines Getränks erfüllte, das nicht betrunken machte, aber dennoch die Wangen der Frauen in eine leichte Glut hüllte.

Er vermochte es nur schwer, sich zu verbergen, daß er letzten Endes einsam war. In den letzten Jahren meiner Bekanntschaft mit ihm machte er Reisen: nach Italien, nach London. Er sah Italien nicht aus der Baedeker-Perspektive, aber er verfiel auch nicht in den Fehler der Leute, die in Italien nichts wichtig nehmen als ein Stück Hausmauer in verwitterndem Rosa, einen herabgelassenen Sonnenvorhang, den dunklen Spalt darunter, aus dem das Rot einer Geranie leuchtet und die ganz von Sonne ausgedörrten buckligen Pflastersteine am Boden. (Obwohl auch das wichtig genug ist.) Er war völlig natürlich und vorurteilsfrei und darum erfreuten ihn auch die »großen Blicke«, der von Fiesole auf die Abenddämmerung über Florenz, die Bucht von Neapel, die umbrischen Hügelberge, gesehen von dem Felsen, auf dem Orvieto liegt, die Campagna, wenn man über ihr im Garten der Villa d'Este steht und man das ewige Rauschen der Fontänen im Gehör hat. Doch war ihm dies immerhin Fremde, während er sich in London wie in einer Heimat bewegte, in den weiten Perspektiven des Hyde-Park ebenso wie in dem Getriebe von Picadilly und Regent-Street oder in der Abseitigkeit von Mayfair. –

Seine Gestalt zu deuten, bleibt mir versagt. Vielleicht war er einer jener jungen Männer, die genau erkennen, daß sie von dem rasenden Atem ihrer Zeit immer wieder überholt werden und daß nichts bleibt, als sich zu einigen Gegenständen zu retten, von denen man in Ruhe gelassen wird, obwohl man mit ihnen jede Zwiesprache pflegen kann – vielleicht bestand er im tiefsten Grunde nur aus unfruchtbarer Langeweile, deren Monotonie er quälend empfand und deren dürrem Boden er einige leuchtende Blüten abgewann? Ich habe ihn später, als das Schicksal mich in eine andere Stadt verschlug, völlig aus den Augen verloren.

jetzt werben wir für
grün
wir kleinen künstler
die bekanntlich
keine ahnung haben

denn eine ahnung haben nur
die großen landesplaner die
fünfzig jahre
zu spät
bemerken
daß die schweiz
überbaut ist

ganze landschaften
die grün waren
und jetzt grau sind
überzogen von
fabriken
wohnsilos
ferienhäuschen

von luzern bis basel
von lausanne bis genf
von zürich bis göschenen
von airolo bis chiasso

nur selten etwas architektonisch gutes

jede schönheit verschwunden aus
der leventina
dem fricktal
den ufern des greifensees

eine einzige scheußlichkeit
das berühmte tal der rhone
von brig bis martigny

sogar den großen
landesplanern
fällt es schon auf

ehrfürchtig nähern wir uns ihnen
wir kleinen künstler

die bekanntlich
keine ahnung haben

bescheiden erlauben wir uns
zu werben

nicht für die verwüsteten landschaften
für die es
infolge fünfzigjährigen ausfalls
von landesplanung
zu spät ist

nicht einmal für einen
noch nicht regulierten bergbach
denn es gibt
keinen einzigen mehr
sondern nur noch von zementdämmen
eingefaßte
wasser-rinnen

einzig für
die letzten tannen
die letzten kastanien
die letzten platanen

die letzten zehn quadratmeter
nicht betonierte wiese

werben wir kleinen
künstler

was eigentlich seltsam ist

denn wir künstler
sollten für die kunst werben

anstatt
für die natur

aber jetzt werben wir also
für die natur

entscheiden uns
für grün
gegen grau

für kastaniengrün
gegen zementgrau

weil wir wissen
daß die natur
die quelle der phantasie ist

ohne die es keine kunst gibt

also keine freiheit
also keine schweiz

Alfred Andersch

Adorno, Theodor W. 51, 59, 88, 101, 156
Allemann, Beda 87
Allende, Salvador VIII, 102, 138
Ambler, Eric IX
Améry, Jean XI, 107, 112
Andersch, Gisela 48, 148, 150
Antonioni, Michelangelo 93
Apollinaire, Guillaume 146
Augustinus, Aurelius 72, 121

Bachmann, Ingeborg 32
Baerlocher, Gritta 39
Balestrini, Nanni 130
Banca, A. F. 98, 156
Barlach, Ernst 8, 71, 78–81, 86
Barth, Karl 78
Baudelaire, Charles 17, 26, 146
Beckett, Samuel 72
Beery, Wallace 124
Beimler, Hans 27
Bekes, Peter 136, 157
Bellow, Saul 107
Benjamin, Walter VII, 100
Benn, Gottfried 31, 50, 51, 69
Berto, Giuseppe 92
Bienek, Horst XI, 62, 86, 90, 91, 155
Bierce, Ambrose 29, 53, 91
Binding, Rudolf G. 50
Bismarck, Otto v. 26
Bloch, Ernst 61
Blumenberg, Hans 145
Böll, Heinrich XI, 22, 32, 49, 62, 65, 69, 131
Bonhoeffer, Dietrich 78
Borst, Arno 157
Brautigan, Richard 142
Brecht, Bertolt 32, 34 f., 39, 50 f., 59, 72, 102, 106, 140, 147
Breker, Arno 111
Bremer, Thomas 35, 154
Brenner, Hans Georg 58, 62
Brinkmann, Rolf Dieter 90
Bucharin, N. I. 105 f.
Buchbender, Ortwin

Bühlmann, Alfons 153
Bullock, Michael 142
Burgauner, Christoph 67, 76, 84, 87, 156

Cain, James M. 124
Caldwell, Erskine 21
Calvino, Italo 92
Camus, Albert 78, 83, 114, 150
Canetti, Elias 113, 118
Carbonet, Charles 56
Carossa, Hans 18
Celan, Paul 65, 111, 112
Chandler, Raymond Th. IV
Chaplin, Charlie 126
Chiellino, Carmine 95, 156
Clarke, Bruce C. 138
Cocteau, Jean 36
Conrad, Joseph 9 f., 46, 84, 128, 135
Cooper, James F. 20, 22
Cummings, Edward E. 103

Dean, James 101–103
Delacroix, Eugène 37–39
Delaunay, Robert 31
Demetz, Peter XI, 73, 76 f., 79, 82, 85, 89, 156
De Sanctis, Francesco 95
Descartes, René 150
De Sica, Vittorio 45, 60, 95
Diderot, Denis XII, 73
Dix, Otto 50
Döblin, Alfred 5, 18
Donne, John 27, 82
Dos Passos, John 5, 103
Dostojewski, F. M. 3
Drewitz, Ingeborg XI, 76 f., 89, 117 f., 156 f.
Dreyfus, Alfred 70
Duns Scotus, Johannes 40
Durzack, Manfred 83, 113, 125, 127 f., 156 f.
Dutschke, Rudi 102, 104 f

Ehrmann, Henry 26
Eich, Günter 9, 24, 31, 47

Eichendorff, Joseph v. 10
Eichmann, Adolf 117
Einstein, Albert 74
Eisenhower, Dwight D. 26
Eitel, Wolfgang 21 f., 154
Eliot, Thomas Stearns 27, 58
Eluard, Paul 72
Emerson, Ralph Waldo 145
Endres, Elisabeth 89, 156
Engels, Friedrich 13
Enzensberger, Hans Magnus VII,
    32, 66–69, 78, 103 f.
Eschmann, Ernst Wilhelm 62

Fabri, Albrecht 69
Faulkner, William XII f., 2, 21, 87,
    94, 114 f., 133, 141, 143, 150
Fest, Joachim C. 5, 154
Feuchtwanger, Lion 39
Fischer, Ernst 84, 156
Fleming, Ian 94
Fontane, Theodor 134
Fortini, Franco 144
Franco, Francisco 32, 74, 107
Freud, Sigmund 12, 57, 85, 121
Fries, Ulrich 153
Frisch, Max X, 107, 114 f., 131, 140
Fröbe, Gert 96

Garibaldi, Giuseppe 98
Gaulle, Charles de 66, 70, 72, 74
Geelhaar, Christian 136
George, Heinrich 10, 36
Geulen, Hans 54, 155
Gide, André 31, 53, 94
Ginsberg, Alan 103
Globke, Hans 74
Goethe, Johann W. v. 18, 101, 137
Golding, William 83
Grass, Günter XI, 12, 32, 69, 124,
    131
Greene, Graham IX 22, 83, 89, 94
Gromaire, Marcel 31
Gronchi, Giovanni 94
Grosser, Alfred 63, 155
Grosz, George 50
Gründgens, Gustav 4–6
Guardi, Francesco 4

Guimard, Hector (= »Guimet«) 73

Habe, Hans 135
Habermas, Jürgen 104
Haffmans, Gerd 166, 153
Halbwachs, Maurice X, 116
Hamburger, Käte 86 f.
Hamburger, Michael 142
Hauptmann, Gerhart 111
Hay, Gerhard 34, 42, 154
Hegel, Georg W. F. VII, 73, 88, 133
Heidegger, Martin 1, 9, 12 f., 25, 40
Heidelberger-Leonard, Irène 112,
    156
Heine, Heinrich 110
Heissenbüttel, Helmut VIII, XI,
    48, 82, 93, 133, 140, 157
Heist, Walter IX, 90, 154
Hemingway, Ernest VII, 8 f., 17,
    21 f., 26–31, 34, 38, 41, 43 f., 47,
    52, 59, 82, 87, 91, 94, 103, 106,
    125, 132, 139, 141 f.
Hermlin, Stephan 146
Herzfeld, Hans 134
Hesse, Hermann 74, 124
Heuss, Theodor 94
Highsmith, Patricia IX
Hildesheimer, Wolfgang 113
Himmler, Heinrich 114, 116, 120
Hinterhäuser, Hans 92
Hitler, Adolf 54, 58 f., 73, 132 f.,
    138
Hitzer, Friedrich 14, 42, 66, 119,
    158
Ho Chi Minh 104
Hocke, Gustav René 9, 13
Hoeft, Bernhard 134
Hölderlin, Friedrich 9, 134
Hoff, Kay 88, 156
Hoffmann, E. T. A. 95
Hofmannsthal, Hugo v. 4, 7, 10
Holthusen, Hans Egon 9, 154
Hopper, Edward 93
Horschitz-Horst, Annemarie 9
Horst, Eberhard 87
Horst, Karl August 96
Huchel, Peter 9

Iser, Wolfgang 150, 157

Jahn, Hans Henny 45
Jakobson, Roman 86
James, William 60
Jeanne d'Arc 37–40
Jefferson, Thomas XII, 23
Jens, Walter 92, 156
Jentzsch, Bernd 140, 157
Johnson, Uwe 32, 69
Jones, Howard Mumford 26, 154f.
Joyce, James 5, 15, 18
Jünger, Ernst IX, XI, 6, 15f., 18, 26, 34, 141

Kästner, Erich 5, 9, 15, 23, 52, 58
Käutner, Helmut 66, 96, 111
Kafka, Franz 31, 72
Kaiser, Joachim 89
Karl Eugen, Herzog 122
Kaschnitz, Marie Luise 9, 146
Katharina II., Zarin XII
Kazin, Alfred 28
Keller, Gottfried 143
Kennedy, John F. 107
Kennedy, Robert 107
Kesting, Hanjo XI, 157
King, Martin Luther 104, 107
Klee, Paul 8, 9, 70, 135–137, 150
Kleist, Heinrich v. 78
Koch, Manfred 89, 156
Kocka, Jürgen 40, 154
Koebner, Thomas 89, 156
König, Traugott 155
Koeppen, Wolfgang XI, 9, 22, 32, 75, 82, 96, 138, 155
Koestler, Arthur 29, 31–34, 37
Konsalik, Heinz G. 94
Kosselleck, Reinhart 137, 157
Krauss, Henning 59, 155
Kröll, Friedhelm 20, 31, 40, 155
Krolow, Karl 51
Krüger, Michael XII, 154

Lacan, Jacques VII
La Motta, Jake 103
Lamprecht, Gerhard 83
Lange, Horst 9, 14f., 26, 31

Lawrence, Thomas Edward 41
Lega, Silvestro 8
Léger, Fernand 31
Lehmann, Wilhelm 18
Lehner, Horst Tim 133
Lenz, Hermann 113
Lenz, Siegfried 32, 69
Leonhard, Wolfgang 80
Leopardi, Giacomo 142, 144f.
Leuwerik, Ruth 96
Levi, Carlo 92
Lévi-Strauss, Claude 86
Lincoln, Abraham 23, 26, 139
Loens, Hermann 126
Loerke, Oskar 18
Loewy, Ernst 34, 155
Lowry, Robert 103
Lübbe, Hermann 134, 157
Ludendorff, Erich 14, 53
Lukács, Georg 105
Lukrez 69

Mallarmé, Stéphan 26
Malraux, André 34, 94, 147, 149
Mann, Heinrich 18
Mann, Thomas 2–7, 9, 22, 28, 30, 34, 44, 56, 62, 74, 84, 87, 107f., 111, 121–124, 135
Manteuffel, Herbert 101, 117,
Mark Twain 20
Marx, Karl 68, 72, 126, 141
May, Karl 12, 20, 118
Mayer, Hans 56, 65, 156
Meyer, Conrad Ferdinand 10
Michaelis, Rolf 137
Michel, Karl Markus 77, 90
Michel, Willy VII, 154
Mitscherlich, Alexander 63f., 88, 108, 132, 156
Mitscherlich, Margarete 63f., 156
Monteverdi, Claudio 98
Montgomery, Bernard L. 59
Mühlethaler, Stephan 153
Muschg, Adolf 5, 143, 154
Muschg, Walter 87
Musil, Robert 124

Nagy, Imre 74

Nelson, Raymond S. 27, 155
Nero, Claudius Caesar 105
Neruda, Pablo VIII
Neumann, Peter Horst 24, 155
Neumann, Robert 112
Niekisch, Ernst 14
Nietzsche, Friedrich 3, 6, 17
Nikolaus von Kues 40
Nono, Luigi X, 130f.
Nossack, Hans Erich 113
Novalis 40

Ockham, Wilhelm v. VII
Ovid 124

Palestrina, Giovanni P. da 76
Parry, Idris 27
Pascal, Blaise 72
Patchen, Kenneth 103
Pavese, Cesare 21, 92, 98, 155
Pellegrini, Alessandro 99
Peret, Benjamin 73
Peters, Günter 154
Picasso, Pablo 31, 77
Pischdovdjian, Hrair 153
Plessen, Elisabeth v. XIf., 88, 100, 129, 154, 156
Poe, Edgar Allan 22, 24, 26f., 29, 38, 41, 95, 122, 125
Politzer, Heinz 142
Proust, Marcel VII, X, 116, 143

Quasimodo, Salvatore 144

Racine, Jean 73
Ranke, Leopold v. 134f., 137
Regler, Gustav 33
Reich-Ranicki, Marcel 22, 87, 90, 112, 155f.
Rembrandt 73
Rexroth, Kenneth 103
Richter, Hans Werner 22, 30–32, 43, 141, 155
Rilke, Rainer Maria 9f., 12, 26f.
Rimbaud, Arthur 10, 57
Robbe-Grillet, Allain 72
Robinson, Ray 103
Rodin, Auguste 86

Roosevelt, Franklin D. XII, 20, 23, 29, 37, 66, 75, 139, 147, 149f.
Rossellini, Roberto 36
Rougemont, Denis de 23, 155
Rüdiger, Horst 92
Rundstedt, Gerd v. 133
Russ, Colin X

Salinger Jerome David 22
Saroyan, William 21
Sartre, Jean-Paul VI–VIII, X, 2, 8, 21, 28, 30, 34f., 39f., 42f., 45–49, 53, 58–61, 63, 70f., 74, 77f., 117, 135f., 141, 150, 154
Savonarola, Girolamo 3
Scerbanenco, Giorgio IX
Schäfer, Hans Dieter 12f., 15, 26, 56, 59, 154
Scheel, Walter 63
Scheler, Max 25
Scheuffelen, Thomas 153
Schiller, Friedrich v. 75, 122
Schirnding, Albert v. 118, 122f., 157
Schklowskij, V. B. 150
Schmidt, Arno 22, 32, 69, 74f.
Schnabel, Ernst 35
Schneider, Peter 90
Schönberg, Arnold 51
Schopenhauer, Arthur 3
Schütte, Wolfram 112, 138
Schütz, Erhard IX, XI, 55, 61, 76, 83, 85, 88, 96, 100f., 112, 133, 153f.
Schulz, Max Walter 137, 157
Schweikert, Uwe 102
Schwitzke, Heinz 94, 156
Scott, Walter Sir 137
Sereni, Vittorio 144, 146
Seurat, Georges 137
Shaw, George Bernhard 111
Shelley, Percy Bysshe 142
Simmel, Johannes Mario 94
Simonow, K. M. XII
Sinisgalli, Leonardo 144
Sironi, Mario 93
Sokrates 120

Sombart, Nicolaus 34, 37
Sophokles 68
Spinoza, Baruch 72, 121
Spitzweg, Carl 4
Springer, Axel Caesar 104, 106
Staudte, Wolfgang 83
Stein, Gertrude 30
Steinbeck, John 21, 26, 43, 142
Stendhal 6, 135
Sterz, Reinhold 155
Stifter, Adalbert 5, 9, 22, 125f., 135
Strawinski, Igor 36
Stumm, Reinhardt 102, 104
Swinburne, Algernon C. 142

Taine, Hippolyte VII
Thoreau, Henry David 145

Ungaretti, Giuseppe 142

Vaillant, Jérôme 31, 155
Valenti, Italo 8, 70
Valéry, Paul 142
Vercors 72
Verlaine, Paul 140
Visconti, Luchino 95, 124

Vittorini, Elio 2, 8, 34, 69, 92f., 98,
    155

Wagenbach, Klaus XII, 154
Wagener, Klaus 155
Wagner, Richard 3, 56, 139
Wallace, Edgar 124
Walser, Martin 5, 32, 69, 154
Weber, Max 137
Weber, Werner 153
Wehdeking, Volker 16f., 20, 25, 29,
    84, 118, 125, 153, 155
Weizsäcker, Carl F. v. 101
Werfel, Franz 51
Wilder, Thornton VI
Williams, William Carlos 142
Wilson, Edmund 142–144
Wittmann, Livia Z. 62, 90, 100, 111,
    153
Wohmann, Gabriele 40
Wolfe, Thomas 9, 15f., 18
Woolf, Virginia 87

Zavattini, Cesare 95
Zola, Emile 70
Zuccaalli, Enrico 56

SAMMLUNG METZLER

M	1	Raabe *Einführung in die Bücherkunde*
M	4	Grimm *Bertolt Brecht*
M	5	Moser *Annalen der deutschen Sprache*
M	6	Schlawe *Literarische Zeitschriften 1885–1910*
M	7	Weber/Hoffmann *Nibelungenlied*
M	8	Meyer *Eduard Mörike*
M	9	Rosenfeld *Legende*
M	10	Singer *Der galante Roman*
M	12	Nagel *Meistersang*
M	13	Bangen *Die schriftliche Form germanist. Arbeiten*
M	14	Eis *Mittelalterliche Fachliteratur*
M	15	Weber/Hoffmann *Gottfried von Straßburg*
M	16	Lüthi *Märchen*
M	17	Wapnewski *Hartmann von Aue*
M	18	Meetz *Friedrich Hebbel*
M	19	Schröder *Spielmannsepik*
M	20	Ryan *Friedrich Hölderlin*
M	22	Danzel *Zur Literatur und Philosophie der Goethezeit*
M	24	Schlawe *Literarische Zeitschriften 1910–1933*
M	25	Anger *Literarisches Rokoko*
M	26	Wodtke *Gottfried Benn*
M	27	von Wiese *Novelle*
M	28	Frenzel *Stoff-, Motiv- und Symbolforschung*
M	29	Rotermund *Christian Hofmann von Hofmannswaldau*
M	30	Galley *Heinrich Heine*
M	31	Müller *Franz Grillparzer*
M	32	Wisniewski *Kudrun*
M	33	Soeteman *Deutsche geistliche Dichtung des 11. u. 12. Jh.s*
M	34	Taylor *Melodien des Mittelalters I: Darstellung*
M	35	Taylor *Melodien des Mittelalters II: Materialien*
M	36	Bumke *Wolfram von Eschenbach*
M	37	Engel *Handlung, Gespräch u. Erzählung. Faksimiledruck*
M	38	Brogsitter *Artusepik*
M	40	Halbach *Walther von der Vogelweide*
M	41	Hermand *Literaturwissenschaft und Kunstwissenschaft*
M	43	Glinz *Deutsche Syntax*
M	44	Nagel *Hrotsvit von Gandersheim*
M	45	Lipsius *Von der Bestendigkeit. Faksimiledruck*
M	46	Hecht *Christian Reuter*
M	47	Steinmetz *Die Komödie der Aufklärung*
M	48	Stutz *Gotische Literaturdenkmäler*
M	49	Salzmann *Kurze Abhandlungen. Faksimiledruck*
M	50	Koopmann *Friedrich Schiller I: 1759–1794*
M	51	Koopmann *Friedrich Schiller II: 1794–1805*
M	52	Suppan *Volkslied*
M	53	Hain *Rätsel*
M	54	Huet *Traité de l'origine des romans. Faksimiledruck*

M 55 Röhrich *Sage*
M 56 Catholy *Fastnachtspiel*
M 57 Siegrist *Albrecht von Haller*
M 58 Durzak *Hermann Broch*
M 59 Behrmann *Einführung in die Analyse von Prosatexten*
M 60 Fehr *Jeremias Gotthelf*
M 61 Geiger *Reise eines Erdbewohners i. d. Mars. Faksimiledruck*
M 62 Pütz *Friedrich Nietzsche*
M 63 Böschenstein-Schäfer *Idylle*
M 64 Hoffmann *Altdeutsche Metrik*
M 65 Guthke *Gotthold Ephraim Lessing*
M 66 Leibfried *Fabel*
M 67 von See *Germanische Verskunst*
M 68 Kimpel *Der Roman der Aufklärung (1670–1774)*
M 69 Moritz *Andreas Hartknopf. Faksimiledruck*
M 70 Schlegel *Gespräch über die Poesie. Faksimiledruck*
M 71 Helmers *Wilhelm Raabe*
M 72 Düwel *Einführung in die Runenkunde*
M 73 Raabe *Einführung in die Quellenkunde*
M 74 Raabe *Quellenrepertorium*
M 75 Hoefert *Das Drama des Naturalismus*
M 76 Mannack *Andreas Gryphius*
M 77 Straßner *Schwank*
M 78 Schier *Saga*
M 79 Weber-Kellermann *Deutsche Volkskunde*
M 80 Kully *Johann Peter Hebel*
M 81 Jost *Literarischer Jugendstil*
M 82 Reichmann *Germanistische Lexikologie*
M 83 Haas *Essay*
M 84 Boeschenstein *Gottfried Keller*
M 85 Boerner *Tagebuch*
M 86 Sjölin *Einführung in das Friesische*
M 87 Sandkühler *Schelling*
M 88 Opitz *Jugendschriften. Faksimiledruck*
M 89 Behrmann *Einführung in die Analyse von Verstexten*
M 90 Winkler *Stefan George*
M 91 Schweikert *Jean Paul*
M 92 Hein *Ferdinand Raimund*
M 93 Barth *Literarisches Weimar. 16.–20. Jh.*
M 94 Könneker *Hans Sachs*
M 95 Sommer *Christoph Martin Wieland*
M 96 van Ingen *Philipp von Zesen*
M 97 Asmuth *Daniel Casper von Lohenstein*
M 98 Schulte-Sasse *Literarische Wertung*
M 99 Weydt *H. J. Chr. von Grimmelshausen*
M 100 Denecke *Jacob Grimm und sein Bruder Wilhelm*
M 101 Grothe *Anekdote*
M 102 Fehr *Conrad Ferdinand Meyer*
M 103 Sowinski *Lehrhafte Dichtung des Mittelalters*
M 104 Heike *Phonologie*
M 105 Prangel *Alfred Döblin*
M 106 Uecker *Germanische Heldensage*
M 107 Hoefert *Gerhart Hauptmann*
M 108 Werner *Phonemik des Deutschen*

M 109   Otto *Sprachgesellschaften des 17. Jh.*
M 110   Winkler *George-Kreis*
M 111   Orendel *Der Graue Rock (Faksimileausgabe)*
M 112   Schlawe *Neudeutsche Metrik*
M 113   Bender *Bodmer/Breitinger*
M 114   Jolles *Theodor Fontane*
M 115   Foltin *Franz Werfel*
M 116   Guthke *Das deutsche bürgerliche Trauerspiel*
M 117   Nägele *J. P. Jacobsen*
M 118   Schiller *Anthologie auf das Jahr 1782 (Faksimileausgabe)*
M 119   Hoffmeister *Petrarkistische Lyrik*
M 120   Soudek *Meister Eckhart*
M 121   Hocks/Schmidt *Lit. u. polit. Zeitschriften 1789–1805*
M 122   Vinçon *Theodor Storm*
M 123   Buntz *Die deutsche Alexanderdichtung des Mittelalters*
M 124   Saas *Georg Trakl*
M 126   Klopstock *Oden und Elegien (Faksimileausgabe)*
M 127   Biesterfeld *Die literarische Utopie*
M 128   Meid *Barockroman*
M 129   King *Literarische Zeitschriften 1945–1970*
M 130   Petzoldt *Bänkelsang*
M 131   Fischer *Karl Kraus*
M 132   Stein *Epochenproblem »Vormärz« (1815–1848)*
M 133   Koch *Das deutsche Singspiel*
M 134   Christiansen *Fritz Reuter*
M 135   Kartschoke *Altdeutsche Bibeldichtung*
M 136   Koester *Hermann Hesse*
M 138   Dietz *Franz Kafka*
M 140   Groseclose/Murdoch *Ahd. poetische Denkmäler*
M 141   Franzen *Martin Heidegger*
M 142   Ketelsen *Völkisch-nationale und NS-Literatur*
M 143   Jörgensen *Johann Georg Hamann*
M 144   Schutte *Lyrik des deutschen Naturalismus (1885–1893)*
M 145   Hein *Dorfgeschichte*
M 146   Daus *Zola und der französische Naturalismus*
M 147   Daus *Das Theater des Absurden*
M 148   Grimm u. a. *Einführung in die frz. Lit.wissenschaft*
M 149   Ludwig *Arbeiterliteratur in Deutschland*
M 150   Stephan *Literarischer Jakobinismus in Deutschland*
M 151   Haymes *Das mündliche Epos*
M 152   Widhammer *Literaturtheorie des Realismus*
M 153   Schneider *A. v. Droste-Hülshoff*
M 154   Röhrich-Mieder *Sprichwort*
M 155   Tismar *Kunstmärchen*
M 156   Steiner *Georg Forster*
M 157   Aust *Literatur des Realismus*
M 158   Fähnders *Proletarisch-revolutionäre Literatur*
M 159   Knapp *Georg Büchner*
M 160   Wiegmann *Geschichte der Poetik*
M 161   Brockmeier *François Villon*
M 162   Wetzel *Romanische Novelle*
M 163   Pape *Wilhelm Busch*
M 164   Siegel *Die Reportage*
M 165   Dinse/Liptzin *Jiddische Literatur*

M 166 Köpf *Märendichtung*
M 167 Ebert *Historische Syntax d. Deutschen*
M 168 Bernstein *Literatur d. deutschen Frühhumanismus*
M 169 Leibfried/Werle *Texte z. Theorie d. Fabel*
M 170 Hoffmeister *Deutsche u. europ. Romantik*
M 171 Peter *Friedrich Schlegel*
M 172 Würffel *Das deutsche Hörspiel*
M 173 Petersen *Max Frisch*
M 174 Wilke *Zeitschriften des 18. Jahrhunderts I: Grundlegung*
M 175 Wilke *Zeitschriften des 18. Jahrhunderts II: Repertorium*
M 176 Hausmann *François Rabelais*
M 177 Schlütter *Das Sonett*
M 178 Paul *August Strindberg*
M 179 Neuhaus *Günter Grass*
M 180 Barnouw *Elias Canetti*
M 181 Kröll *Gruppe 47*
M 182 Helferich *G. W. Fr. Hegel*
M 183 Schwenger *Literaturproduktion*
M 184 Naumann *Literaturtheorie u. Geschichtsphilosophie, Teil I*
M 185 Paulin *Ludwig Tieck*
M 186 Naumann *Adalbert Stifter*
M 187 Ollig *Der Neukantianismus*
M 188 Asmuth *Dramenanalyse*
M 189 Haupt *Heinrich Mann*
M 190 Zima *Textsoziologie*
M 191 Nusser *Der Kriminalroman*
M 192 Weißert *Ballade*
M 193 Wolf *Martin Luther*
M 194 Reese *Literarische Rezeption*
M 195 Schrimpf *Karl Philipp Moritz*
M 196 Knapp *Friedrich Dürrenmatt*
M 197 Schulz *Heiner Müller*
M 198 Pilz *Phraseologie*
M 199 Siegel *Sowjetische Literaturtheorie*
M 201 Kaempfer *Ernst Jünger*
M 202 Bayertz *Wissenschaftstheorie u. Paradigma-Begriff*
M 203 Korte *Georg Heym*
M 204 Weissberg *Edgar Allan Poe*
M 205 Wisniewski *Dietrichepik*
M 206 Apel *Literarische Übersetzung*
M 207 Wehdeking *Alfred Andersch*

J. B. METZLER